出版者的话

风俗乃历史之产物,乡间习俗,皆有渊源,一事一物,俱关文化。故能知古今风俗,即知中国一切。

习惯上,人们往往将由自然条件的不同而造成的行为规范差异,称之为"风";而将由社会文化的差异所造成的行为规则之不同,称之为"俗"。风俗是指社会上长期形成的风尚、礼节、习惯等的总和,是特定社会文化区域内人们共同遵守的行为模式或规范。

风俗包罗万象,大的方面包括政治、经济、文化、信仰等。具体地说,凡生产、贸易、居住、饮食、器物、服饰、娱乐、婚嫁、丧葬、祭祀、礼仪、岁时节令、语言等,上导之为风,下行之为俗,形成习惯,世代传承,是为风俗。风俗有其贯通古今、遍及全国之共性,又有其时代、地域与民族之特点。

中国传统民风民俗既有人类民俗的共性,又有不同于其他国家和民族的独特个性。中国是一个幅员辽阔、历史悠久的多民族国家,各地的风俗有很大的不同。所谓"千里不同风,百里不同俗"。

清代苏州文士顾禄所著《桐桥倚棹录》刊于清道光二十二年(公元 1842 年),十余年后苏州即遭遇战乱,故传世极稀。此书专记山塘一带之山水、名胜、寺院、祠宇、宅第、古迹等凡十二卷。其卷十至十二,备记市廛、工作、舟楫、园圃、市荡、药产、田畴,多有关人民生计之生活史料,今日观之,弥足珍贵。

为了便于读者阅读,本社聘请了国内民俗研究领域知名学者对原书做了校订,对原书繁体中文进行了简体转换并加了新式标点,补齐了原文缺失的文字,对原文的错误也进行了订正,并做了译文。

2012 年 3 月

校译前言

清人顾禄所撰《桐桥倚棹录》，是一部重点记述清朝吴中"岁时节物之所陈，市肆好尚之所趋，街谈巷议，农谚山谣"（顾禄《清嘉录》例言）的地方小志（《清嘉录》后记），对今人了解古代风土人情、时令习俗以及当时社会的政治、经济等诸方面情况，都具有重要的参考价值。

中华书局版《桐桥倚棹录》是繁体字竖排本，翻译时将原文中的繁体字、异体字转化成了简化字，保留了古今字和通假字。

在校译过程中，发现了原文的一些文字、标点错误，根据上下文内容或参阅相关资料进行了修改。

校译遵循"信、达、雅"而以"信"为第一的基本原则，在忠实于原文的前提下，将原文翻译成现代汉语，并力求语言简洁。但对该书中引证的诗词，则未进行翻译，目的是为了保留其原汁原味。

为了既方便阅读又尽可能保留著作原貌，对原文中的生僻字没有加注汉语拼音，而在译文中对生僻字加注了汉语拼音。多次出现的生僻字，只在第一次出现时标注汉语拼音，不重复标注。

《桐桥倚棹录》不仅辑录了大量的古代文献、诗词歌赋，而且运用了许多方言俗语，疑难问题甚多。校译时查阅了有关的工具书和文献资料，对解释不一致的问题，择善而从。

由于本人才疏学浅，译文中肯定还存在着诸多不准确甚至错误的地方，还望广大读者批评指正。

王昌东

2012 年 6 月

图说古风俗

【桐桥倚棹录】

顾　禄◎著
王昌东◎译

气象出版社
China Meteorological Press

图书在版编目（CIP）数据

桐桥倚棹录/（清）顾禄著；王昌东译.—北京：
气象出版社，2012.12
（图说古风俗）

ISBN 978-7-5029-5665-3

Ⅰ．①桐… Ⅱ．①顾… ②王… Ⅲ．①名胜古迹—介
绍—苏州市—古代 Ⅳ．①K928.705.33

中国版本图书馆CIP数据核字(2013)第001095号

出版发行：气象出版社	
地　　址：北京市海淀区中关村南大街46号	**邮政编码：**100081
总 编 室：010-68407112	**发 行 部：**010-68409198
网　　址：http：//www.cmp.cma.gov.cn	**E-mail：**qxcbs@cma.gov.cn
责任编辑：任修瑾	**终　　审：**章澄昌
封面设计：大象设计	**责任技编：**吴庭芳
印　　刷：北京京科印刷有限公司	
开　　本：710mm×1000mm　1/16	**印　　张：**14
字　　数：250千字	
版　　次：2013年2月第1版	**印　　次：**2013年2月第1次印刷
定　　价：25.00元	

序

　　山林而在尘市，非有穹谷高岩、深林幽涧而名遍寰区者，吾郡虎丘山而已。山近西郭，距阊门不数里，为商贾交集之地，列肆鳞比，青翰往来，殆无虚日。往时游迹盛于中秋，今则端午先后数日，画舫珠帘，人云汗雨，填流塞渠，纨绮子又复征歌选伎于其间，郡中士女倾城而往。长年操楫者，值增累倍。一日之费，至罄中人数家之产，可为靡已。然求其访今吊古，考寺观之创修，桥梁之建置，园林之兴替，祠墓之存亡，百无一二人，盖所游者在此，而所乐者在彼也。顾君总之有别业在斟酌桥西，年来养疴水阁，白袷芒鞋，间与花农钓叟相往还，遍历名胜，周知故事。仿顾云美《虎丘志》例，辑成一书，病乾隆间任《志》之浅陋而一归精当，名曰《桐桥倚棹录》。总之旧有《清嘉录》，纪吴中岁时风俗，于踵事增华中，寓改奢即俭之思。是编末卷，备载茶档酒市、歌楼灯舫之华，玩好器具品羞之美，其即此意也夫。

褚逢椿

凡 例

一、虎丘隶苏州府元和县武丘乡彩云里。是编采辑,东起山塘桥,西至西郭桥,北距长荡,南尽野芳浜为界。

一、山水、名胜、寺院、祠宇、冢墓、坊表、义局、会馆、第宅、古迹之类已经湮佚,遗迹无可追寻者,亦存其名。若耳目既周,即前志所无,兹并采入。如不在界限之内,概从阙如。

一、祠墓、坊表兼有者,俱分载各门。若有坊有墓而无祠者,止录坊墓。有祠有墓而无坊表者,分载祠墓。其余如名胜、寺院、第宅、古迹亦照此例,互见各门。

一、人物本传,俱详载府县志、山志。兹以集隘,止于祠墓、坊表、第宅等条下略摘大概而已。

一、第宅应载本山土著之人,以土著甚少,故寓舍一并录入。余如池馆、园林,尤为山川增胜,兹亦附之。

一、所录题咏诸作,任《志》已载者,兹不再登,止采取一二首以为引证,非去瑕录瑜也。至近诗止采取已往之人,附于每条之下,略寓阐扬之意。

一、山塘市廛、工作、舟楫、园圃之属,志皆缺而不载,止偶载一二物产,志体自应如是。是书与府县山志不同,市廛如酒楼、耍货,工作如捏相、洋人,舟楫如沙飞、灯舫,园圃如盆景、折枝,皆虎丘生涯独绝,虽琐必登。

一、任《志》有石刻一门。往岁予养疴山中,已撰有《云岩金石录》若干卷,兹不复载。

一、是书皆躬自采访,山前山后,雨风无间,或筝舟访古,或载笔讨今,抑且询诸父老,证以前闻,始采入集。若谬误相沿,即久在人口,不敢据为臆断。

一、是书大致略人所详,详人所略,庶免剿袭之诮,自成一家之言。

一、是书以桐桥为虎阜最著名之处,故名曰《桐桥倚棹录》,盖摘取李嘉祐"春风倚棹阖闾城"诗意也。荒陋之学,是正高明。

茶磨山人顾禄铁卿识

目 录

卷一　山　水

虎丘山

慎蒙《天下名山记》:"在苏州府城西北九里。"范成大《吴郡志》:"虎丘山,又名海涌山,在郡西北五里,遥望平田中一小丘。陆广微《吴地记》:'去吴县西九里二百步,高一百三十尺,周二十丈。'比入山,则泉石奇诡,应接不暇。"《越绝书》:"吴王阖闾葬山下,经三日,白虎蹲踞其上,故名虎丘。唐避讳,改为武丘。"王珣《虎丘山记》:"虎丘山先名海涌山。山大势,四面冈岭,南则是山径,两面壁立,交林上合,蹊路下通,升降窈窕,亦不卒至。"顾恺之《序略》:"含真藏古,体虚穷元。隐嶙陵堆之中,望形不出常阜。至乃岩崿,绝于华峰。"王僧虔《吴地记》:"虎丘山,绝岩耸壑,茂林深篁,为江左丘壑之表。吴兴太守褚渊昔尝述职,路经吴境,淹留数日,登览不足,乃叹曰:'人之所称,多过其实,今睹虎丘,逾于所闻。'斯言得之矣。"始祖希冯公《虎丘山序》云:"高不抗云,深无藏影,卑非培嵝,浅异疏林,路若绝而复通,石将断而更缀。抑巨丽之名山,信大吴之胜壤也。"徐凤晨云:"虎丘虽卷石,山根极广,圣堂弯尚是余麓。"《长洲县志略》:"虎丘在县西北,晋王珣与弟珉尝据为别业,已而各捐为寺,分东西两刹并建。自吴国以来,山在平田中,游者率由阡陌以登。至唐白居易来守苏州,始凿渠以通南北而达于运河。由是南行北上,无不便之,而习为通川,今之山塘是也。公又缘山麓凿水四周,溪流映带,别成仙岛,沧波缓溯,翠岭徐攀,尽登临之丽瞩矣。"文《志》:"徐

苏州虎丘山

1

少宰缙尝云：'平生游览遍天下，游之不厌惟虎丘。'游辄有诗。"周《志》："虎丘泉石既佳，去郭又近，登临之人，岁无虚日。至如游宦两京、行役四方者，率于此饮饯，及相赠言，多取山中古迹，分题赋诗，不独今人然也。"石韫玉《登虎丘》诗云："去郭不数里，忽然见岩壑。遥天一峰秀，寒野群木落。良辰结俦侣，共赴林泉约。跨涧渡危梁，凌崖登飞阁。探云岩际行，落日池上酌。古寺伏驯虎，空林鸣野鹤。兴阑寻归路，冠盖影交错。近关辨灯火，联袂入城郭。寄语尘中人，及时早行乐。"又，王元辰诗云："纵目登崇岩，孤阁俯鸟背。日落平楚寒，遥山绣如黛。烟岚回绵延，云壑互晻暖。微风荡余霞，空翠变明晦。昔游忆屡经，胜地怅难再。宁知丘壑间，复此坐相对。仰睇清景纡，俯畅岁华迈。明当裹粮游，兴发自我辈。"

【译文】　虎丘山，慎蒙《天下名山记》："在苏州府城西北九里。"范成大《吴郡志》："虎丘山，又叫海涌山，在郡西北五里，远远望去就是平地中的一个小山丘。陆广微《吴地记》：'距离吴县西九里零二百步，高一百三十尺，周长二十丈。'等到进入山里，则泉水和岩石奇特怪异，目不暇接。"《越绝书》："吴王阖闾埋葬在虎丘山下，经过三天，有白虎蹲踞在虎丘山上，所以名字叫虎丘。因唐朝避讳'虎'字，于是改为武丘。"王珣《虎丘山记》："虎丘山原来名字叫海涌山。山势高大，四面都是山岭，南面则是山路，山路的两侧像墙壁一样直立，树木在上面交合在一起，小路在下面通过，上下深邃幽美，也不能很快就到达。"顾恺之《序略》："具有纯真的本性蕴藏古朴的特点，探究本源它本身是个大土山。隐藏在突兀高耸的大山之中，远远望去它的形体没有超出一般的大土山。至于说山崖险峻，超过华山。"王僧虔《吴地记》："虎丘山，陡峭的山岩耸立的沟壑，茂密的树木深深的竹林，是江东山丘沟壑的代表。吴兴太守褚渊从前曾经去朝廷陈述职守，路过吴地，停留了几天，登山游览不够，于是感叹道：'人们所称赞的美景，大多言过其实，现在看到虎丘，超过所听到的。'这话说得很正确了。"始祖希冯公《虎丘山序》说："虎丘山高不能到达云彩，深不能隐藏影子，低不是小土丘，浅不同于稀疏的树林，道路好像断绝而又畅通，岩石将要断开而又连接。是非常美丽的名山，确实是吴地优美的地方。"徐凤晨说："虎丘虽然石头向上翻卷，但是山根非常广大，圣堂弯还是它的余脉。"《长洲县志略》："虎丘在县的西北，晋朝王珣和他的弟弟王珉曾经占据这里建造别墅，不久各自捐献出去作为寺庙，分东西两个佛寺并列而建。自从吴国以来，虎丘山在平地中，游览的人沿着田间小路而登上去。到了唐代白居易来任苏州太守，才开凿水渠贯通南北而到达运河。从此无论向南走还是向北走，没有不便利的，而习惯叫做通川，就是现在的山塘。白居易又沿着山麓凿水环绕四周，溪流景物相互映衬，另外成为仙岛，在绿色的水波中缓缓地逆流而上，慢慢地攀登苍翠的山岭，完全享受到游览所看到的美丽景色。"文肇祉《虎丘山志》："少宰徐缙曾经说过：'一生游览走遍天下，游览不厌烦的就只有虎丘。'游览之后总是写有诗句。"周《志》："虎丘的泉水岩石既美好，距离城郭又近，登上去游览的人，一年到头都不见减少。至于那些远离家乡在两京任职、出行四方的人，都在这里宴饮饯行，留下离别的赠言，并常常取山中的古迹，分别以不同的题目作诗，此风古已有之，不仅仅是现在的人这样。"石韫玉《登虎丘》诗说："去郭不数里，忽然见岩壑。遥天一峰秀，寒野群木落。良辰结俦侣，共赴林泉约。跨洞渡危梁，凌崖登飞阁。探云岩际行，落日池上酌。古寺伏驯虎，空林鸣野鹤。兴阑寻归路，冠盖影交错。近关辨灯火，联袂入城郭。寄语尘中人，及时早行乐。"又有王元辰诗说："纵目登崇岩，孤阁俯鸟背。日落平楚寒，遥山绣如黛。烟岚回绵延，云壑互晦暧。微风荡余霞，空翠变明晦。昔游忆屡经，胜地怅难再。宁知丘壑间，复此坐相对。仰睇清景纡，俯畅岁华迈。明当裹粮游，兴发自我辈。"

剑池

《越绝书》："阖闾冢在虎丘山下，池广六十步，水深一丈五尺。"《吴地记》："阖闾葬其下，以扁诸、鱼肠等剑各三千殉焉，故以剑名池。两崖划开，中涵石泉，深不可测。"一说"秦王凿山，以求珍异，莫知所在；孙权穿之，亦无所得。其凿处，遂成深涧"。见《元和郡县志》。又，朱长文《余集》："剑池，乃古人淬剑之地。"《姑苏志》："'虎丘剑池'四字，颜真卿书。"或谓"剑池"二字乃颜书，而"虎丘"二字乃叶清臣书，以笔迹与颜相类而致误。茹昂《志》："旧有轩，榜曰'剑池'，晁补之书。"文肇祉《志》："周伯琦篆书'剑池'二字在崖下，王禹偁有《剑池铭》。又石壁刻'风壑云泉'四字，相传米芾书。"任兆麟《风壑云泉图》诗云："探幽不觉险，天籁满清听。回风众壑寒，断洞孤云静。老僧夜习禅，一壁秋灯影。"明文衡山《待诏集·剑池诗序》云："正德辛未之冬，水涸池空，得石阙，中空，不知其际。"《通幽记》云："虎丘寺，世言阖闾陵。有石穴出于岩下，若嵌凿状，中有水，深不可测。唐永泰中，有少年经过，见一美女在山中浴，问少年同戏否？因前牵拽，少年遂解衣而入，因溺死。数日尸浮出，而身尽干枯。其下必是老蛟潜窟，媚人以吮血故也。其同行者述其状如是。"茹《志》云："往岁有堕剑池者，主僧俾善匿水人绳贯而下，求其尸，乃在一嵌岩空洞中。其处宛有门户，岂即阖闾所葬处耶？"《丛编》云："虎丘剑池是阖闾埋玉处，一潭清冷，深不可测。宋戊子岁，忽干暵，中见石扉，游人竞下探之，惟见石扉上题诗二绝而已。"道

小桥流水人家

光某年,有人堕于池,邑令因筑垣堵之。石韫玉《剑池》诗云:"剑者一人敌,帝王不为宝。胡为阖闾殉墓中,遂使秦人坐幽讨。凿成双崖若壁立,其深千尺不可考。清泉一泓渟石中,渊然不着纤苹藻。崖间藤萝生紫花,凌空影向波心倒。其巅架石为飞梁,辅以朱栏钩了鸟。辘轳双绠垂银床,军持上下无昏晓。孤桐百尺旁无枝,绿云幂历晴檐绕。云泉风壑字如斗,谡谡松风出林杪。我闻平津之剑化为龙,此剑岂肯埋荒草。祖龙求之等刻舟,当时有无事亦渺。而今剑亡人亦亡,楚弓得失谁终保。惟有山中入定僧,听水听风秋梦好。"

【译文】 剑池,《越绝书》:"吴王阖闾的坟墓在虎丘山下,剑池宽六十步,水深一丈五尺。"《吴地记》:"吴王阖闾埋葬在虎丘山下,用扁诸、鱼肠等剑各三千柄来陪葬,所以用剑来给水池命名。两侧的崖壁分开,中间蓄积着从岩石上流下来的泉水,深不可测。"又有一说是"秦王凿山,以寻求奇异的珍宝,没有人知道珍宝在哪里;孙权凿这座山,也没有得到什么。他们所凿的地方,就成了深深的水沟"。见《元和郡县志》。又有朱长文《余集》:"剑池,是古代人制作刀剑淬火的地方。"《姑苏志》:"'虎丘剑池'四个字,是颜真卿书写的。"有的人认为"剑池"二字是颜真卿书写的,而"虎丘"二字是叶清臣书写的,因为笔迹和颜真卿的相类似而导致误解。茹昂《虎丘山志》:"原来剑池边有个亭子,题写着'剑池',是晁补之书写的。"文肇祉《志》:"周伯琦用小篆字体书写'剑池'二字在山崖下,王禹偁有《剑池铭》。又石壁上刻有'风壑云泉'四个字,相传是米芾书写的。"任兆麟《风壑云泉图》诗说:"探幽不觉险,天籁满清听。回风众壑寒,断涧孤云静。老僧夜习禅,一壁秋灯影。"明朝文衡山《待诏集·剑池诗序》说:"明朝正德辛未这一年的冬天,池水干涸,发现有一个石门,中间是空的,不知道它的边际。"《通幽记》说:"虎丘寺,世人说是吴王阖闾的坟墓。在山岩下有一个石洞,就像嵌凿出来的样子,石洞中有水,深不可测。唐朝永泰年间,有一个年轻人经过这里,看见一个美女在山中洗澡,这个美女问年轻人是否愿意和她一块儿戏耍,又上前拉拽他,这个年轻人于是就脱下衣服进入水里,就淹死了。几天之后尸体浮出水面,身上全都干枯了。这一定是潜藏水下洞窟里的老蛟精,媚惑了人来吸血。和那个年轻人同行的人述说当时的情况就是这样。"茹昂《虎丘山志》说:"往年有堕入剑池的人,主僧使善于潜水的人拴上绳索下去寻尸,竟然发现尸体在一个嵌入岩石的空洞中。那个地方好像有门,难道就是吴王阖闾所埋葬的地方吗?"《丛编》说:"虎丘剑池是吴王阖闾埋藏玉的地方,清冷的潭水,深不可测。宋朝戊子这一年,忽然干旱,里面就看到了石门,游人争相下去探察,只见到石门上题写着两首绝句诗而已。"清朝道光某年,有人堕亡在水池里,县令于是修墙把它堵上了。石韫玉《剑池》诗说:"剑者一人敌,帝王不为宝。胡为阖闾殉墓中,遂使秦人坐幽讨。凿成双崖若壁立,其深千尺不可考。清泉一泓渟石中,渊然不着纤苹藻。崖间藤萝生紫花,凌空影向波心倒。其巅架石为飞梁,辅以朱栏钩了鸟。辘轳双绠垂银床,军持上下无昏晓。孤桐百尺旁无枝,绿云幂历晴檐绕。云

泉风鏊字如斗，谡谡松风出林杪。我闻平津之剑
化为龙，此剑岂肯埋荒草。祖龙求之等刻舟，当
时有无事亦渺。而今剑亡人亦亡，楚弓得失谁终
保。惟有山中入定僧，听水听风秋梦好。"

试剑石

茹昂《志》："在虎丘道旁，中开如截，上有绍
圣年吕升卿题字。"文《志》："旁有大石，亦隐出
三字，势若飞动，惜磨灭莫能辨。"《吴郡志》引
《吴地记》云是"秦王试剑石"。或云吴王，未知
孰是。明王宠《试剑石赋序》云："石在虎丘道旁，
云吴王铸剑成而试之，或云秦始皇掘得吴殉剑而
试之。兹两存其说。"石韫玉《试剑石歌》云："磐
石大如象，一剑中分之。山人但称试剑石，不知
试剑者为谁。岂是干将莫邪之所铸，精金百炼柔
如荑。丈夫剪发妇剪爪，铸成宝剑双雄雌。尔时
欲试更无物，以刚克刚惟石宜。手起剑落手不知，
其锋犀利嗟神奇。陆制虎豹，水刳蛟螭，山鬼夜

水乡人家（家家连水户户通船）

啸，猩猩昼啼。秦客视之忽下拜，连城声价如风驰。呜呼！此剑宜乎催仇越，斩佞齮，胡为
党邪丑正枋倒持。坐使灵胥伏剑死，廿年终复黄池师。呜呼！莹冰凝霜之器不可得，青青
石骨今不移。摩崖三字势完好，绍圣之岁升卿题。试剑石在剑已亡，行人相视生嘘唏。"

【译文】试剑石，据茹昂《虎丘山志》记载："在虎丘道旁边，中间断开就像切断的一
样，上面有北宋哲宗绍圣年间吕升卿的题字。"文肇祉《虎丘山志》："旁边有巨大的石头，
也隐隐地显现出三个字，笔势如飞动，可惜磨灭不能分辨。"《吴郡志》引《吴地记》说是"秦
王试剑石"。有的人说是吴王，不知道谁正确。明朝王宠《试剑石赋序》说："这个石头在
虎丘道旁，说吴王铸成剑之后在这个石头上试剑，也有人说是秦始皇掘得到吴王陪葬的
剑而在这个石头上试剑。现在同时收录这两种说法。"石韫玉《试剑石歌》说："磐石大如
象，一剑中分之。山人但称试剑石，不知试剑者为谁。岂是干将莫邪之所铸，精金百炼柔
如荑。丈夫剪发妇剪爪，铸成宝剑双雄雌。尔时欲试更无物，以刚克刚惟石宜。手起剑落
手不知，其锋犀利嗟神奇。陆制虎豹，水刳蛟螭，山鬼夜啸，猩猩昼啼。秦客视之忽下拜，
连城声价如风驰。呜呼！此剑宜乎催仇越，斩佞齮，胡为党邪丑正枋倒持。坐使灵胥伏剑死，
廿年终复黄池师。呜呼！莹冰凝霜之器不可得，青青石骨今不移。摩崖三字势完好，绍圣
之岁升卿题。试剑石在剑已亡，行人相视生嘘唏。"

千人坐

《太平寰宇记》:"涧侧有平石,可容千人,故号千人坐。"《续图经》:"生公讲经,下有千人列坐,故名。"胡缵宗篆书"千人坐"三字。旁有净土桥,弘治间僧宗洗建。顾诒禄《志》:"千人坐又名千人石。"《吴地记》:"虎丘泉石,其最胜者剑池、千人坐。"《吴郡志》:"生公讲经处也,大石盘陀数亩,高下如刻削,乃他山所无。"

【译文】 千人坐,《太平寰宇记》:"在山间溪流的一侧有一块平坦的石头,可以容纳一千人,所以叫千人坐。"《续图经》:"晋末高僧竺道生在解说佛经时,下面有上千人并列而坐,所以叫这个名字。"胡缵宗用小篆字体在石上书写"千人坐"三个字。旁边有净土桥,是明朝弘治年间僧人宗洗所建。顾诒禄《虎丘山志》:"千人坐又叫千人石。"《吴地记》:"虎丘的泉水和石头之中,最优美的是剑池、千人坐。"《吴郡志》:"晋末高僧竺道生解说佛经的地方,有一块大石头高低不平占地几亩,从上到下像刀刻削的一样,是别的山所没有的。"

点头石

《十道四蕃志》:"生公讲经,人无信者,乃聚石为徒,与谈至理,石皆点头。"故老云,石尚存一二,今可月亭侧有一巨石,篆刻"觉石"二字。宋琬《点头石》诗云:"生公拄杖化龙孙,石上空留棒喝痕。莫怪点头无一语,能言端已落旁门。"

【译文】 点头石,《十道四蕃志》:"晋末高僧竺道生解说佛经,没有人相信他,于是他将石头聚集在一起,与之谈论最正确的道理,石头听了纷纷点头。"听老年人说,那些石头还存有一两块,现在可月亭侧面有一块巨大的石头,上面有用小篆字体刻写的"觉石"二字。宋琬《点头石》诗说:"生公拄杖化龙孙,石上空留棒喝痕。莫怪点头无一语,能言端已落旁门。"

白莲池

王《志》:"在生公讲台左,周百三十步,巉石旁出,而中有矶。"李流芳《记》云:"名钓月矶。"《云峤类要》云:"山中胜景白莲池。"《姑苏志》:"生公说法时,池生千叶莲花,故名。上有采莲桥。"任兆麟《白莲池》诗云:"晓月堕池寒,不辨花与水。色空妙无着,香来澹如此。偶然手一编,静对亦已矣。"按茹《志》:"元季池水忽作红色,其明年淮张适至,而山为之一扰,时以水色之变为先兆。"乾嘉间,池中莲花犹盛。闺秀席蕙文等有白莲池莲花诗赋,采入汪启淑《撷芳集》中。

【译文】 白莲池,王鏊《姑苏志》:"在晋末高僧竺道生讲经台的左侧,周长一百三十步,陡峭的岩石从旁边耸立出来,池中有突出的石山。"李流芳《记》说:"这个石山名字叫钓月矶。"《云峤类要》说:"山中优美的景物是白莲池。"《姑苏志》:"晋末高僧竺道生说法时,池中生长出千叶莲花,所以叫这个名字。池上有采莲桥。"任兆麟《白莲池》诗说:"晓月堕池寒，不辨花与水。色空妙无着，香来澹如此。偶然手一编，静对亦已矣。"考查茹昂《虎丘山志》："元代末年池水忽然变成红色，第二年淮水上涨正好到这里，而山也因此而受到破坏，当时的人们将池水颜色的变化视为先兆。"清朝乾嘉年间，池中莲花还很茂盛。有才学的名门淑女席蕙文等有白莲池莲花诗赋，采集收入汪启淑编辑的《撷芳集》中。

憨憨泉

王《志》："在山路侧，有吕升卿题字。"顾诒禄《志》云："梁时䌽䌽尊者遗迹。"卢熊《府志》谓即虎跑泉者，误。文《志》："或云旧名海涌泉者是。"池水甚清，今居人于此汲泉烹茗。石韫玉《憨憨泉》诗云："粤稽䌽䌽师，生在梁武年。卓锡此山住，凿石逢清泉。泉生石中无泥滓，一勺之多常弥弥。海涌山中海涌泉，此渊然者毋乃是。世间泉石争嘉名，此泉独以憨憨行，惟恐当世知其清。清福天所啬，清才人所嗔。师憨泉亦憨，以憨全其真。"又，顾我乐诗云："泉已出山涧，名犹过客谙。浮生嗟扰扰，水碣识憨憨。未许鉴毛发，伊谁知苦甘。想当流峡始，迹并虎跑参。"

【译文】　憨憨泉，王鏊《姑苏志》："在山路的一侧，有吕升卿的题字。"顾诒禄《虎丘山志》说："憨憨泉是梁朝时一个叫做䌽䌽尊者的遗迹。"卢熊《苏州府志》认为憨憨泉就是虎跑泉，这是错误的。文肇祉《虎丘山志》："有人说憨憨泉原来叫海涌泉，这是对的。"池水非常清澈，现在居民在这里汲取泉水煮茶。石韫玉《憨憨泉》诗说："粤稽䌽䌽师，生在梁武年。卓锡此山住，凿石逢清泉。泉生石中无泥滓，一勺之多常弥弥。海涌山中海涌泉，此渊然者毋乃是。世间泉石争嘉名，此泉独以憨憨行，惟恐当世知其清。清福天所啬，清才人所嗔。师憨泉亦憨，以憨全其真。"又有顾我乐诗说："泉已出山涧，名犹过客谙。浮生嗟扰扰，水碣识憨憨。未许鉴毛发，伊谁知苦甘。想当流峡始，迹并虎跑参。"

响师虎泉

见王随《云岩寺记》。旧《志》："梁僧惠响尝居虎丘，不得甘泉，乃俯地侧听，云此有泉，遂凿石为井，泉涌三丈。或谓虎为之跑，因名虎跑泉。"《续图经》云："山后仓基上渍泉是也。"文《志》："今八角井尚在。"卢熊《府志》以为生公遗迹者，非。明顾云美有《泉上留题》诗，其自序云："虎丘东北偏，凿地得泉，正当《续图经》所注虎跑泉处，即王随《记》中响师虎泉也。"许之渐《响师虎泉》诗云："花香围绕梵仙山，宝马钿车日往还。一勺清泉洗烦热，不知身更在尘寰。"

【译文】　响师虎泉，见王随《云岩寺记》。旧《志》："梁朝僧人惠响曾经居住在虎丘，

找不到甘甜的泉水，就趴在地上侧着耳朵仔细听，说这里有泉水，于是就凿石为井，泉水喷涌三丈高。有人认为老虎因此而吓跑，因此叫虎跑泉。"《续图经》说："山后仓基上的喷泉就是虎跑泉。"文肇祉《虎丘山志》："现在八角井还在。"卢熊《苏州府志》认为这里是晋末高僧竺道生的遗迹，并非如此。明朝顾云美有《泉上留题》诗，其自序说："在虎丘的东北面，凿地得到泉水，正是《续图经》所注明的虎跑泉那个地方，就是王随《记》中所说的响师虎泉。"许之渐《响师虎泉》诗说："花香围绕梵仙山，宝马钿车日往还。一勺清泉洗烦热，不知身更在尘寰。"

养鹤涧

在白莲池东。《砚北杂志》："清远道士养鹤于此。僧南印作亭其处，题曰'放鹤'。"茹昂《志》："清远道士，不知何许人。唐有清远道士《同沈恭子游虎丘》之作，颜鲁公爱其诗，为刻崖上。谓生殷周，历秦汉，大都寓言也。"任兆麟《养鹤涧》诗云："林壑层攀倚石阑，乱峰隐隐吐云端。一声瘦鹤月初上，道士不来秋涧寒。"又，石韫玉诗云："曲洞通清泉，道人养鹤处。空山秋月明，鹤与人俱去。"

【译文】 养鹤涧，在白莲池的东侧。《砚北杂志》："清远道士在这个地方养鹤。僧人南印在这个地方建造亭子，题名叫'放鹤'。"茹昂《虎丘山志》："清远道士，不知道是什么地方的人。唐朝有清远道士《同沈恭子游虎丘》的诗作，颜真卿喜爱他的诗，就把他的诗刻在崖石上。据说此人生于商周，经历秦汉，所写的大都是寓言。"任兆麟《养鹤涧》诗说："林壑层攀倚石阑，乱峰隐隐吐云端。一声瘦鹤月初上，道士不来秋涧寒。"石韫玉又有诗说："曲洞通清泉，道人养鹤处。空山秋月明，鹤与人俱去。"

养鹤

回仙径

王《志》："在山之西南。"白居易诗："回仙径被烟云锁，讲经台增藓色侵。"或云吕洞宾尝自号回仙，游憩于此。

【译文】 回仙径，王鏊《姑苏志》："在山的西南。"白居易诗："回仙径被烟云锁，讲经台增藓色侵。"有人说吕洞宾曾经自号为回仙，在这里停留游玩。

陆羽石井

《续图经》《吴郡志》俱云在剑池旁经藏后，卢熊《府志》则云："在藏殿侧。"大石井面阔丈余,上有石辘轳,久湮塞,绍兴三年主僧如璧始淘出。四旁皆石壁,鳞皱天成,下连石底,渐窄,泉出石脉中,甘冷胜剑池。郡守沈揆作屋覆之,别为亭于井旁,以为烹茶宴客之所。文《志》:"今不复有屋,而亭亦毁矣。"顾湄《志》:"明正德间,长洲知县高第重疏沮洳,构品泉、汲清二亭。"文《志》:"王文恪公鏊有《复第三泉记》。于品泉亭上石壁刻'第三泉'三字,芝南书。"蒋堂诗自注云:"山有陆鸿渐井。"人谓此泉自陆鸿渐品定,又云是张又新,又云是刘伯刍,虽所传不一,而其来则远矣。《煎茶水记》:"陆羽与李秀卿品二十水,以虎丘寺井为第五。"朱绶《虎丘泉》诗云:"中泠不易致,惠泉天下称。童叟旦暮汲,水递日百罂。虎丘寺中水,讵不亚其名。修廊窜鼯鼠,山寮门昼扃。幽幽铁花岩,石气生土腥。斋厨洗残钵,无人置茶铛。品题往相次,钟毓同秀灵。隐显孰所宰,趋舍嗟世情。我来山亭坐,闲花散垂藤。俯瞰古潭黝,仰睇层崖青。偶思茗柯理,从僧借寒瓶。瓶弃绠亦断,安辨浊与清。用感古贞士,因时成重轻。盛名独坎壈,被褐栖株坰。"

【译文】 陆羽石井,《续图经》《吴郡志》都说在剑池旁的藏经殿的后面,卢熊《苏州府志》则说:"在藏经殿的侧面。"大石井口有一丈多宽,上面有石辘轳,很久以前就填埋了,南宋绍兴三年主僧如璧才将这口井挖了出来。井的四面都是石壁,像鱼鳞一样的褶皱是天然形成的,下面连着石头井底,逐渐变窄,泉水从石缝中流出,甘甜清凉胜过剑池。郡守沈揆建造了房屋覆盖住这口井,另外又在井旁修建一个亭子,作为烹茶招待客人的地方。文肇祉《虎丘山志》:"现在房屋没有了,而亭子也毁了。"顾湄《虎丘山志》:"明朝正德年间,长洲知县高第重新疏通低洼阴湿的地方,建造品泉、汲清两个亭子。"文肇祉《虎丘山志》:"文恪公王鏊有《复第三泉记》。在品泉亭上面的石壁上刻写'第三泉'三个字,是芝南书写的。"蒋堂诗自注说:"山上有陆鸿渐井。"人们认为这个泉水的品级是自从陆鸿渐(陆羽)品尝后确定下来的,又有人说是张又新,也有人说是刘伯刍,虽然所传的不一致,但这口井的由来确实很久远了。《煎茶水记》:"陆羽和李秀卿品尝过二十种水,认为虎丘寺井是第五。"朱绶《虎丘泉》诗说:"中泠不易致,惠泉天下称。童叟旦暮汲,水递日百罂。虎丘寺中水,讵不亚其名。修廊窜鼯鼠,山寮门昼扃。幽幽铁花岩,石气生土腥。斋厨洗残钵,无人置茶铛。品题往相次,钟毓同秀灵。隐显孰所宰,趋舍嗟世情。我来山亭坐,闲花散垂藤。俯瞰古潭黝,仰睇层崖青。偶思茗柯理,从僧借寒瓶。瓶弃绠亦断,安辨浊与清。用感古贞士,因时成重轻。盛名独坎壈,被褐栖株坰。"

铁花岩

在剑池侧第三泉上。饶节云:"因东坡诗有'铁花秀岩壁'之句,故名。"岩上石刻三大字,国朝范承勋书。蒋耕堂《铁花岩》诗云:"地僻路已穷,岩幽境斯辟。石梁跨其上,宛与人世隔。一涧净苔发,两崖耸千尺。有客抱琴来,独坐岩前石。"

【译文】 铁花岩,在剑池边的第三泉上。饶节说:"因为苏东坡诗有'铁花秀岩壁'

这一句,所以叫这个名字。"岩石上刻写着三个大字,是本朝范承勋书写的。蒋耕堂《铁花岩》诗说:"地僻路已穷,岩幽境斯辟。石梁跨其上,宛与人世隔。一涧净苔发,两崖耸千尺。有客抱琴来,独坐岩前石。"

石梁

俗呼双吊桶,在剑池上,寺僧汲水处也。任《志》云:"亦名双井桥。"龚澪诗序云:"剑池桥梁久就倾圮,方丈沾公刊石伐木以递汲,且并陈楼悉改旧观。"诗云:"涓涓剑池泉,削崖出石乳。流传岁千百,评列品三五。舆梁见何时,楼与姓俱古。遂令丘壑观,凛作岩墙惧。沾公大勇猛,咄嗟见未睹。欹倾变略彴,岝崿移朽腐。连筒称深汲,惠泽遍下土。幽寻稳登眺,清意逼肺腑。何须铁作限,只尔天可补。传闻桥下云,已作山前雨。"

【译文】 石梁,俗称双吊桶,在剑池的上方,是寺僧取水的地方。任兆麟《虎阜志》说:"也叫双井桥。"龚澪诗序说:"剑池桥梁很久以前就已经倒塌了,方丈沾公凿石伐树传递着取水,并且把旧楼全部改建,未恢复原样。"有诗说:"涓涓剑池泉,削崖出石乳。流传岁千百,评列品三五。舆梁见何时,楼与姓俱古。遂令丘壑观,凛作岩墙惧。沾公大勇猛,咄嗟见未睹。欹倾变略彴,岝崿移朽腐。连筒称深汲,惠泽遍下土。幽寻稳登眺,清意逼肺腑。何须铁作限,只尔天可补。传闻桥下云,已作山前雨。"

走砌石

乃登虎丘山寺石级也,凡五十有三级,故俗呼五十三参,又名玲珑栈。明黎忠愍遂球有记。按李翱《来南录》:"元和四年又二月癸未,来游虎丘山,息足千人石,窥剑池,宿望海楼,观走砌石。"《元和县志》云:"李习之文有走砌石在山径,有趋走之势。"袁枚《随园诗话》云:"虎丘山坡五十余级,妇女坐箅下山,心怯其坠,往往倒抬而行。"鲍步江《竹枝词》云:"妾自倒行郎自看,省郎一步一回头。"又,李啸村《虎丘竹枝词》云:"仰苏楼畔石梯悬,步步弓鞋剧可怜。五十三参心暗数,欹斜扶遍阿娘肩。"

【译文】 走砌石,就是登虎丘山寺的石头台阶,一共五十三级,所以俗称五十三参,又叫玲珑栈。明朝忠愍黎遂球有记文。据李翱《来南录》:"唐朝元和四年二月癸未这一天,来游虎丘山,在千人石上休息,观看剑池,在望海楼住宿,观赏走砌石。"《元和县志》说:"李习的文章如同在上坡走石阶,一副小步疾行的姿势。"袁枚《随园诗话》说:"虎丘山坡五十多个台阶,妇女坐轿下山,心里害怕坠下山去,往往将轿子倒着抬着走。"鲍步江《竹枝词》说:"妾自倒行郎自看,省郎一步一回头。"又有李啸村《虎丘竹枝词》说:"仰苏楼畔石梯悬,步步弓鞋剧可怜。五十三参心暗数,欹斜扶遍阿娘肩。"

双井

在山门口。土人指双井为虎眼,塔为虎尾。钱有谷《虎阜双井》诗云:"龙山品二泉,虎丘汲双井。井水何泠泠,曾照西施影。"

【译文】 双井，在山门口。当地人认为双井是老虎的眼睛，塔是老虎的尾巴。钱有谷《虎阜双井》诗说："龙山品二泉，虎丘汲双井。井水何泠泠，曾照西施影。"

炼丹井

王《志》："在回仙径南。"《元和志》："唐人唐伸诗：'因过祖龙求剑处，却思清远炼丹时。'"

【译文】 炼丹井，王鏊《姑苏志》："在回仙径的南面。"《元和志》："唐人唐伸诗：'因过祖龙求剑处，却思清远炼丹时。'"

生公池

王《志》："在西岭。生公到日，其水骤盈；生公既去，其水忽涸。语云：'生来池水满，生去池水空。'"

【译文】 生公池，王鏊《姑苏志》："在西岭。于晋末高僧竺道生到来那一天，池水突然涨满；竺道生离开后，池水忽然干涸。于是有了俗语：'生来池水满，生去池水空。'"

洗钵池

王《志》："在罗汉台南。相传罗汉缮经时洗钵于此。古诗云：'炼丹井上暮云合，洗钵池中海脉通。'"张大纯《洗钵池》诗云："古佛出世时，身心本无垢。色空都不着，纤尘复何有。食时持钵去，斋罢寂无偶。清风拂素襟，敷坐但垂手。碧沼涵虚空，万象此中受。若复执象求，笑破诸方口。洗钵亦妄云，此意竟谁剖。"

【译文】 洗钵池，王鏊《姑苏志》："在罗汉台的南面。相传僧人翻译佛经时在这里洗钵。古诗说：'炼丹井上暮云合，洗钵池中海脉通。'"张大纯《洗钵池》诗说："古佛出世时，身心本无垢。色空都不着，纤尘复何有。食时持钵去，斋罢寂无偶。清风拂素襟，敷坐但垂手。碧沼涵虚空，万象此中受。若复执象求，笑破诸方口。洗钵亦妄云，此意竟谁剖。"

放生池、洗砚池

王《志》引元僧灵悍云："东晋时有之，今湮。"

【译文】 放生池、洗砚池，王鏊《姑苏志》引元朝僧人灵悍说："东晋时有这两处地方，现在淤塞了。"

卷二 名 胜

行宫

建于康熙四十五年丙戌,在山阜。丁亥,圣祖仁皇帝巡幸江南,规制俭朴,聊用驻跸。乾隆十六年,高宗纯皇帝南巡,诏谕一崇旧制,勿用奢华。见顾诒禄《志》。嗣乾隆二十二年丁丑、二十七年壬午、三十年乙酉、四十五年庚子、四十九年甲辰,凡六举南巡之典,一切恩旨如前。仰见我朝圣圣相承,慎乃俭德。赐额赐联,不特为山川增色,而万民尤莫不感悦也。

【译文】 供皇帝出行时居住的宫室,建于清朝康熙四十五年丙戌年,在虎丘山。丁亥年,清圣祖仁皇帝到江南视察,规则制度俭朴,权且暂住在这里。乾隆十六年,高宗纯皇帝到南方巡视,下令一切遵照原来的制度,不可侈奢华丽。见顾诒禄《虎丘山志》。接着于乾隆二十二年丁丑年、二十七年壬午年、三十年乙酉年、四十五年庚子年、四十九年甲辰年,一共六次南巡传承的圣旨都和这次的一样。可以看出清朝代代圣君以节俭为美德。皇上所赐匾额楹联,不只是为山川增加了光彩,更是让老百姓感动喜悦。

养心殿西暖阁

宫门 朝房

【译文】

宫门是指宫殿的大门。

朝房是主要宫殿前东西两侧相对的房子。

二宫门

宫额曰"含晖山馆"。联曰"松声竹韵清琴榻,云气岚光润笔床",为圣祖御书。又,额曰"春皋丽瞩"。又,额曰"海涌岚浮"。联曰"翠竹苍松全寿相,清泉白石养天和"。又,联曰"高柯嘉荫盘陀石,曲槛清音瀹沸泉”,为高宗御书。

【译文】

二宫门是宫殿的第二道门,宫门的匾额是“含晖山馆”。有楹联“松声竹韵清琴榻,云气岚光润笔床”,是清圣祖亲笔题写的。又有匾额“春皋丽瞩”。还有匾额“海涌岚浮”。以及楹联“翠竹苍松全寿相,清泉白石养天和”。再有楹联“高柯嘉荫盘陀石,曲槛清音瀹沸泉”,是高宗皇帝亲笔题写的。

奏殿

联曰“山光茂苑来书几,柳色金闾入画图”,为圣祖御书。

【译文】 奏殿是大臣向皇帝进言或上书的宫殿,楹联为“山光茂苑来书几,柳色金闾入画图”,是圣祖皇帝亲笔题写的。

龙楼

额曰“静远”。联曰“径转披云近,窗明挹翠微”。又,联曰“烟霞常护林峦胜,台榭高临水石佳”,为圣祖御书。

【译文】 龙楼是太子所居住的房屋,匾额为“静远”。有楹联“径转披云近,窗明挹翠微”。又有楹联“烟霞常护林峦胜,台榭高临水石佳”,是圣祖皇帝亲笔题写的。

花厅

额曰“晴岚飞翠”,为圣祖御书。

【译文】 花厅是种植花草树木的厅室,匾额为“晴岚飞翠”,是圣祖皇帝亲笔题写的。

寝宫　东群房　西群房　十八间廊　御书房

【译文】

寝宫是皇帝、皇后等住宿的宫殿。

东群房是东侧的那些房屋。

西群房指西侧的那些房屋。

十八间廊指十八间过廊。

御书房是皇帝看书的房屋。

太后宫

联曰“四面岚光俱入座,一轮蟾影恰当帘”,为圣祖御书。又,额曰“昊天蓬朗”。又,联曰“风声满径竹铿尔,春气入林花翳如”,为高宗御书。

【译文】

太后宫是太后所住的宫殿,楹联为“四面岚光俱入座,一轮蟾影恰当帘”,是圣祖皇帝亲笔书写的。又有匾额为“昊天蓬朗”。还有楹联为“风声满径竹铿尔,春气入林花翳如”,是高宗皇帝亲笔书写的。

宫眷房　皇后殿　寝宫

【译文】

宫眷房是后妃所住的房屋。

皇后殿是皇后所住的宫殿。

寝宫是皇帝、皇后等住宿的宫殿。

万岁楼

康熙二十七年，郡士民即悟石轩旧址恭建。圣祖御书"青云境""天光云影"额。内奉圣祖蠲免江苏钱粮上谕一道，又世宗、高宗先后蠲免额征银两，勒诸贞珉，昭垂久远。翰林院修撰臣徐陶璋恭记。尤侗《万岁楼落成恭纪》诗云："阊阖天高紫气浮，苍龙凤驾下苏州。春风初绕千人石，晓日群瞻万岁楼。汉诏蠲租追地节，唐碑颂德胜之罘。吾皇游豫民歌舞，此地从今号帝丘。"又，彭宁求诗云："三吴群望幸，五位恰时巡。鸾辂开南极，龙楼仰北辰。赐租邀旷典，问俗沐深仁。共喜天颜近，恩光遍紫湣。"

【译文】　万岁楼，康熙二十七年，吴郡官民靠近悟石轩旧址而建。圣祖皇帝亲笔题写"青云境""天光云影"两个匾额。楼内供奉着圣祖免除江苏钱粮的谕旨一道，还有世宗、高宗先后免除按规定应征收的银两，这些内容被刻写在石头上，要永久地显示并流传下去。由大臣翰林院修撰徐陶璋记述。尤侗《万岁楼落成恭纪》诗说："阊阖天高紫气浮，苍龙凤驾下苏州。春风初绕千人石，晓日群瞻万岁楼。汉诏蠲租追地节，唐碑颂德胜之罘。吾皇游豫民歌舞，此地从今号帝丘。"又有彭宁求写诗说："三吴群望幸，五位恰时巡。鸾辂开南极，龙楼仰北辰。赐租邀旷典，问俗沐深仁。共喜天颜近，恩光遍紫湣。"

接驾台

在迎恩桥。南巡时筑，为郡绅士迎銮演剧之所，即今山景园留仙阁址也。

【译文】　接驾台是迎接皇帝的高台，在迎恩桥边。是皇帝到南方巡视时所建的，为吴郡有势力有名望的人迎接皇帝而演出戏剧的地方，就是现在的山景园留仙阁所在之址。

御碑亭

顾诒禄《志》："亭凡三楹，在伽蓝殿南。碑勒圣祖、高宗南巡御题虎丘山诗。"

【译文】　御碑亭是皇帝题诗的碑亭，顾诒禄《虎丘山志》："御碑亭一共三间，在伽蓝殿的南侧。碑上刻写着圣祖、高宗到南方巡视时所题写的虎丘山诗。"

双亭

在山坡旁。圣祖南巡时所建，一夜成之者。

【译文】　双亭，在虎丘山坡的旁边。是圣祖到南方巡视时所建，只用一个夜晚就建成了。

生公讲台

一名说法台。《姑苏志》:"神僧竺道生讲经处也。唐李阳冰篆书四字,分刻四砥,已失其一,后人补之。颜鲁公诗'登坛仰生一',盖指此。"明崇祯间,僧达生结亭其处。林蕃钟《生公讲台》诗云:"荒榛蔽古台,白云澹容与。秋气生石阑,寒林人语语。寂寞清梵声,已逐高僧去。"又,石韫玉诗云:"曾说真如法,今存开士居。天花飘讲席,山鬼啸林于。护法非无虎,听经亦有鱼。荒台方丈地,几度劫灰余。"又,顾我乐诗云:"高僧依净域,聚石古松阴。不惜饶予舌,相期印此心。身参泡梦幻,世阅去来今。日暮游人散,应闻山鬼吟。"

【译文】 晋末高僧竺道生讲经台,又叫说法台。《姑苏志》:"是神僧竺道生讲经的地方。唐朝李阳冰用小篆写了四个字,分别刻在四块石头上,其中的一块已经丢失,后人又补充上了。颜真卿的诗句'登坛仰生一',大概指的就是这个。"明朝崇祯年间,僧人达生在这个地方修建了亭子。林蕃钟《生公讲台》诗说:"荒榛蔽古台,白云澹容与。秋气生石阑,寒林人语语。寂寞清梵声,已逐高僧去。"另外,石韫玉有诗说:"曾说真如法,今存开士居。天花飘讲席,山鬼啸林于。护法非无虎,听经亦有鱼。荒台方丈地,几度劫灰余。"又有顾我乐的诗说:"高僧依净域,聚石古松阴。不惜饶予舌,相期印此心。身参泡梦幻,世阅去来今。日暮游人散,应闻山鬼吟。"

生公讲堂

王《志》:"李德载曰一名'生公禅堂',所在不可考。"

【译文】 晋末高僧竺道生讲经堂,王鏊《姑苏志》:"李德载说又叫'生公禅堂',具体地点已经无法确知了。"

可中亭

即可月亭,王《志》、文《志》俱云在剑池东。因刘禹锡诗有"一方明月可中亭"之句,故名。今有"可中亭"三字在亭畔,不知何人书。僧广润云"片石危坐可中亭"是也。文《志》:"寺毁,其亭独存,僧普真修。"按《广舆记》:"生公于石上讲经,宋文帝大会僧众施食。人谓僧律曰:'过中即不食。'帝曰:'始可中耳。'生公曰:'白日丽天,天言始中。何得非中?'即举箸而食。"任心斋云:"顾湄辨可中是日非月,并以刘梦得为误,不知此诗家有活用法也。实则可中、可月,俱无不可。可中之名见甘均诗,是元时已有此名。惟王宾引刘诗为虎阜作,误。"顾我乐《可中亭》诗云:"结构绿云磴,孤亭碧藓封。偶当山势合,已觉树阴重。我欲偕禅侣,寻幽策瘦筇。尤宜乘月夜,来听上方钟。"

【译文】 可中亭,就是可月亭,王鏊《姑苏志》、文肇祉《虎丘山志》都说在剑池的东侧。因刘禹锡诗有"一方明月可中亭"的句子,所以叫这个名字。现在亭子旁边有"可中亭"三个字,不知道是什么人写的。僧人广润说"片石危坐可中亭",说的就是这里。文肇祉《虎丘山志》:"寺庙已经毁坏,唯独那个亭子保存了下来,是僧人普真所修。"考查《广舆记》:"竺道生在石头上讲经,宋文帝举办了盛大的集会向僧人们施舍食物。有人说:佛家戒律有'超过中午就不能吃饭'的说法，因此宋文帝说：'中午才可以吃。'竺道生说：'太阳明亮，天空晴丽，老天也说现在是中午了。怎么不是呢？'于是就举起筷子吃起来。"任心斋说："顾湄分析可中是指太阳而不是指月亮，并认为刘禹锡是误解了，不知道这些诗家有活用之法。其实可中、可月，都没有不可以的。可中这个名称见于甘均诗，这说明元朝时就已经有这个名字了。只是王宾认为刘禹锡的诗是为虎丘而作，其实是错误的。"顾我乐《可中亭》诗说："结构绿云磴，孤亭碧藓封。偶当山势合，已觉树阴重。我欲偕禅侣，寻幽策瘦筇。尤宜乘月夜，来听上方钟。"

剑池亭

至元四年僧普明重葺。

【译文】 剑池亭，元朝至元四年由僧人普明重新修缮。

剑阁

见元时僧至谌诗，在剑池北崖。《百城烟水》云："名小方丈。"国朝乾隆五十二年僧祖通重葺。

【译文】 剑阁，见元朝时僧人至谌的诗，在剑池北侧的崖岸边。《百城烟水》说："名字叫小方丈。"乾隆五十二年由僧人祖通重新修缮。

鹤涧亭

在养鹤涧西。明王汝立建，即今吕仙阁址。

【译文】 鹤涧亭，在养鹤涧的西侧。是明朝王汝立所建，就是现在吕仙阁所在的地方。

花雨亭

顾诒禄《志》："在仰苏楼旁。"周《志》："亭下临千人坐。"元至元四年僧普明重葺。

【译文】 花雨亭，顾诒禄《虎丘山志》："在仰苏楼的旁边。"周《志》："亭子下面正对着千人坐。"元朝至元四年由僧人普明重新修缮。

三泉亭

在剑池南，即陆鸿渐所品天下第三泉处。明万历间申用懋建，陈继儒记。国朝乾隆五年申厚曾重修，沈志祖记。嘉庆某年，郡人沈权复谋于申祠裔孙重修，潘奕隽记，并篆书"天下第三泉"五字置石壁。

【译文】 三泉亭，在剑池的南侧，就是陆鸿渐所品尝的天下第三泉的地方。明朝万历年间由申用懋所建，陈继儒有记文。本朝乾隆五年由申厚曾重修，沈志祖有记文。本朝嘉庆某年，吴郡人沈权又和申祠的后世孙辈们商量重修，潘奕隽有记文，并用小篆书写"天下第三泉"五个字刻在石壁上。

二仙亭

在千人石上。嘉庆戊午年仁和王世陛暨弟曰桂等建，亭壁嵌置石刻吕岩、陈抟二仙像,亭前有桥名二仙桥。世陞既重修三仙阁,并建亭今所。说详王昙《三仙阁记》中。其亭柱联曰:"梦中说梦原非梦,元里求元便是元。"

【译文】 二仙亭,在千人石的上面。嘉庆戊午年由仁和王世陞和他的弟弟王日桂等人修建,亭壁上镶嵌着石刻的吕岩、陈抟两个仙人的画像,亭前有桥名字叫二仙桥。王世陞已经重修了三仙阁,并且在现在这个地方修建二仙亭。这种说法详见王昙《三仙阁记》。二仙亭的柱联说:"梦中说梦原非梦,元里求元便是元。"

静观斋

在千手观音殿后。旧在千顷云,额为圣祖御书,已移入行宫。乾隆二十一年僧佛海建屋今所。二十二年高宗南巡,重书今额,并奉高宗历幸虎丘时御题静观斋诗章。旁有一片亭、旷轩诸胜。顾诒禄《记》云:"虎丘之胜,空濛浩渺,尤在山后。人谓'虎丘山后胜山前',不虚也。"下即玉兰房。周凤岐《静观斋看玉兰歌》云:"春窗射晴雪,香林泛寒飔。蒙蒙翠微里,花开粉琼蕤。槎枒长宿干,盘屈生新枝。招提迥覆盖,万朵浮檐楣。移种历千载,传自朱勔遗。清节岂能污,高卧幽涧陲。政闲一来赏,遥望尤多姿。禅堂证空色,静叩人天师。"

【译文】 静观斋,在千手观音殿的后面。原来在千顷云,匾额是圣祖皇帝亲笔题写的,已经移入行宫。乾隆二十一年僧人佛海在现在这个地方修建房屋。乾隆二十二年高宗到南方视察,重新书写了现在这块匾额,这里还供奉着高宗来到虎丘时亲自题写的静观斋诗章。旁边有一片亭、旷轩等名胜古迹。顾诒禄《记》说:"虎丘的优美,在于其辽阔广大若隐若现,山后这样的风景更为典型。人们认为'虎丘山后胜山前',说的没错。"静

观音菩萨道场

观斋的下面就是玉兰房。周凤岐《静观斋看玉兰歌》说:"春窗射晴雪,香林泛寒飔。蒙蒙翠微里,花开粉琼蕤。槎枒长宿干,盘屈生新枝。招提迥覆盖,万朵浮檐楣。移种历千载,传自朱勔遗。清节岂能污,高卧幽涧陲。政闲一来赏,遥望尤多姿。禅堂证空色,静叩人天师。"

巢云阁

在铁花岩上。乾隆五十二年住僧祖通葺。

【译文】 巢云阁,在铁花岩的上面。乾隆五十二年由住僧祖通修缮。

雪浪轩

在剑池上。范允临书额,今范额移在小方丈。王士祯《雪浪轩眺望》诗云:"高阁滴春雪,溪山如画图。辉辉浮震泽,霭霭眺吴都。远近青晖合,珑璁碧树扶。诸天坐来暝,香积下饥乌。"

【译文】 雪浪轩,在剑池的上面。匾额由范允临书写,现在范允临书写的匾额已移到小方丈里。王士祯《雪浪轩眺望》诗说:"高阁滴春雪,溪山如画图。辉辉浮震泽,霭霭眺吴都。远近青晖合,珑璁碧树扶。诸天坐来暝,香积下饥乌。"

悟石轩

即得泉楼。文《志》:"在剑池左。御史朱实昌题曰'悟石'。凡丘中楼阁,虽可远眺,而山中之胜遗焉,此楼一览在目。"明嘉靖四年,苏州守胡缵宗建。上为生公阁,旁为画筇楼,天启间僧达生建。崇祯四年毁,史应选重建,有记。陈仁锡题"江左上台"四字,郑之元叙,并镌于壁。《百城烟水》云:"东为石悟楼、小华胥。"俱国朝康熙二十八年改建万岁楼,移轩于楼旁,适与点头石对。

【译文】 悟石轩,就是得泉楼。文肇祉《虎丘山志》:"在剑池的左侧。御史朱实昌题字叫'悟石'。那些建在山丘上的楼阁,虽然可以远望,却难以观赏到山中的美景,在这个楼上则全部都能看见。"此楼于明朝嘉靖四年,由苏州郡守胡缵宗修建。上面是生公阁,旁边是画筇楼,明朝天启年间由僧人达生所建。明朝崇祯四年毁坏,又由史应选重新修建,关于重修的记载现在还能看到。陈仁锡题写"江左上台"四个字,郑之元作叙文,这些都镌刻在墙壁上。《百城烟水》中说:"东侧是石悟楼、小华胥。"二者都是在康熙二十八年改建万岁楼时迁移到万岁楼旁,正好和点头石相对。

大吴轩

顾湄《志》:"在小五台右,胡缵宗建,为楼三楹。俯眺西山,自秦余延迤南至楞伽,苍翠云霭,咸在目中。全吴之胜,萃于斯轩。"郭《志》云:"文昌阁即大吴轩也。"

【译文】 大吴轩,顾湄《虎丘山志》:"在小五台的右侧,是胡缵宗修建的,有楼房三间。从中俯瞰西山,可从秦余向南直望到楞伽山,苍翠云雾,都在眼中。整个吴地的美景,全部荟萃在这个大吴轩上。"郭《志》说："文昌阁就是大吴轩。"

小吴轩

王《志》、茹《志》俱云在寺东南隅。顾诒禄《志》云："在仰苏楼内，飞阁跨岩，势极耸峻。俯首眺望，平林远水，连冈断陇，烟火万象，尽在槛外。觉置身此轩，勾吴一览也。"朱长文《集》名"小吴会"。张氏名"天开图画"。语云："过吴不登虎丘，俗也；过虎丘不登小吴轩，尤俗也。"明赵宦光篆额。周永年云："小吴轩取孟子'登东山而小天下'之语。"郭麟《小吴轩晚眺》诗云："山迥俯一层，人语下方应。暮气欲沉塔，远林时见灯。云容随去鸟，松影出孤僧。拟刻朱阑字，凭栏记我曾。"

【译文】小吴轩，王鏊《姑苏志》、茹昂《虎丘山志》都说在寺院的东南角。顾诒禄《虎丘山志》说："小吴轩在仰苏楼内，楼阁间的通道横跨在岩石上，样子非常高耸险峻。低头向远处看，平齐的树木遥远的河水，高大的山冈相连，烟火各种景象，全部在栏杆外。感觉置身在这个轩里，吴地的景色全部都能看到。"朱长文《集》称其为"小吴会"。张氏称其为"天开图画"。俗话说："经过吴地不登虎丘，俗气；经过虎丘不登小吴轩，更俗气。"明朝赵宦光用小篆为小吴轩题写了匾额。周永年说："小吴轩之名，取自孟子'登东山而小天下'这句话。"郭麟《小吴轩晚眺》诗说："山迥俯一层，人语下方应。暮气欲沉塔，远林时见灯。云容随去鸟，松影出孤僧。拟刻朱阑字，凭栏记我曾。"

五圣台

即小五台。文《志》："即五台山，在海涌峰，由石观音殿而入。"《续图经》云："五圣台登眺奇胜。"按王《志》云："五圣台上，转西观音殿南，有旃檀林。"

【译文】五圣台，就是小五台。文肇祉《虎丘山志》："就是五台山，在海涌峰，由石观音殿而进入。"《续图经》说："登上五圣台可以远望奇妙的美景。"考查王鏊《姑苏志》说："从五圣台上，转到西观音殿的南侧，有檀香林。"

仰苏楼

文《志》："为东坡楼旧址，在天王殿东。"明天启间苏州守胡缵宗建，题"云水阁"额。国朝康熙五十六年重葺，许汝霖记。后有来贤堂，康熙八年葺，马希援记。中悬圣祖御题仰苏楼诗章，又御题联曰："波光先得月，山秀自生云。"顾我乐《仰苏楼》诗云："不见蝝颐客，人间七百年。登楼发遐想，山色故依然。高咏谁能继，予怀未可宣。何当跨云鹤，长啸下寥天。"按仰苏楼自僧祖印创卖四时各种花露，颇获厚利。至其法嗣绍基，坏乱清规，有司责令还俗，楼遂封固。同人因仰苏楼已移建于白傅祠中，议以楼址改祀三苏，并以宋之王翰林禹偁、陈朝散省华、康都官孝基、叶朝散参、蒋学士堂、曹秘书圜、范文正公仲淹、胡安定先生瑗、尹肃公焞、姚秘阁宪、谢文靖公枋得、明常忠武王遇春、徐文靖公汧等祠曾散建于虎丘，而今已废替者奉位三苏祠旁屋，复申妥侑，屡请于郡邑尊，而竟不果行，岂香火因缘犹有待耶？

【译文】 仰苏楼，文肇祉《虎丘山志》："其为东坡楼的旧址，在天王殿的东侧。"是明朝天启年间苏州太守胡缵宗所建，他还题写了"云水阁"匾额。本朝康熙五十六年重新修缮，许汝霖有记文。后来又有了来贤堂，康熙八年修缮，马希援有记文。楼中悬挂着圣祖皇帝亲笔题写的仰苏楼诗章，以及亲笔题写的楹联："波光先得月，山秀自生云。"顾我乐《仰苏楼》诗说："不见墓颐客，人间七百年。登楼发遐想，山色故依然。高咏谁能继，予怀未可宣。何当跨云鹤，长啸下寥天。"据考证仰苏楼自从僧人祖印开创售卖四季各种花露，获得很丰厚的利润。他的继承人绍基，因破坏扰乱寺庙的规矩，被官吏责令还俗，仰苏楼于是就被封闭了。有着相同志向的人们因为仰苏楼已经移建到白傅祠中，所以商议在仰苏楼原址改建祭祀三苏的祠堂，同时因为宋朝的翰林王禹偁、朝散陈省华、都官康孝基、朝散叶参、学士蒋堂、秘书曹嚢、文正公范仲淹、安定先生胡瑗、肃公尹焞、秘阁姚宪、文靖公谢枋得、明朝的忠武王常遇春、文靖公徐泓等的祠堂曾经分散建于虎丘，而现在已经废弃，便把他们的灵位安放在三苏祠的旁屋里，应该重新安放，多次向郡邑的长官请求此事，可是最终也没有做到，难道供奉先贤的香火因缘还需要等待吗？

和靖读书台

顾湄《志》云："元延祐元年移建和靖祠于郡治。明初以和靖专祠当在虎丘，仍于西庵故址建和靖读书台。"顾诒禄《志》云："俗名十八折。"任兆麟《志》云："读书台故址在后山十八折上。今为僧人售作镇江公所，屡议复之而未果。"钱载《和靖读书台》诗云："西庵霜气老，树叶吹空园。欲寻三畏斋，遂至通幽轩。先生程门之颜氏，退自经筵来馆此。未得相迎入会稽，吁嗟年已七十矣。书堂复祠堂，落日指上方。门人记录仅可考，格言刊置今都忘。萧械谁规四书院，买田筑室无由见。竹间开径栽黄花，青山可读即可家。"

【译文】 和靖读书台，顾湄《虎丘山志》说："元朝延祐元年和靖祠移建到本郡官府的所在地。明朝初年认为和靖专祠应当在虎丘，所以仍旧在西庵原来的地方修建和靖读书台。"顾诒禄《虎丘山志》说："俗称十八折。"任兆麟《志》说："读书台的旧址在后山十八折上。现在被僧人出售当做镇江公所，多次商议恢复它而没有实现。"钱载《和靖读书台》诗说："西庵霜气老，树叶吹空园。欲寻三畏斋，遂至通幽轩。先生程门之颜氏，退自经筵来馆此。未得相迎入会稽，吁嗟年已七十矣。书堂复祠堂，落日指上方。门人记录仅可考，格言刊置今都忘。萧械谁规四书院，买田筑室无由见。竹间开径栽黄花，青山可读即可家。"

三畏斋

在通幽轩南。今轩已废，亦尹和靖先生寓舍也。斋在西庵，额为和靖先生自题。《吴中旧事》云："和靖尹先生去经筵，寓虎丘西庵，题曰'三畏斋'。嘉定初，丁焴通守吴郡，乃建祠堂于其处。"顾诒禄《志》云："大士庵中有三畏斋，即和靖读书台。"明王宾诗云："兵后南来已白头，虎丘行过偶迟留。斋居犹自名三畏，点检身心肯暂休。"见《续吴都文粹》。

依山而建的小楼

【译文】 三畏斋，在通幽轩的南侧。现在通幽轩已经废弃了，这里也是尹和靖先生住宿的地方。三畏斋在西庵，匾额是尹和靖先生自己题写的。《吴中旧事》说："尹和靖先生辞去为皇帝讲读经史的职位后，住在虎丘西庵，题写匾额叫'三畏斋'。南宋嘉定初年，丁焴通任吴郡的郡守，于是在那个地方修建祠堂。"顾诒禄《虎丘山志》说："大士庵中有三畏斋，就是尹和靖的读书台。"明朝王宾诗说："兵后南来已白头，虎丘行过偶迟留。斋居犹自名三畏，点检身心肯暂休。"此诗见于《续吴都文粹》。

陈公楼

王《志》、茹《志》："初寺僧取水剑池，登降甚劳。隆兴二年，陈敷文出钱二十万，跨两崖建楼其上，为井干以便汲，因名。"宋王晓有记。明朱存理《陈公楼》诗云："芳春择胜作山游，再过山中已秒秋。岩菊有花撩客醉，野人无事为僧留。郡中白傅新开路，池上陈公旧筑楼。今古悠悠谈尘外，吸泉聊自润诗喉。"

【译文】 陈公楼，王鏊《姑苏志》、茹昂《虎丘山志》："当初寺庙的僧人到剑池取水，上下非常辛苦。南宋隆兴二年，陈敷文捐钱二十万，建了一座横跨两侧山崖的楼，并设置井架以方便取水，楼因此而得名。"宋朝王晓有记文。明朝朱存理《陈公楼》诗说："芳春择胜作山游，再过山中已秒秋。岩菊有花撩客醉，野人无事为僧留。郡中白傅新开路，池上陈公旧筑楼。今古悠悠谈尘外，吸泉聊自润诗喉。"

玉兰房

在虎丘后山。任《志》云："中有玉兰一株，甚古，名冠吴中。"顾湄《志》："相传北宋时朱勔从闽移植。"顾诒禄《志》："玉兰堂，乾隆十五年元邑令王明标重茸。"顾我乐《虎丘后山玉兰房》诗云："崇宁四年一株树，不啮冰霜饱雨露。斧劈幸免桧尸分，社梦还凭山鬼护。忆昔初成花石纲，汴都遗毒流吴闻。十里五里途置堠，一花一木人遭殃。朱冲父子世济恶，绿水园中旧栖托。金钱百万领水衡，广购奇葩充艮岳。此树竟随家播迁，阴成花弄连山田，历宋元明及昭代，七百余载仍蕃鲜。干似虬龙根似铁，花开色较蕃厘白。遗恨衔归五国城，浓阴覆近千人石。天津听罢杜鹃声，湖上新尝宋嫂羹。哪及花时同醉此，摩挲老物话东京。"

【译文】 玉兰房，在虎丘后山。任兆麟《虎阜志》说："玉兰房中有一株玉兰，非常古老，名气在吴中数第一。"顾湄《虎丘山志》："这株玉兰相传是北宋时朱勔从福建移栽到这里的。"顾诒禄《虎丘山志》："玉兰堂,乾隆十五年元邑令王明标重新修缮。"顾我乐《虎丘后山玉兰房》诗说："崇宁四年一株树,不啮冰霜饱雨露。斧劈幸免桧尸分,社梦还凭山鬼护。忆昔初成花石纲,汴都遗毒流吴阊。十里五里途置堠,一花一木人遭殃。朱冲父子世济恶,绿水园中旧栖托。金钱百万领水衡,广购奇葩充艮岳。此树竟随家播迁,阴成花弄连山田,历宋元明及昭代,七百余载仍蕃鲜。干似虬龙根似铁,花开色较蕃厘白。遗恨衔归五国城,浓阴覆近千人石。天津听罢杜鹃声,湖上新尝宋嫂羹。哪及花时同醉此,摩挲老物话东京。"

千顷云阁

《长洲县志》云："在塔后。"文《志》云："在旧方丈前,朝西。延纳空翠,收拾平远,乃旷观也。"袁宏道云："千顷云得天池诸山作案,峦壑竞秀,最可觞客。但过午则日光射人,不堪久坐耳。"宋咸淳八年僧德屋建。以东坡有"云水丽千顷"句,因以名之。宋家之巽有记。国朝康熙四十五年移入行宫。今僧人设茶桌,以待游客眺览。吴城雉堞,烟火万家,翼然会于几席之上。石韫玉《千顷云》诗云："黄山云海天下奇,此山岂欲伯仲之。濛濛云气不知处,姑以千顷约其辞。山中有古德,生在咸淳时。乃从山顶筑丈室,四围山色凭栏宜。大山小山屈指不可数,惟有空翠凝檐楣。室无可名名以云,妙义盖本苏公诗。我闻云为天地之灵气,忽生忽灭无定姿。倏然白衣变苍狗,千态万状穷端倪。空空太空初无迹,丰隆幻弄等儿嬉。云虽千顷实乌有,以云名轩将奚为。山中人曰嘻,强作解事真小儿。此云乃我山中物,不持赠人但自怡。世人且不及浮云,浮云万古长如斯。"

【译文】 千顷云阁,《长洲县志》说："在塔的后面。"文肇祉《虎丘山志》说："在旧寺庙的前面,朝西。接纳绿色的草木,尽收远方的美景,视野非常开阔。"袁宏道说："千顷云阁以天池各山作为背景,山峦沟壑相互比美,最适合在此以聚客宴饮。只是中午阳光晒人,不能久坐而已。"千顷云阁是宋朝咸淳八年由僧人德屋所建。因为苏东坡有"云水丽千顷"的诗句,于是就以千顷云来给这个阁命名。宋朝的家之巽有记文。本朝康熙四十五年将其搬迁到行宫。现在有僧人摆设茶桌,接待前来眺望美景的游客。吴城墙上的堞口,万家的烟火,很完美地集中展示在几案坐席之上。石韫玉《千顷云》诗说："黄山云海天下奇,此山岂欲伯仲之。蒙蒙云气不知处,姑以千顷约其辞。山中有古德,生在咸淳时。乃从山顶筑丈室,四围山色凭栏宜。大山小山屈指不可数,惟有空翠凝檐楣。室无可名名以云,妙义盖本苏公诗。我闻云为天地之灵气,忽生忽灭无定姿。倏然白衣变苍狗,千态万状穷端倪。空空太空初无迹,丰隆幻弄等儿嬉。云虽千顷实乌有,以云名轩将奚为。山中人曰嘻,强作解事真小儿。此云乃我山中物,不持赠人但自怡。世人且不及浮云,浮云万古长如斯。"

致爽阁

文《志》："旧在法堂后。四山爽气,日夕西来,因名。后改建五台,大学士申时行肖魁曜像于上。"文征明书扁,后移入行宫。圣祖御题曰"旷宜楼"。今为僧房。

【译文】　致爽阁,文肇祉《虎丘山志》:"原来在法堂的后面。四面山峦清爽的空气,傍晚时从西面吹来,于是取名叫致爽阁。后来改建在五台,里面挂着大学士申时行和肖魁曜的画像。"文征明书写了匾额,后来被移到行宫。圣祖皇帝亲笔题写"旷宜楼"。现在是僧人住的房屋。

平远堂

王《志》:"在致爽阁旁,题曰'平林远野'。"《百城烟水》云:"堂在大殿左,面北。"袁宏道《虎丘记》曰:"平远堂,空旷无际,仅虞山一点在望。"元至元四年僧普明改建。马之骏《虎丘游记》云:"平远堂,注瞬四天,靡所弗际,远山绣野,俯拾环翔,而虎丘之观止矣。"明万历二十六重建五贤祠于此,左为等慈阁,昔已废。乾隆五十七年僧祖通重建,在大士殿旁。

【译文】　平远堂,王鏊《姑苏志》:"在致爽阁的旁边,匾额是'平林远野'。"《百城烟水》说:"平远堂在大殿的左侧,朝向北。"袁宏道《虎丘记》说:"平远堂,所望空旷无边,只有虞山能远远地看到一点。"是元朝至元四年由僧人普明所改建。马之骏《虎丘游记》说:"平远堂,极目眺望四方天空,没有视线接触不到的地方,远方的山峦和华美的田野,环绕漫步都能看得见,是游览虎丘时所看到的景象中最好的。"明朝万历二十六年在这里重新修建五贤祠,左侧是等慈阁,早已废弃。乾隆五十七年僧人祖通重新修建,在大士殿的旁边。

月驾轩

《百城烟水》云:"在石观音殿右。"

【译文】　月驾轩,《百城烟水》说:"在石观音殿的右侧。"

东岭草堂

见朱长文诗。文《志》云:"莫详其处。今短簿祠在东岭,转东,僧舍有楼三楹,古柏数株,蜀高第名之。凭栏而眺,吴之诸山蜿蜒回拱,欲趋而先,诚虎阜之绝胜也。太仓王锡爵偕其弟读书于此。"任《志》谓此即梅花楼。

【译文】　东岭草堂,见于朱长文的诗。文肇祉《虎丘山志》说:"没有人清楚地知道它所在的地方。现在短簿祠在东岭,再向东转,有僧人所住的楼房三间,古柏几棵,四川的高第给它取了这个名字。倚靠着栏杆远望,吴地的各山蜿蜒回环,好像要争先跑到前面,的确是虎丘最优美的景色了。太仓王锡爵和他的弟弟一起在这里读书。"任兆麟《虎阜志》认为这里就是梅花楼。

梅花楼

即淡香楼,在东岭花神庙内。相传元梅花道人吴仲圭尝居此。顾诒禄《志》:"衡山文氏画梅于壁,因名。"今壁上画梅已为僧人粉垩殆尽。回廊曲折,依岭径高下筑成,颇幽邃。楼近某氏祠,欲并得之,僧恐,乃走京师,求为万寿寺方丈,圣祖南巡,书"淡香楼"三字额以赐,祠谋始止,今额犹悬楼中。庙僧贫乏,于嘉庆某年割楼质陈姓钱,今又典于周姓,别开一户为出入,在短簿祠旁,榜曰"罗浮别墅"。明吴江王承父处士、昆山归玄恭文学、国朝锡山杜紫纶翰林、如皋汪春田观察、海昌查憺余孝廉先后寓其中。顾宗泰《梅花楼》诗云:"洞鹤飞空去,池云逐月流。梅花自春色,千载有山楼。清绕何郎梦,香从白傅游。余芳怜仿佛,转对晓烟愁。"又,石韫玉诗云:"花里结琳宇,回栏四面空。游人山翠里,春梦雪香中。纸帐偏宜月,瑶台不受风。萧疏修竹下,吟望独支筇。"

【译文】 梅花楼,就是淡香楼,在东岭花神庙内。相传元朝梅花道人吴仲圭曾经居住在这里。顾诒禄《虎丘山志》:"衡山文氏在墙壁上画梅花,于是叫梅花楼。"现在墙壁上所画的梅花已经被僧人用白粉涂抹得几乎没有了。楼内有弯弯曲曲的回廊,依着山路的高低建成,非常幽暗深邃。梅花楼靠近某大族的祠堂,某大族想要吞并梅花楼,僧人非常害怕,于是前往都城,请求做万寿寺的方丈,圣祖皇帝到南方视察,书写"淡香楼"三字的匾额赐给他,某大族占楼为祠的计谋才终止,现在匾额还悬挂在梅花楼中。庙里的僧人缺少钱财,在嘉庆某年将梅花楼分割出一部分抵押给姓陈的人换钱,现在又抵押给姓周的人,另外开一个门出入,在短簿祠旁边,题名叫"罗浮别墅"。明朝吴江王承父处士、昆山归玄恭文学、清朝锡山杜紫纶翰林、如皋汪春田观察、海昌查憺余孝廉曾经先后住在这里。顾宗泰《梅花楼》诗说:"洞鹤飞空去,池云逐月流。梅花自春色,千载有山楼。清绕何郎梦,香从白傅游。余芳怜仿佛,转对晓烟愁。"又有石韫玉的诗说:"花里结琳宇,回栏四面空。游人山翠里,春梦雪香中。纸帐偏宜月,瑶台不受风。萧疏修竹下,吟望独支筇。"

何允讲堂

文《志》:"在西寺。允讲经,不害物,虞人逐鹿,鹿来堂上不动。《南史》:有异鸟如鹤,红色,集讲堂,驯狎如家禽。"

【译文】 何允讲堂,文肇祉《虎丘山志》:"在西寺。何允讲经,不伤害动物,掌管山泽苑囿田猎的人追赶鹿,鹿来到讲堂上就不走了。《南史》:有奇特的鸟,长得像鹤,红色,落在讲堂上,驯服得如同家禽。"

梁双殿

《吴郡志》:"在大殿前,二小殿相对,最为古迹。淳熙中,有僧庸凡好修造,尽坏之。"

【译文】 梁双殿,《吴郡志》:"在大殿前,两个小殿相对,是当地最古老的建筑。南宋淳熙年间,由僧人庸凡好修造,现在全部被毁坏了。"

缵经台

王《志》:"生公池东南,晋梵僧于此重译《法华经》。"唐王建有诗。

【译文】 缮经台,王鏊《姑苏志》:"在生公池的东南,晋朝来自异国的僧人在这里重译《法华经》。"唐朝王建写有关于缮经台的诗。

讲堂

罗汉受戒台

一名罗汉石坛。王《志》:"在缮经台西,晋时有罗汉受戒于此。"唐人有诗。

【译文】 罗汉受戒台,又叫罗汉石坛。王鏊《姑苏志》:"在缮经台的西面,晋朝时有罗汉在这里受戒。"唐人写有关于罗汉受戒台的诗。

指南轩

在半塘寺。宣德六年僧南宗建,卢万春记。

【译文】 指南轩,在半塘寺。是明朝宣德六年由僧人南宗所修建,卢万春写有记文。

小竹林

《吴都法乘》:"逾山后岭,西折而之北,有平陆焉。主僧就其处结屋一区。古木修篁,左右交闼,烟云旦晦,或失不见,因名之曰小竹林。"文《志》:"再折而东,有韵玉楼。塔在檐下可玩。"明文伯仁有《竹林精舍图》,王世贞有《小竹林》诗。

【译文】 小竹林,《吴都法乘》:"越过山后岭,向西折再向北走,那里有平坦的陆地。主僧在这个地方附近建造了一座房屋。古树竹林,左右交互闭合,早晨被雾气或阴云所笼罩,有时会被遮蔽起来而看不见,于是给它取名叫小竹林。"文肇祉《虎丘山志》:"再折而向东,有韵玉楼。塔在楼檐下可以欣赏。"明朝文伯仁有《竹林精舍图》,王世贞写有《小竹林》诗。

松籁轩

任《志》云:"僧洪恩有《虎丘松籁轩》诗。"

【译文】 松籁轩,任兆麟《虎阜志》说:"僧人洪恩写有《虎丘松籁轩》诗。"

桐雨楼

见《百城烟水》。任《志》云:"释广育有《中秋后一夕宿虎丘桐雨楼对月》诗。"

【译文】 桐雨楼,见《百城烟水》。任兆麟《虎阜志》说:"僧人广育写有《中秋后一夕宿虎丘桐雨楼对月》诗。"

南窗

任《志》:"在方丈。"范成大有《题方丈南窗》诗。

【译文】 南窗,任兆麟《虎阜志》:"在住持和尚的居室。"范成大写有《题方丈南窗》诗。

楞伽室

任《志》:"在方丈中。"元柳贯有《虎丘楞伽室》诗。

【译文】 楞伽室,任兆麟《虎阜志》:"在住持和尚的居室中。"元朝柳贯写有《虎丘楞伽室》诗。

古木寒泉亭

文《志》云:"在剑池南,悬虚以成。修林翳翳,险碉湛湛。前荣遐瞩,极疏旷焉。元至元四年僧普明重建。"

【译文】 古木寒泉亭,文肇祉《虎丘山志》说:"在剑池的南侧,悬空而建。高高的树林遮蔽着,山间的水沟很深。向远看前面草木茂盛,非常空阔辽远。元朝至元四年由僧人普明重新修建。"

还珠阁

任《志》:"冒襄有《虎丘还珠阁看梅》诗。"

【译文】 还珠阁,任兆麟《虎阜志》:"冒襄写有《虎丘还珠阁看梅》诗。"

隐泉精舍

任《志》:"吴子孝有《登虎丘题隐泉精舍》诗。"

【译文】 隐泉精舍,任兆麟《虎阜志》:"吴子孝写有《登虎丘题隐泉精舍》诗。"

翠微楼

任《志》:"吴子孝有《题僧无言翠微楼》诗。"

【译文】 翠微楼,任兆麟《虎阜志》:"吴子孝写有《题僧无言翠微楼》诗。"

再来亭、福岩馆

见《云峤类要》。

【译文】 再来亭、福岩馆,见《云峤类要》。

金粟山房

任《志》:"在竹亭北。"即今方公祠屋。

【译文】 金粟山房,任兆麟《虎阜志》:"在竹亭的北侧。"就是现在的方公祠屋。

招隐堂

任《志》:"明张本有《虎丘招隐堂同汤元治伯仲避暑》诗。"

【译文】 招隐堂,任兆麟《虎阜志》:"明朝张本写有《虎丘招隐堂同汤元治伯仲避暑》诗。"

东阁

任《志》:"王宠有《虎丘东阁》诗。"

【译文】 东阁,任兆麟《虎阜志》:"王宠写有《虎丘东阁》诗。"

西阁

任《志》："明郭谏臣有《暮春与客同登虎丘西阁》诗。"

【译文】 西阁，任兆麟《虎阜志》："明朝郭谏臣写有《暮春与客同登虎丘西阁》诗。"

万松堂

任《志》："杨循吉有《虎丘万松堂避暑》诗。"

【译文】 万松堂，任兆麟《虎阜志》："杨循吉写有《虎丘万松堂避暑》诗。"

松巢

任《志》："明沈周有《三宿虎丘松巢》诗。"

【译文】 松巢，任兆麟《虎阜志》："明朝沈周写有《三宿虎丘松巢》诗。"

东丘亭

任《志》："明高启有《徐记室谪钟离归后同登东丘亭》诗。"

【译文】 东丘亭，任兆麟《虎阜志》："明朝高启写有《徐记室谪钟离归后同登东丘亭》诗。"

戒珠堂

在梅花楼旁。顾诒禄《志》云："僧圆晓建，王问题额，今在宋公祠内。"

【译文】 戒珠堂，在梅花楼的旁边。顾诒禄《虎丘山志》说："是僧人圆晓所建，王问为其题写了匾额，这块匾额现在在宋公祠内。"

西隐山房

在二山门右。文《志》云："西原有僧房，种竹一园，中有君子亭，即竹亭也。或云元人剖竹为之。西偏有涵晖堂。"《采风类记》云："产茶为山中第一。"

【译文】 西隐山房，在二山门的右侧。文肇祉《虎丘山志》说："西侧原来有僧人居住的房舍，栽种着一园竹子，其中有君子亭，就是竹亭。有人说这个亭子是元朝时有人剖分竹子而建的。偏西方向还有涵晖堂。"《采风类记》说："这里所产的茶是山中第一。"

海泉亭

明正统十二年僧大㵼建，见周忱《记》。

【译文】 海泉亭，是明朝正统十二年由僧人大㵼所建，见周忱《记》。

居素堂

在三茅殿内，匾为申时行所书。

【译文】 居素堂，在三茅殿内，匾额是申时行所书写。

虞印楼

在伽蓝殿北。文《志》："僧房小楼北窗，正对海虞山，因题'虞印'，亦可眺远。"

【译文】 虞印楼，在伽蓝殿的北侧。文肇祉《虎丘山志》："僧人所居住的小楼北窗，正对着海虞山，于是题名叫'虞印'，也可以眺望远处的风景。"

静月轩

在二山门花神庙内。今僧人鬻四时花露于轩。

【译文】 静月轩，在二山门花神庙内。现在僧人在净月轩卖四时花露。

东轩

周《志》："一名佳致轩。在法堂东。"《云峤类要》："胜景在东轩。"

【译文】 东轩，周《志》："又叫佳致轩。在法堂的东侧。"《云峤类要》："优美的景色在东轩。"

聚星楼

在东岭。

【译文】 聚星楼，在东岭。

凝紫亭

即在聚星楼旁，僧祖善建。

【译文】 凝紫亭，就在聚星楼旁，是僧人祖善所建。

含景阁

亦在东岭，见《南巡盛典》。

【译文】 含景阁，也在东岭，见《南巡盛典》。

小武当

《百城烟水》云："在虎丘山北。"有小武当桥，一名中和桥，有小武当井，见吴中彦《记》。

【译文】 小武当，《百城烟水》说："在虎丘山的北侧。"有小武当桥，又叫中和桥，有小武当井，见吴中彦《记》。

醉石轩

见吴中彦《记》。

【译文】 醉石轩见吴中彦《记》。

望苏亭

在大佛殿之左。

【译文】 望苏亭在大佛殿的

左侧。

陆羽楼

在虎丘山北,见顾诒禄《志》。按:羽字季疵,竟陵人,隐苕溪,自称桑苎翁,闭门著书。诏拜太祝,不就。贞元中寓虎丘。嗜茶,著经三篇。尝品众泉,凿井于虎丘剑池西南,品为天下第三泉,见文肇祉《志》。今楼址改为马牛王庙。

【译文】 陆羽楼,在虎丘山的北侧,见顾诒禄《虎丘山志》。据考证:陆羽字季疵,竟陵人,隐居在苕溪,自称桑苎翁,闭门著书。皇帝下令任命他当太祝,他不去任职。他于唐朝贞元年间住在虎丘。他非常喜好喝茶,著茶经三篇。品尝过众多泉水,在虎丘剑池西南凿井,品定其水为天下第三泉,见文肇祉《志》。现在原来的楼址改建为马牛王庙。

海宴亭

在山街西。国朝顺治十七年为都督梁化凤建,吴伟业有铭并颂。

【译文】 海宴亭,在山街的西侧。是本朝顺治十七年都督梁化凤所建,吴伟业写有铭文和颂文。

乐康亭

在山街右。

【译文】 乐康亭,在山街的右侧。

生公放生处

在凫溪,俗呼鸭脚浜,今为白椎庵,详《寺院》。文震孟题"生公放生处"五字。其地有泉,昔人以鸭脚浜泉煮白云茶为佳品也。

【译文】 生公放生处,在凫溪,俗称鸭脚浜,现在是白椎庵,详见后文之《寺院》。文震孟题写"生公放生处"五个字。该处有泉水,过去人们用鸭脚浜的泉水煮白云茶,是茶中的佳品。

再来室

在隆祖塔院。《天童年谱》云:"密云悟禅师于崇祯己巳、己卯年再扫隆祖塔,僧赞庵建,因名。"王时敏书扁。已废。国朝乾隆五十二年僧祖通移建铁花岩上。

【译文】 再来室,在隆祖塔院内。《天童年谱》说:"密云悟禅师在明朝崇祯己巳、己卯年两次祭扫隆祖塔,僧人赞庵建此室,并取了这个名字。"王时敏题写匾额。现在已经废弃。本朝乾隆五十二年僧人祖通把再来室移建到铁花岩上。

蟾饮山房

在东山浜。乾隆五十五年僧祖通建,退居于此,中有清晖堂、草志居。

【译文】 蟾饮山房,在东山浜。是乾隆五十五年由僧人祖通所建,方丈的住处就在这里,其中有清晖堂、草志居。

妙音阁

在东山浜,今花神庙之右。明莫云卿书扁。前楼畅观,西山环抱。汉阳知府孙克宏篆书"无尽界观"四字额。

【译文】 妙音阁,在东山浜,现在花神庙的右侧。明朝莫云卿书写匾额。前楼观景视线不受阻碍,并有西山环绕着。汉阳知府孙克宏用小篆书写"无尽界观"四个字的匾额。

奉萱居

在报恩寺。僧超源奉其母所居,有《自咏奉萱居》诗:"叹息复叹息,我母无儿并无食。忆昔同胞八弟兄,七死一僧不得力。朝凄凄,暮戚戚,流水行云徒饮泣。至哉陈睦州,草履不辞织。菽水晨昏聊自承,父氏宗嗣终断绝。奉萱居,愁何如。"

【译文】 奉萱居,在报恩寺内。是僧人超源供养他的母亲时所居住的地方,写有《自咏奉萱居》诗:"叹息复叹息,我母无儿并无食。忆昔同胞八弟兄,七死一僧不得力。朝凄凄,暮戚戚,流水行云徒饮泣。至哉陈睦州,草履不辞织。菽水晨昏聊自承,父氏宗嗣终断绝。奉萱居,愁何如。"

香岩精舍

亦在报恩寺,即超源掩关处。僧元信书"法灯照世"扁,"萝轩"额为超源自题。

【译文】 香岩精舍,也在报恩寺内,就是僧人超源闭门静坐以求觉悟的地方。僧人元信书写"法灯照世"匾额,"萝轩"这个匾额是超源自己题写的。

空谷山房

顾苓《集》:"万历时紫柏大师筑空谷楼于东冈,为其师养老地。崇祯九年僧子振重建。"

【译文】 空谷山房,顾苓《塔影园集》:"明朝万历年间紫柏大师在东冈建起了空谷楼,作为他的老师养老的地方。明朝崇祯九年僧人子振重新修建。"

一看关、多罗舍

在东塔院。明万历间僧慧悝所居。

【译文】 一看关、多罗舍,在东塔院内。是明朝万历年间僧人慧悝所居住的地方。

卷三 寺 院

虎丘山寺

在虎丘山阜。唐避讳，改名武丘报恩寺。宋至道中，知州事魏庠奏改云岩禅寺，王随记。元至元四年修，黄潜记。明洪武二十六年毁于火。永乐初建，杨士奇记。宣德八年复火。正统二年重建，十年敕赐藏经。万历二十八年又敕赐藏经。崇祯二年毁，十一年重建。国朝康熙四十六年圣祖南巡，御赐"虎阜禅寺"额。乾隆五十五年僧祖通募修，闵鹗元记。按《续图经》云："寺，旧在山下，唐会昌间毁，后人乃建山上。或谓晋咸和二年王珣与弟珉以别墅舍建，即剑池分东西二寺，会昌毁后合为一。"顾敏恒曰："李翱《来南录》：'登虎丘，窥剑池，夜宿望海楼。'又云：'将游报恩寺，水涸不果。'是唐时东西二寺相去甚远，中有大溪间之，必舟楫而后能至。谓即剑池分东西二寺，似未然也。即味白傅二诗，景色亦绝不相蒙，其赋西寺云'舟船转云岛'，而张祜诗云'轻棹驻回流'，则是西寺旧在水乡。沧桑实易，丘壑亦与今不同矣。"石韫玉《虎丘寺》诗云："古塔出林杪，高峰结梵宫。花飞经藏雨，木落剑池风。红日隐檐底，青山藏寺中。下方城郭晚，苍霭满晴空。"

【译文】 虎丘山寺，在虎丘山上。因唐朝避讳"虎"字，于是改名为武丘报恩寺。北宋至道年间，苏州知州魏庠上书改称云岩禅寺，王随写有记文。元朝至元四年重修，黄潜写有记文。明朝洪武二十六年被大火烧毁。明朝永乐初年重建，杨士奇写有记文。明朝宣德八年又被大火烧毁。明朝正统二年又重建，正统十年皇帝下令赏赐藏经。明朝万历二十八年皇帝又下令赏赐藏经。明朝崇祯二年被毁坏，十一年又重建。康熙四十六年圣祖皇帝到江南巡视，御赐"虎阜禅寺"匾额。乾隆五十五年僧人祖通募捐重修，闵鹗元写有记文。考查《续图经》说："虎丘山寺，原来在虎丘山下，唐朝会昌年间毁坏，后人便重建在山上。有人说此寺晋朝咸和二年王珣和他的弟弟王珉施舍别墅所建，在剑池边上分别修建东西两座寺庙，唐朝会昌年间毁坏重建后合而为一。"顾敏恒说："李翱《来南录》：'登上虎丘，观看剑池，夜晚住在望海楼。'又说：'本来要游览报恩寺，因水路干涸而没有成行。'这说明唐朝时东西二寺相距很远，中间有大河隔开，一定要乘船才能到达。认为是在剑池附近分别修建东西两座寺庙，似乎不正确。就是揣摩白居易的两首诗，景色也绝不相互遮蔽,他为西寺赋诗说'舟船转云岛',而张祜诗说'轻棹驻回流',这说明西寺原来在水乡。世事变化确实很大,山丘沟壑也和现在不同了。"石韫玉《虎丘寺》诗说:"古塔出林杪,高峰结梵宫。花飞经藏雨,木落剑池风。红日隐檐底,青山藏寺中。下方城郭晚,苍霭满晴空。"

大山门

在山南,临大路。榜曰"海涌峰"。旧止一门,乾隆二十二年僧祖善开两旁门。五十五年僧祖通创建隔河照墙,额曰"海涌流辉"。

【译文】 大山门,在山的南侧,面对着大路。匾额是"海涌峰"。原来只有一个门,乾隆二十二年僧人祖善开了两个旁门。乾隆五十五年僧人祖通建起了隔河照墙,墙上的匾额是"海涌流辉"。

中山门

榜曰"虎丘"。山门口有频那耶迦像。明嘉靖三十二年张昑重建。天启二年修。国朝道光十四年僧实铺重修,顾沅记。有圣祖御书"路接天阊"四字额。

【译文】 中山门,匾额是"虎丘"。山门口有频那耶迦的像。明朝嘉靖三十二年由张昑重新修建。天启二年修缮。本朝道光十四年僧人实铺再次修缮,顾沅写有记文。有圣祖皇帝亲笔题写的"路接天阊"四个字的匾额。

三山门

榜曰"虎丘云岩禅寺",在五十三参上,面南。顾《志》:"永乐十九年指挥童福海建为天王殿,万历五年丁丑僧圆晓修。国朝雍正九年辛亥元和令朱奎扬再修。乾隆三十二年丁亥僧祖画重修。"

【译文】 三山门,匾额是"虎丘云岩禅寺",在五十三参的上面,面朝南。顾诒禄《虎丘山志》:"明朝永乐十九年指挥童福海建造,作为天王殿,万历五年丁丑年僧人圆晓修缮。本朝雍正九年辛亥年元和县令朱奎扬第二次修缮。乾隆三十二年丁亥这一年僧人祖画重新修缮。"

释迦牟尼道场

大佛殿

在山顶东面。榜曰"大雄宝殿"。上有"仙境澄辉"四字额,为圣祖御书。又,"须弥春满"额;又,联云"雁塔影标霄汉表,鲸钟声度石泉间",为高宗御笔。按殿为明洪武二十七年甲戌毁于火,僧性海重建。茹《志》云:"视旧加高,作重檐,改向前,欲使去塔远也。"顾《志》:"宣德八年癸丑复火,正统二年丁巳僧南印重建,又加辟焉。万历四十六年戊午僧正元修。崇祯二年己巳寺灾,十一年戊寅张国维建。国朝康熙五十三年乙未僧洞明重建。"按《吴郡志》:"钱氏广陵王元璙为中吴节度,不喜追游,不事园苑。惟每游虎丘山寺,前路引望,已欣动颜色,比至,必规划修缮。今寺院多其经意处也。"

【译文】 大佛殿,在山顶面朝东。匾额是"大雄宝殿"。上面还有"仙境澄辉"四个字的匾额,是圣祖皇帝亲笔题写的。又有"须弥春满"匾额;还有楹联是"雁塔影标霄汉表,鲸钟声度石泉间",是清高宗亲笔题写的。据考证大佛殿是明朝洪武二十七年甲戌年被大火焚毁的,僧人性海重新修建。茹昂《虎丘山志》说:"比原来的大佛殿加高一些,做成重檐,位置朝前挪动,想要使它距离塔远一些。"顾诒禄《虎丘山志》:"明朝宣德八年癸丑年再次被大火焚毁,正统二年丁巳年由僧人南印重新修建,还增加了面积。明朝万历四十六年戊午年僧人正元修缮。崇祯二年己巳年寺庙发生火灾,崇祯十一年戊寅年张国维修建。本朝康熙五十三年乙未年僧人洞明重新修建。"考查《吴郡志》:"广陵王钱元璙任中吴节度使,不喜欢跟风游览名胜,不营造园林苑围。只是每当游览虎丘山寺时,前面带路的人指引远望他脸上的表情,就已经非常高兴,等到了那里,一定会规划着修缮寺院。现在寺院有很多他特别用心的地方。"

塔

作朱色,在大佛殿后。顾《志》云:"隋仁寿元年辛酉建。元至元四年戊寅僧普明缮。明永乐间僧宝林重修。正统二年丁巳僧南印再修。万历间僧至元重修。国朝康熙乙未僧洞明缮。乾隆三十八年僧佛宗修,萨载记。"按《高僧传》:"释道嵩仁寿置塔,敕召送于苏州,舍利将至,出声二日乃止。造基掘地,得古砖,函内有银盒,获舍利一粒,置水瓯中,旋绕呈祥,同藏大塔。"《吴郡志》云:"虎丘造塔,初立塔基,掘得一舍利,空中天乐鸣,井中吼三日。事见《法苑珠林》。王劭有《舍利感应记》。"然读陈时张正见《从永阳王游虎丘山》诗,有"远看银台竦,洞塔耀山庄"之句;又,江整《虎丘》诗:"宝塔据高垄,经台镇岭头。"是仁寿以前塔已有之,或者谓隋时始建七级耳。沈清瑞《登海涌峰浮屠用东坡虎丘寺韵》诗云:"秋风引步屐,高怀越层岭。古苔蚀剑石,残叶落桐井。拾级上浮屠,云色昼耿耿。壁尘网蜘蛛,檐铃杂蝈黾。俯临一以眺,崎岖历顽矿。突怒势欲动,蹲若虎豹猛。钿车共宝马,游人此驰骋。而我方登高,怀古意悲哽。旧迹著阊闾,凿池广数顷。金精耀斗牛,炯炯剑花冷。池水如此碧,繁华未能永。暮云依空山,寒鸦翻斜影。佛火澹初夕,遥林来月影。迟迟问归途,佳游愿重请。"

【译文】 塔,呈红色,在大佛殿的后面。顾诒禄《虎丘山志》说:"隋朝仁寿元年辛酉年修建。元朝至元四年戊寅年由僧人普明修缮。明朝永乐年间由僧人宝林重新修缮。明朝正统二年丁巳年由僧人南印再次修缮。明朝万历年间由僧人至元重新修缮。本朝康熙乙未年由僧人洞明修缮。乾隆三十八年僧人佛宗修缮,有萨载的记文。"考查《高僧传》:"释道嵩在隋朝仁寿年间建造佛塔,皇帝下令把舍利送到苏州,舍利将要到的时候,井里发出吼叫声,两天才停止。建造地基挖掘土地,得到古砖,匣子内有一个银盒子,获得舍利一粒,放在水杯中,旋绕着呈现出祥瑞的样子,一同藏入大塔。"《吴郡志》说:"在虎丘造塔,开始建造塔基,挖得一颗舍利,空中响起美妙的天乐,井中发出吼叫声,持续了三天。此事见《法苑珠林》。王劲有《舍利感应记》。"然而阅读陈朝时张正见《从永阳王游虎丘山》诗,有"远看银台竦,洞塔耀山庄"的诗句;又有江整《虎丘》诗:"宝塔据高垒,经台镇岭头。"这说明隋朝仁寿以前塔已经有了,有人认为隋朝时才建了七层而已。沈清瑞《登海涌峰浮屠用东坡虎丘寺韵》诗说:"秋风引步屐,高怀越层岭。古苔蚀剑石,残叶落桐井。拾级上浮屠,云色昼耿耿。壁尘网蜘蛛,檐铃杂蝈黾。俯临一以眺,崎岖历顽矿。突怒势欲动,蹲若虎豹猛。钿车共宝马,游人此驰骋。而我方登高,怀古意悲哽。旧迹著阛闠,凿池广数顷。金精耀斗牛,炯炯剑花冷。池水如此碧,繁华未能永。暮云依空山,寒鸦翻斜影。佛火澹初夕,遥林来月影。迟迟问归途,佳游愿重请。"

伽蓝殿

在大佛殿左。文《志》云:"伽蓝,西域佛庐之号也。僧房小楼即虞印楼,明正统十二年僧大叟建,中有恒顺堂,扁为文震孟书。"

【译文】 伽蓝殿,在大佛殿的左侧。文肇祉《虎丘山志》说:"伽蓝,是西方佛教徒所居住的房舍的名称。僧人所居住的小楼就是虞印楼,是明朝正统十二年僧人大叟所建,楼中有恒顺堂,匾额是文震孟所书写的。"

土地堂

在大佛殿左。成化间僧正清重建。

【译文】 土地堂,在大佛殿的左侧。明朝成化年间由僧人正清重新修建。

方丈

在禅堂南。王《志》云:"法堂后转北是。"茹《志》:"旧梯岩为之,弗固,今改平实处。明崇祯二年毁,十三年重建。"《续图经》云:"寺中有官厅,登览绝胜。"按文《志》:"相传在今方丈内。"

【译文】 方丈,佛寺住持的居室,在禅堂的南面。王鏊《姑苏志》说:"在法堂后再向北转这里。"茹昂《虎丘山志》:"原来的楼梯是用石头搭建的,不牢固,现在改建在平坦坚实的地方。明朝崇祯二年毁坏,十三年重新修建。"《续图经》说:"寺庙中有官厅,登上去可以观赏最优美的景色。"考查文肇祉《虎丘山志》:"相传官厅就在现在住持所居住的地方。"

禅堂

在塔后转南。王《志》云：“右庑剑池西，榜曰‘佛海’。”文《志》："僧普真修。正德间僧大泉重建。上为大悲阁，宣德元年僧良玠建。"圣祖御书"水云深处"额，并联曰："古栝荫垂苔磴润，瑞莲香袭镜池清。"

【译文】 禅堂，在塔后向南转的地方。王鏊《姑苏志》说："禅堂在右侧廊屋和剑池的西侧，匾额是‘佛海’。"文肇祉《虎丘山志》："是僧人普真修建的。明朝正德年间由僧人大泉重新修建。上面是大悲阁，明朝宣德元年由僧人良玠所建。"圣祖皇帝亲笔题写"水云深处"匾额，并题写楹联是："古栝荫垂苔磴润，瑞莲香袭镜池清。"

斋堂

在禅堂北。乾隆四十九年僧祖通重建，中有禅悦堂，扁为嵇璜书。

【译文】 斋堂，在禅堂的北侧。乾隆四十九年由僧人祖通重新修建，斋堂中有禅悦堂，匾额是嵇璜书写的。

僧堂

茹《志》："正统五年寺僧德源建。"

【译文】 僧堂，茹昂《虎丘山志》："明朝正统五年由寺僧德源所修建。"

云水堂

在禅堂东。以待四方云游者止焉。

【译文】 云水堂，在禅堂的东侧。是用来接待四方云游的人休息的地方。

香积厨

在斋堂东。王《志》云："左庑北。明正统十二年僧大奰建。"

【译文】 香积厨，在斋堂的东侧。王鏊《姑苏志》说："香积厨在左侧廊屋的北面。明朝正统十二年由僧人大奰所建。"

库院

在禅堂右。王《志》："左庑。元至元四年僧普明建。"

【译文】 库院，在禅堂的右侧。王鏊《姑苏志》："左侧的廊屋。元朝至元四年由僧人普明所建。"

法堂

王《志》："塔后。"茹《志》："旧三楹，今加两翼，崇广视旧有加，中添覆顶。"郭《志》："今废。"

【译文】 法堂，王鏊《姑苏志》："在塔的后面。"茹昂《虎丘山志》："原来是三间，现在

又增加了两侧的建筑,高宽比原来有所增加,中间增添盖顶。"郭《志》:"现在已经废弃。"

钟楼

王《志》:"旧在佛殿东,改建左庑北。"毁。

【译文】 钟楼,王鏊《姑苏志》:"原来在佛殿的东侧,改建后在左侧廊屋的北面。"已毁坏了。

转轮大藏殿

王《志》:"剑池南。宋绍兴七年僧宗达建,魏国公张浚记。元至元四年普明修。寻毁。"茹《志》:"明永乐十九年良玠建。嘉靖三十一年重建。"毁。郭《志》:"三泉亭即藏殿基。"

【译文】 转轮大藏殿,王鏊《姑苏志》:"在剑池的南侧。南宋绍兴七年由僧人宗达所建,魏国公张浚写有记文。元朝至元四年由普明重新修缮。不久便毁坏了。"茹昂《虎丘山志》:"明朝永乐十九年由良玠所建。明朝嘉靖三十一年重新修建。"已毁。郭《志》:"三泉亭就在转轮大藏殿的基址上。"

祖师堂

王《志》:"佛殿右。正统间僧大㮭重建。"文《志》:"改为西方殿,嘉靖三十一年建。崇祯四年重建,吴耀祖记。"

【译文】 祖师堂,王鏊《姑苏志》:"在佛殿的右侧。是明朝正统年间由僧人大㮭重新修建的。"文肇祉《虎丘山志》:"后来改为西方殿,是明朝嘉靖三十一年所建。明朝崇祯四年重新修建,吴耀祖写有记文。"

水陆堂

王《志》:"右庑剑池东。宋乾道二十一年张氏法济建,范成象记。"毁。

【译文】 水陆堂,王鏊《姑苏志》:"在右侧廊屋和剑池的东面。南宋乾道二十一年由张法济所建,范成象写有记文。"已毁坏。

蒙堂

王《志》:"千佛阁南。"郭《志》:"今废。"

【译文】 蒙堂,王鏊《姑苏志》:"在千佛阁的南侧。"郭《志》:"现在已经废弃。"

浴堂

王《志》:"小五台下转西。"今废。

【译文】 浴堂,王鏊《姑苏

志》："在小五台的下面再向西转。"现在已经废弃。

退居院

顾诒禄《志》："在山西北。"今废。

【译文】 退居院,顾诒禄《虎丘山志》："在山的西北面。"现在已经废弃。

紫柏院

在隆祖院东。《百城烟水》："达观大师剃度处。"今废。

【译文】 紫柏院,在隆祖院的东侧。《百城烟水》："就是达观大师落发出家的地方。"现在已经废弃。

敕赐藏经阁

茹《志》："正统十二年颁赐虎丘寺《藏经》一部,有敕。侍郎周忱赍经至,知府朱胜建阁藏焉。"

【译文】 敕赐藏经阁,茹昂《虎丘山志》："明朝正统十二年皇帝赏赐给虎丘寺《藏经》一部,有皇帝的诏书。侍郎周忱把经书送到这里,知府朱胜专门建造了楼阁来贮藏。"

妙庄严阁

王《志》云："对三山门。元初即宋御书阁址建。明永乐十九年僧良玠建,亦名万佛阁。嘉靖三十一年重建,文嘉记。"郭《志》云："今御碑亭即旧妙庄严阁基。"

【译文】 妙庄严阁,王鏊《姑苏志》说："面对着三山门。元朝初年就着宋朝的御书阁基址而建造的。明朝永乐十九年由僧人良玠修建,也叫万佛阁。明朝嘉靖三十一年重新修建,文嘉有记文。"郭《志》："现在的御碑亭就建在原来的妙庄严阁的基址上。"

片石山房

额为赵宧光书,在试剑石上,即剑石山房。层楼皆临山坡。

【译文】 片石山房,匾额是赵宧光所书写,在试剑石的上面,就是剑石山房。高楼都面对着山坡。

千佛阁

王《志》："三山门左。《物初剩语》旧有普门阁,即此。元至元四年僧普明修。"茹《志》："五楹两厦三檐。永乐十九年僧良玠重建。万历二十五年僧通密重建,邹迪光记。二十八年赐《大藏经》一部,有敕,吴英肇撰叙。"顾诒禄《志》："崇祯十二年张国维重建。国朝康熙五十四年僧洞明修。"

【译文】 千佛阁,王鏊《姑苏志》："在三山门的左侧。据《物初剩语》记载原来有普门阁,就是千佛阁。元朝至元四年由僧人普明修建。"茹昂《虎丘山志》："五间房两条门廊三重檐。明朝永乐十九年由僧人良玠重新修建。明朝万历二十五年由僧人通密再次重新修建,邹迪光写有记文。万历二十八年赐《大藏经》一部,有皇帝的诏书,吴英肇撰写叙文。"顾诒禄《虎丘山志》："明朝崇祯十二年由张国维重新修建。本朝康熙五十四年由僧人洞明修缮。"

三大士殿

茹《志》："在五圣台旧址。正统八年僧勤兰建。"

【译文】 三大士殿,茹昂《虎丘山志》："在五圣台的原址。明朝正统八年由僧人勤兰所建。"

清源庙

文《志》云："与东岭相对。旧有小桥,下通千人石坐,今门塞而桥尚存。"

【译文】 清源庙,文肇祉《虎丘山志》说："和东岭相对。原来有小桥,下面通向千人石坐,现在门已经堵塞而桥还存在。"

东塔院

在养鹤涧东。《东塔院谱》云："即宋张浚所题'妙善看经堂'是也。"建炎间,大慧普觉禅师缮经生公台东寺,至《华严·七地品》,豁然大悟;阅《法华经》,又见多宝塔俄尔现前,故名。明万历间僧慧惺修。崇祯间僧问柏重修,并将慧惺所撰偈语、樗生自解语、《公同宝镜》《东塔院谱》刊置两序。俞汝言曰:"虎丘名刹二十八所,东塔院为最,幽邃深曲,与外境特绝,中有神州殿。"文《志》:"溪旁有石坊,题曰'恩分泰岱',里人黄承嗣立。"按:虎丘名刹旧尚有十八处,俗名虎丘十八房,今佛法凌替,归并剩八九处矣。

【译文】 东塔院,在养鹤涧的东侧。《东塔院谱》说："就是宋朝张浚所题'妙善看经堂'这个地方。"南宋建炎年间,大慧普觉禅师在生公台东侧的寺庙里翻译佛经,当翻译到《华严·七地品》时,豁然醒悟;阅读《法华经》时,又看见很多宝塔突然出现在眼前,所以取这个名称。明朝万历年间由僧人慧惺修建。明朝崇祯年间由僧人问柏重新修建,同时把慧惺所撰写的预言的话、樗生的自解语、《公同宝镜》《东塔院谱》刊刻放置在两侧的墙上。俞汝言说:"虎丘著名的寺庙有二十八所,东塔院为第一,幽静深邃曲折,与外界特别隔绝,东塔院中有神州殿。"文肇祉《虎丘山志》:"小溪旁边有石坊,匾额是'恩分泰岱',是本地人黄承嗣所设立。"经考查:虎丘著名的佛寺原来还有十八处,俗称虎丘十八房,现在佛法衰微,总共剩下八九处了。

三官殿

在玉兰山房。

【译文】 三官殿,在玉兰山房。

祖师殿

在山北。

【译文】 祖师殿,在山的北侧。

天医药母殿、三茅殿、雷祖阁

俱在西岭。

【译文】　天医药母殿、三茅殿、雷祖阁，都在西岭。

元坛阁

在金文通公祠北。

【译文】　元坛阁，在金文通公祠的北侧。

千手观音殿

在伽蓝殿东。明嘉靖三十一年

千手观音画像

建。国朝乾隆十九年僧佛海重建。五十九年僧文辉通重修。有联曰："水光三昧，月光三昧，为勘破廿四圆僧眼目，当年海国潮音，耳观门门，装几个居士宰官婆子相；现夫人身，现命妇身，且放下八万母陀手臂，今日虎丘山寺，春风面面，看一班红男绿女大家参。"秀水王仲瞿孝廉室人金礼嬴作。

【译文】　千手观音殿，在伽蓝殿的东侧。明朝嘉靖三十一年修建。本朝乾隆十九年由僧人佛海重新修建。乾隆五十九年由僧人文辉通重新修缮。有楹联写道："水光三昧，月光三昧，为勘破廿四圆僧眼目，当年海国潮音，耳观门门，装几个居士宰官婆子相；现夫人身，现命妇身，且放下八万母陀手臂，今日虎丘山寺，春风面面，看一班红男绿女大家参。"是秀水孝廉王仲瞿的妻子金礼嬴所作。

地藏殿

在千手观音殿南。乾隆十九年僧佛海建。

【译文】　地藏殿，在千手观音殿的南侧。乾隆十九年由僧人佛海所建。

花神庙

任《志》云："在虎丘山寺东，试剑石左。国朝乾隆四十九年织造四德、知府胡世铨即梅花楼旁址建，徐嵩记。右为静月轩，左即聚星楼。"按《花神庙记》云："乾隆庚子春，高宗南巡，台使者檄取唐花备进，吴市莫测其术。郡人陈维秀善植花木，得众卉性，乃仿燕京窨窨熏花法为之，花乃大盛。甲辰岁，翠华六幸江南，进唐花如前例。繁葩异艳，四时花果，靡不争奇吐馥，群效灵于一月之前，以奉宸游。郡人神之，乃度地立庙，连楹曲廊，有庭有堂，并蒔杂花，荫以秀石。今为都人士游观之胜。"昔编修费兰墀常寓其中，当事往访，闭门不纳。虎丘花神庙不止一所，有新旧之别。桐桥内花神庙祀司花神像，神姓李，冥封永南王，傍列十二花神。明洪武中建，为园客赛愿之地。岁凡二月十二日百花生日，笙歌酬答，各极其盛。尤维熊《花神庙诗》云："花神庙里赛花神，未到花时花事新。不是此中偏放早,布金地暖易为春。"又,朱绶诗云："翠羽明珰想象中,寺门春到几花红。灵旗夜卷收灯雨,宝幔晨飘斗草风。信有华鬘开佛地,纵教兜率署仙宫。黄莺紫燕纷来往,看取钗光绕艳丛。"

【译文】 花神庙,任兆麟《虎阜志》说:"在虎丘山寺的东侧,试剑石的左侧。是本朝乾隆四十九年织造四德、知府胡世铨在靠近梅花楼旁的基址上修建的,徐嵩写有记文。右侧是静月轩,左侧就是聚星楼。"考查《花神庙记》说:"乾隆庚子这一年春天,高宗皇帝到江南巡视,朝廷的使者发布文书收取种植在温室内的花卉以备进献,吴郡的人没有谁知道温室种花的技术是怎样的。本郡人陈维秀善于种植花草树木,掌握各种花卉的习性,于是就仿照燕京窖窖熏花法来种花,花于是盛开。甲辰年,皇帝六次视察江南,都依照之前的做法进献这种在温室里种植的花。盛开的花朵异常鲜艳,四季花果,没有不争奇斗艳吐露香气的,各种花卉在一个月之前就显现出神奇的效果,以备奉献给皇帝观赏。本郡人认为很神奇,于是就测量土地建立庙宇,建起相连的房屋曲折的回廊,有庭有堂,同时栽种各种花卉,用秀美的石头遮蔽着。现在是城里人游览观赏的好地方。"过去编修费兰墀经常住在花神庙中,掌权的人前来拜访,关门不接待。虎丘花神庙不只一所,有新旧的区别。桐桥内花神庙祭祀司花神像,司花神姓李,死后封为永南王,两边列祀十二花神。明朝洪武年间修建,是游园的人酬神还愿的地方。每年凡是二月十二日百花生日这一天,演奏乐器唱歌酬答,各自都热烈到极点。尤维熊《花神庙诗》说:"花神庙里赛花神,未到花时花事新。不是此中偏放早,布金地暖易为春。"又有朱绶诗说:"翠羽明珰想象中,寺门春到几花红。灵旗夜卷收灯雨,宝幔晨飘斗草风。信有华鬘开佛地,纵教兜率署仙宫。黄莺紫燕纷来往,看取钗光绕艳丛。"

马牛王庙

在山北。祀马牛之神。乾隆五十四年西山庙桥移建今所,即陆羽楼故址。为磨坊公所。

【译文】 马牛王庙,在山的北侧。用来祭祀马牛之神。乾隆五十四年西山庙桥搬迁改建在现在这个地方,就是陆羽楼的原址。是磨坊公所。

罗汉堂

在西原。中有财神殿。

【译文】 罗汉堂,在西原。堂中有财神殿。

大士庵

在山北十八折上。都穆云:"尹和靖书院故址。"国朝雍正九年释方静重建,有记。今为镇江公所。

【译文】 大士庵,在山北十八折的上面。都穆说:"在尹和靖书院的旧址。"本朝雍正九年由僧人方静重新修建,有记文。现在是镇江公所。

文昌阁

见袁宏道《记》及《百城烟水》，云在海涌峰顶，左傍浮屠，右对方丈。郭《志》云："即大吴轩。"国朝康熙二十年进士邹溶重建。乾隆四年修，沈慰祖记。

【译文】 文昌阁，见袁宏道《虎丘记》和《百城烟水》，说是在海涌峰顶，左侧靠近佛塔，右侧对着住持所居住的房屋。郭《志》说："就是大吴轩。"是本朝康熙二十年由进士邹溶重新修建的。乾隆四年修缮，沈慰祖写有记文。

隆祖堂

隆师所居兰若，在东岭。今为塔院。见吴英肇《序》。任《志》云："即白云堂。宋建炎三年绍隆禅师为端祖建。"顾《志》："今聚星楼旁有白云堂。"

【译文】 隆祖堂，是隆师所居住的寺院，在东岭。现在是塔院。见吴英肇《序》。任兆麟《虎阜志》说："就是白云堂。是宋朝建炎三年由绍隆禅师为端祖所修建的。"顾诒禄《虎丘山志》："现在聚星楼旁有白云堂。"

玉皇殿

在山北小武当上。明嘉靖三十一年张昉建。前有真武殿，神像皆以青铜为之。

【译文】 玉皇殿，在山北小武当的上面。是明朝嘉靖三十一年由张昉所建。玉皇殿前有真武殿，神像都用青铜铸造。

铁华庵

在东南高冈上。明万历初紫柏禅师居此。中有铁佛，故又名铁佛院。后改薛文清公祠，今为沪渎侯庙。

【译文】 铁华庵，在东南高冈上。明朝万历初年紫柏禅师居住在这里。铁华庵中有铁佛，所以又叫铁佛院。后来改为薛文清公祠，现在是沪渎侯庙。

石观音殿

在三泉亭南，即应梦观音殿。按《采风类记》云："宋熙宁七年湖州臧逵侍亲秀州，得瘵疾，斋素诵观音经，梦白衣人针耳而疾愈。因觅美石造像，覆以石室。徐恪有记。"《姑苏志》云："像为熙宁间龙华寺僧妙应造。"茹《志》云："初，旧殿火，石皆坼裂，而像独如故。里人募材构殿，饰像以金。僧良珎重建。"国朝雍正七年重建，马曰璐记。

【译文】 石观音殿，在三泉亭的南侧，就是应梦观音殿。考查《采风类记》说："北宋熙宁七年湖州臧逵到秀州侍奉父母，得了瘵病，吃素食诵读观音经，梦见穿白色衣服的人用针扎他的耳朵，病就好了。于是招来精美的石头雕刻梦之那个人的像，再用石屋覆盖上。徐恪写有记文。"《姑苏志》说："石像是北宋熙宁年间龙华寺僧人妙应雕刻的。"茹昂《虎丘山志》说："当初，原来的殿发生火灾，石头都被火烧得开裂了，而唯独石像和原来一样。当地人募集钱财修建大殿，用黄金装饰画像。僧人良珎重新修建。"本朝雍正七年重新修建,马日璐写有记文。

魁星阁

即聚星楼,在东岭。国朝顺治二年刘倬建。倬,毗陵人,尝寓此读书,魁星见,丙戌第进士,后遂肖像祀之。

【译文】 魁星阁,就是聚星楼,在东岭。本朝顺治二年由刘倬所建。刘倬,是毗陵人,曾经住在这里读书,遇到魁星出现,遂于丙戌这一年考中进士,后来就画了魁星来祭祀。

吕仙阁

即三仙阁,在养鹤涧西。上奉文昌、吕祖、张仙,阁下又有南极老人星、孙膑、冷谦像。国朝康熙二十七年王玉鼎即鹤涧亭址建,金俊明记。嘉庆三年王世陛、日桂重修,王昙记。

【译文】 吕仙阁,就是三仙阁,在养鹤涧的西侧。供奉着文昌、吕祖、张仙,阁下又有南极老人星、孙膑、冷谦的画像。本朝康熙二十七年由王玉鼎在鹤涧亭基址上所建成,金俊明写有记文。嘉庆三年王世陛、日桂重新修建,王昙写有记文。

定光殿

在仰苏楼内。郭《志》:"旧在竹亭。"

【译文】 定光殿,在仰苏楼内。郭《志》:"原来在竹亭。"

关帝行宫

在三山门东石台上,通仰苏楼。明崇祯十一年巡抚张国维重建,潘廷珩记。国朝顺治九年加封。殿壁有冯景敬《汉寿亭侯祖系记》。乾隆二十五年候补知州毕嘉玉重建,僧通寿募。按:武帝庙,山中不止十余处,此最崇隆巍焕。圣祖御题"云光台"额犹存。

【译文】 关帝行宫,在三山门东面的石台上,和仰苏楼相通。明朝崇祯十一年巡抚张国维重新修建,潘廷珩写有记文。本朝顺治九年追加封号。宫殿的墙壁上有冯景敬《汉寿亭侯祖系记》。清朝乾隆二十五年候补知州毕嘉玉重新修建,僧人通寿募捐。经考查:武帝庙,在山中不止十余处,而这个最为高大辉煌。圣祖皇帝亲笔题写的"云光台"匾额还在。

天后宫

在仰苏楼内。

【译文】 天后宫,在仰苏楼内。

寿圣禅寺

即半塘寺,在彩云桥南。晋道生法师诵《法华经》处。义熙十一年建,号法华院。宋治平中赐额。绍兴七年重建。咸淳中常楙记。元至正年建千佛阁、毗卢阁。僧善继血书《华严经》藏于中。明洪武二十四年僧南宗重建大雄殿、四天王殿、西方殿、演法堂、集僧堂,陈继有记。崇祯十六年修,黄希宪记。国朝康熙初布政使司佟彭年重修,寻毁。四十七年钦殷氏倡建大雄殿并书额,殿壁刻置涂金八十八佛像,重建舍数镞两序间。道光十八年僧

朝山进香

敏康募修。宋赵与篡《宿半塘寺》诗云："夜宿半塘寺,惟闻塔上铃。老僧行道影,童子诵经声。竹密风犹劲,窗幽月愈明。瓦炉香断处,一榻洒然清。"又,黄铉《登半塘寺阁》诗云:"六月山塘日色红,毗卢阁上有松风。歌楼酒舫无时歇,都在凭栏一望中。"

【译文】 寿圣禅寺,就是半塘寺,在彩云桥的南侧。是晋朝竺道生法师诵读《法华经》的地方。东晋义熙十一年修建,叫法华院。北宋治平年间赐匾额。南宋绍兴七年重新修建。南宋咸淳年间常棌写有记文。元朝至正年间建千佛阁、毗卢阁。僧人善继用鲜血书写的《华严经》就藏在这里。明朝洪武二十四年僧人南宗重新修建大雄宝殿、四天王殿、西方殿、演法堂、集僧堂,陈继写有记文。明朝崇祯十六年修缮,黄希宪写有记文。本朝康熙初年布政使司佟彭年重新修缮,不久损毁。康熙四十七年钦殷氏首先提出修建大雄宝殿并书写匾额,宫殿的墙壁上安放着八十八尊雕刻涂金的佛像,重建时施舍的数目镌刻在两侧的墙壁上。道光十八年僧人敏康募捐修缮。宋朝赵与篡《宿半塘寺》诗说:"夜宿半塘寺,惟闻塔上铃。老僧行道影,童子诵经声。竹密风犹劲,窗幽月愈明。瓦炉香断处,一榻洒然清。"又有黄铉《登半塘寺阁》诗说:"六月山塘日色红,毗卢阁上有松风。歌楼酒舫无时歇,都在凭栏一望中。"

云台真境

在半塘桥南岸。

【译文】 云台真境,在半塘桥的南岸。

龙寿山房

在半塘桥南岸,即半塘寺退居房分院。

【译文】 龙寿山房,在半塘桥的南岸,就是半塘寺退居房分院。

西庵禅院

《图经续记》:"在虎丘西,旧属云岩寺,后别为院,古西寺地也,近颇增葺。尹和靖先生尝读书于此。元至大间废。"

【译文】 西庵禅院,《图经续记》:"在虎丘的西侧,原来属于云岩寺,后来分开作为禅院,在古时的西寺地,近来扩大修缮很多。尹和靖先生曾经在这里读书。元朝至大年间废弃。"

虎丘廨院

《图经续记》:"即今景德寺,在白华里。王珣、珉兄弟舍宅建。"《姑苏志》:"东晋隆安中僧法云建,本王珣故宅,元杨载记。"《苏州府志》:"明洪武中归并永定寺。永乐二年重建,姚广孝记。嘉靖二年废。"按《姑苏志》:"昆山县通德坊亦有景德寺,晋中书令王珉舍宅建,祠堂在焉,始名宝马寺。宋景德二年赐今额。"

【译文】 虎丘廨院,《图经续记》:"就是现在的景德寺,在白华里。是王珣、王珉兄弟施舍自己的宅院建造的。"《姑苏志》:"东晋隆安年间由僧人法云修建,原来是王珣的老宅院,元朝杨载写有记文。"《苏州府志》:"明朝洪武年间归并到永定寺。明朝永乐二年重新修建,姚广孝写有记文。明朝嘉靖二年废弃。"考查《姑苏志》:"昆山县通德坊也有景德寺,晋朝中书令王珉施舍自己的宅院而建造,祠堂还在这里,开始叫宝马寺。宋朝景德二年御赐了现在的匾额。"

虎丘下院

文《志》:"在金杏桥西。僧通理建。"

【译文】 虎丘下院,文肇祉《虎丘山志》:"在金杏桥的西侧。是僧人通理所建。"

明泰禅寺

在虎阜望山桥南。绍兴二年迪功郎唐霈福舍宅建。初号原明庵,明万历三十八年赐今额,申用懋记。中有普慧堂,赵鸿阳记。

【译文】 明泰禅寺,在虎阜望山桥的南侧。是南宋绍兴二年由迪功郎唐霈福施舍自己的宅院而修建的。开始叫原明庵,明朝万历三十八年赐现在的匾额,申用懋写有记文。寺中有普慧堂,赵鸿阳写有记文。

尼姑庵

大德庵

即洞明师塔院,在山浜。乾隆五十二年僧祖通修,江藩记。

【译文】 大德庵,就是洞明师塔院,在山浜。乾隆五十二年由僧人祖通修建,江藩写有记文。

佛慧庵

在东溪。宋绍兴七年僧无善建。有钟秀轩,梁用珩记。僧宏简名其室曰默堂,徐有贞记。

【译文】 佛慧庵,在东溪。南宋绍兴七年由僧人无善所建。有钟秀轩,梁用珩写有记文。僧人宏简为这个庵室命名为默堂,徐有贞写有记文。

三官堂

在东山浜。旧为石像药皇院,雍正初年建。嘉庆二十四年怡贤寺超源四世法孙镜堂奉母隐居于此,增广其制,榜曰"祗园兰若",面西三楹,适与塔影桥相对,为画船争集之所。

【译文】 三官堂,在东山浜。原来是石像药皇院,雍正初年修建。嘉庆二十四年怡贤寺超源四世法孙镜堂隐居在此奉养母亲,将它的规模扩大,题匾额叫"祗园兰若",面向西有三间房,正好和塔影桥相对,是画船争相聚集的地方。

报恩寺

在普济桥东。《府志》云:"国朝雍正十一年郡人请为怡贤亲王立祠,敕改建寺,命赐紫僧超源住持,名怡贤寺。乾隆十六年诏赐今额。"按土人又呼为"王宫"。

【译文】 报恩寺,在普济桥的东侧。《苏州府志》说:"清朝雍正十一年本郡人申请为怡贤亲王建立祠堂,皇帝下令改建寺庙,任命紫僧超源作住持,名字叫怡贤寺。乾隆十六年下诏书御赐了现在的匾额。"当地人又称其为"王宫"。

普福寺

在绿水桥东。宋淳熙年间僧文诚建。

【译文】 普福寺,在绿水桥的东侧。南宋淳熙年间由僧人文诚所建。

甘露律院

在绿水桥东。《长洲县志》:"明崇祯年间僧澈如、净起创建,地居半塘、虎丘之间,清流映带,树色青葱。国朝康熙九年布政使慕天颜为放生池,缘院至西山庙桥官河,悉禁网捕。"又香严庵与院相连,为净起退居之所。徐崧《宿甘露庵》诗云:"寒宵一宿借云窝,途路还应客过多。却羡有人浮钓艇,一天明月唱吴歌。"

【译文】 甘露律院,在绿水桥的东侧。《长洲县志》:"明朝崇祯年间由僧人澈如、净起创建,地址在半塘、虎丘之间,水流清澈景物相互衬托,树色苍翠。本朝康熙九年布政使慕天颜把它作为放生池,沿甘露律院到西山庙桥官河一线,全部禁止撒网捕鱼。"香严庵和甘露律院相连,是净起居住的地方。徐崧《宿甘露庵》诗说:"寒宵一宿借云窝,途路还应客过多。却羡有人浮钓艇,一天明月唱吴歌。"

佛华禅院

在野芳浜。明崇祯十六年邓尉僧宏璧建,故又名小元墓。寺中莲花颇盛。

【译文】 佛华禅院,在野芳浜。明朝崇祯十六年由邓尉山僧人宏璧所建,所以又叫小元墓。寺中莲花非常茂盛。

海珠庵

《百城烟水》云:"在半塘南。"国朝康熙二十年东莞人简丽初为澹归禅师建。

【译文】 海珠庵,《百城烟水》说:"在半塘的南侧。"本朝康熙二十年由东莞人简丽初为澹归禅师而建。

接引庵

在便山桥南。

【译文】 接引庵,在便山桥的南侧。

龙华庵

在引善桥南。

【译文】 龙华庵,在引善桥的南侧。

纪寿宫

在西山庙东,即火神殿,旁有雷祖阁。旧在西山庙西,嘉庆九年移建今所,即马牛王庙旧址。

【译文】 纪寿宫,在西山庙的东侧,就是火神殿,旁边有雷祖阁。原来在西山庙的西侧,嘉庆九年移建到现在这个地方,就是马牛王庙的旧址。

小普陀寺

在西山庙西,即兴福庵。文《志》云:"有三石佛像,宋嘉泰二年善士吴净心造。国朝雍正九年僧体仁重建,中奉石像观音,始易今名。"道光十七年僧定慧募建大殿及照厅等处,并铸巨钟重千余斤有奇,定慧自撰碑文,吴昶有《中兴记》。

【译文】 小普陀寺,在西山庙的西侧,就是兴福庵。文肇祉《虎丘山志》说:"寺中有三尊石佛像,是南宋嘉泰二年由有德之人吴净心建造。本朝雍正九年由僧人体仁重新修建,寺中供奉着观音石像,才改为现在的名字。"道光十七年由僧人定慧募捐修建大殿和照厅等地方,并且铸造了一千多斤重的大钟,定慧亲自撰写碑文,吴昶写有《中兴记》。

茅山堂

在普济桥下塘。康熙年间傅姓创建。嘉庆七年胡上元募置傅廷禄屋址重建。旁有雷神殿。

【译文】 茅山堂,在普济桥下塘。康熙年间由姓傅的人所建造。嘉庆七年胡上元募集善款,在傅廷禄的屋子旧址上重建。旁边有雷神殿。

归源寺

在长荡东。元至元间里人曹聚为虎丘寺僧建,陈旅记。文《志》:"今为郭少卿仁别业。"

【译文】 归源寺,在长荡的东侧。元朝至元年间当地人曹聚为虎丘寺的僧人修建,陈旅写有记文。文肇祉《虎丘山志》:"现在是少卿郭仁的别墅。"

圆觉庵

今又名青莲庵,在石牛头。宋绍兴二年僧本立建。中有老梅一株,盘困古怪,盖宋植也。明正统七年僧善璬葬母圆觉废址旁,即此建庵,况钟有诗。

【译文】 圆觉庵,现在又叫青莲庵,在石牛头。南宋绍兴二年由僧人本立所建。庵中有一株老梅花树,屈曲古怪,大概是宋朝时种植的。明朝正统七年僧人善敬把母亲埋葬在原圆觉庵的废址旁边,于是就在这里重建庵堂,况钟写有关于圆觉庵的诗。

净心庵

在六姐姆桥,旧名甘露亭。明季建。国朝康熙间僧月谦修。乾隆十六年僧能三修。

【译文】 净心庵,在六姐姆桥,原名叫甘露亭。明朝末年修建。本朝康熙年间由僧人月谦修缮。乾隆十六年由僧人能三修缮。

即山庵

在星桥下塘。宋咸淳六年僧志行建。因庵前有石牛,相传唐时物,更名石牛庵。明万历二年僧惟静重建。

【译文】 即山庵,在星桥下塘。南宋咸淳六年由僧人志行修建。因为庵前有石牛,相传是唐朝时的建筑,于是更名为石牛庵。明朝万历二年由僧人惟静重新修建。

报德庵

文《志》:"花泾北。宋绍兴间里人闵仁甫舍建,延僧本澄住焉。"

【译文】 报德庵,文肇祉《虎丘山志》:"在花泾的北侧。南宋绍兴年间本地人闵仁甫捐助建造此庵,并邀请僧人本澄住在那里。"

涌泉庵

《百城烟水》:"在新塘桥北。初建时有泉涌出,因凿为池,故名。有月满楼、清足堂、翠竹轩等胜。"

【译文】 涌泉庵,《百城烟水》:"在新塘桥的北侧。开始修建时有泉水涌出,于是开凿成水池,所以叫涌泉庵。有月满楼、清足堂、翠竹轩等优美的景物。"

永福庵

在九都内。元至正间僧本原建。

【译文】 永福庵,在九都内。元朝至正年间由僧人本原修建。

三佛庵

在小普陀寺西。

【译文】 三佛庵,在小普陀寺的西侧。

法华庵

在九坪湾。今废。

【译文】 法华庵,在九坪湾。现在已经废弃。

白椎庵

《姑苏志》作慈孝,《长洲志》作清照,在凫溪晋生公放生处。

文震孟书匾。宋咸淳间僧无机结庵。《元和志》："元至正间慧观重建。明洪武时道衍驻锡其中,更今名。"《百城烟水》："万历间湛明重建。"

【译文】 白榫庵,《姑苏志》记作慈孝庵,《长洲志》记作清照庵,在凫溪晋朝高僧竺道生的放生处。文震孟书写的匾额。南宋咸淳年间由僧人无机建造。《元和志》："元朝至正年间由慧观重新修建。明朝洪武年间高僧道衍居住在这里,改为现在这个名称。"《百城烟水》："明朝万历年间由湛明重新修建。"

得成庵

在八都。元皇庆间僧可大建。

【译文】 得成庵,在八都。元朝皇庆年间由僧人可大修建。

普光庵

在一都。宋绍兴三年僧原明建。

【译文】 普光庵,在一都。南宋绍兴三年由僧人原明修建。

资福庵

今名杨庵,在九都。元至正间僧惟书建。明弘治中吴宽记。

【译文】 资福庵,现在叫杨庵,在九都。元朝至正年间由僧人惟书修建。明朝弘治年间吴宽有记文。

杨安寺

在杨安浜。元至正年间建。明正统年修。

【译文】 杨安寺,在杨安浜。元朝至正年间建造。明朝正统年间修缮。

臻福庵

在长洲县十都。宋绍兴年间僧性复建。

【译文】 臻福庵,在长洲县十都。南宋绍兴年间由僧人性复建造。

戒幢律院

任《志》："在野芳浜东。"《百城烟水》:"旧为太仆徐时泰西园。子工部郎中溶,舍为复古归源寺。崇祯八年延茂林祇禅师开山,改今名。"

【译文】 戒幢律院,任兆麟《虎阜志》:"在野芳浜的东侧。"《百城烟水》:"原来是太仆寺卿徐时泰的西园。他的儿子工部郎中徐溶,捐资修建,命名为复古归源寺。明朝崇祯八年聘请茂林祇禅师在这里首次住持,更改为现在这个名称。"

水映庵

在大潭子内。中奉武帝,为香火院,俗称关王阁。为郡人习清唱之地,曩逢市会,游人咸舣舟赌酒征歌于是。今此风亦稍替矣。

【译文】　水映庵,在大潭子内。庵中供奉着关圣帝君,是个香火院,俗称关王阁。是本郡人练习戏曲清唱的地方,从前每逢游船聚会,游人都在这里停船靠岸比赛喝酒招引歌者唱歌。现在这种风气也衰微了。

元和山居

《百城烟水》:"在彩云里西园左。明天顺间道士袁德良筑茔于此,中为堂,供真武神。松篁郁荫,钟虡森列。隆庆初沈自仁重修,曹胤儒记。"

【译文】　元和山居,《百城烟水》:"在彩云里西园的左侧。明朝天顺年间道士袁德良在这里修筑坟墓,中间为堂,供奉真武神。松树竹林郁郁葱葱,钟虡整齐排列。明朝隆庆初年由沈自仁重新修建,曹胤儒写有记文。"

佑圣山居

在二十九图。明弘治十七年道士杨道常建。国朝康熙十四年徐日清建斗姆阁。

【译文】　佑圣山居,在二十九图。明朝弘治十七年由道士杨道常修建。本朝康熙十四年由徐日清修建斗姆阁。

吉祥庵

在毛家桥,即刘猛将堂。

【译文】　吉祥庵,在毛家桥,就是刘猛将的祠堂。

卷四 祠 宇

仓圣祠

在海涌山顶,祀史皇仓颉,古篆文云仓颉姓侯名刚。嘉庆十一年郡人韩是升、范来宗、潘奕隽、申楫、蒋莘等建,额曰"登峰造极"。蒋莘绘图征诗,作者甚众。郭麟《仓颉祠》诗云:"笙歌金粉剧喧阗,忽有丛祠肇古先。我奉瓣香神听否,不须识字只耕田。"又,顾日新诗云:"苍帝行宫俨在兹,好探文字肇开时。功过沮诵难双庙,礼并彭衙可别祠。四目神灵余想象,六书湮替几维持。闻疑自叹愚才竭,肃拜筵前起远思。"

【译文】 仓圣祠,在海涌山顶,祭祀史皇仓颉,古代篆文说仓颉姓侯名刚。是嘉庆十一年本郡人士韩是升、范来宗、潘奕隽、申楫、蒋莘等所修建,匾额是"登峰造极"。蒋莘绘图征集配图的诗歌,作者非常多。郭麟《仓颉祠》诗说:"笙歌金粉剧喧阗,忽有丛祠肇古先。我奉瓣香神听否,不须识字只耕田。"又有顾日新诗说:"苍帝行宫俨在兹,好探文字肇开时。功过沮诵难双庙,礼并彭衙可别祠。四目神灵余想象,六书湮替几维持。闻疑自叹愚才竭,肃拜筵前起远思。"

孙武子祠

一名沪渎侯庙,在东山浜内,祀吴王客齐孙武子及其孙膑。嘉庆十一年孙星衍购一榭园改建,立碑壤像,并系以诗云:"我家吴将高绝伦,功成不作霸国臣。春秋三传佚名姓,大冢却在吴东门。吴人耕种少闲地,访墓雍仓一舟系。弯环惟见古柏存,遍览平畴失碑记。传家私印不可磨,阛闉冢侧祠巍峨。武成王庙废不举,东南淫祀何其多。君不见乌喙之邻施间喋,内嬖忽然消霸业。西施可惜入宫迟,不付将军教兵法。"顾日新《孙武子祠》诗云:"一卷兵书动鬼神,济时活国胜儒臣。报功未极

古祠堂

50

当年量,收效常为后世珍。毕竟元机非笔墨,可无遗庙慰荆榛。种花漫近庭前土,恐是吴宫旧美人。"又,吴周钤诗云:"巫门大冢传孙子,谁向苍茫吊遗址。崇祠新筑武丘旁,为有簪缨推本始。忆昔吴宫试将才,能使红颜甘赴死。军令如山观者惊,王曰将军且休矣。破楚功成身不居,神龙毕竟能潜尾。泛宅疑先范蠡踪,怒涛免逐胥江水。十三篇法至今垂,俎豆家山亦应尔。名园花木净尘氛,当暑轩窗面清泚。槛外芙蕖正吐华,犹似红妆百八美。采莲重忆故宫秋,落日苏台满荆杞。阖闾墓木亦荒凉,安得君臣同祭祀。"

【译文】 孙武子祠,又叫沪渎侯庙,在东山浜内,祭祀吴王的客卿齐国人孙武和他的后世孙孙膑。是嘉庆十一年孙星衍购买一榭园改建而成此祠,立碑塑像,并附上诗说:"我家吴将高绝伦,功成不作霸国臣。春秋三传佚名姓,大冢却在吴东门。吴人耕种少闲地,访墓雍仓一舟系。弯环惟见古柏存,遍览平畴失碑记。传家私印不可磨,阖闾冢侧祠巍峨。武成王庙废不举,东南淫祀何其多。君不见乌喙之邻施间喋,内竖忽然消霸业。西施可惜入宫迟,不付将军教兵法。"顾日新《孙武子祠》诗说:"一卷兵书动鬼神,济时活国胜儒臣。报功未极当年量,收效常为后世珍。毕竟元机非笔墨,可无遗庙慰荆榛。种花漫近庭前土,恐是吴宫旧美人。"又有吴周钤诗说:"巫门大冢传孙子,谁向苍茫吊遗址。崇祠新筑武丘旁,为有簪缨推本始。忆昔吴宫试将才,能使红颜甘赴死。军令如山观者惊,王曰将军且休矣。破楚功成身不居,神龙毕竟能潜尾。泛宅疑先范蠡踪,怒涛免逐胥江水。十三篇法至今垂,俎豆家山亦应尔。名园花木净尘氛,当暑轩窗面清泚。槛外芙蕖正吐华,犹似红妆百八美。采莲重忆故宫秋,落日苏台满荆杞。阖闾墓木亦荒凉,安得君臣同祭祀。"

汉二戴夫子祠

在虎阜山寺东,祀汉信都太傅德、九江博士圣。国朝康熙二十六年督学李振裕建,有"礼教儒宗"四字额。

【译文】 汉二戴夫子祠,在虎阜山寺的东侧,祭祀汉朝信都太傅戴德、九江博士戴圣。本朝康熙二十六年由督学李振裕修建,有"礼教儒宗"四个字的匾额。

东山庙

即古短簿祠,在东山浜,祀晋司徒王珣。珣尝与其弟司空珉舍别墅为寺,故居民立庙祀为土神。唐陆柬之书碑。国朝乾隆三十五年里人任德章等移建今所,旁有东山副司神,即葛贤也。王宾云:"东山庙即短簿祠,自山之东抵郡城西北居民祀之。西山庙,自山之西及于南,以至枫桥阊门市居民祀之。珣初为桓温主簿,封东亭侯。"钱泳有《晋琅琊王氏世表》,载《云岩杂志》。顾日新《短簿祠》诗云:"喜怒无端奈窈何,凌人意气亦销磨。盛名翻借青山重,吊古空余落日多。一棹凉波招粉黛,两行疏树引笙歌。谁知身后繁华地,犹赚吴儿日夕过。"又,赵翼诗云:"短簿祠高虎阜东,故居人指梵王宫。谁知舍宅归僧寺,翻占名山地百弓。"又,狄斗南诗云:"舍宅为岩寺,莺花图画间。桥分新绿水,祠补旧青山。

林木连云密,莓苔点石斑。瓣香亲手奉,日暮棹舟还。"

【译文】 东山庙,就是原来的短簿祠,在东山浜,祭祀晋朝司徒王珣。王珣曾经和他的弟弟司空王珉捐献别墅建造寺庙,所以当地人修建寺庙将他们当做土地神来供奉。唐朝陆柬之书写碑文。本朝乾隆三十五年本地人任德章等将其迁移改建在现在这个地方,旁边有东山副司神,就是葛贤。王宾说:"东山庙就是短簿祠,从山的东侧到郡城的西北,居民都祭祀它。西山庙,从山的西侧和南侧,一直到枫桥阊门的居民祭祀它。王珣最早时担任桓温的主簿,被封为东亭侯。"钱泳有《晋琅琊王氏世表》,刊载于《云岩杂志》。顾日新《短簿祠》诗说:"喜怒无端奈窃何,凌人意气亦销磨。盛名翻借青山重,吊古空余落日多。一棹凉波招粉黛,两行疏树引笙歌。谁知身后繁华地,犹赚吴儿日夕过。"又有赵翼诗说:"短簿祠高虎阜东,故居人指梵王宫。谁知舍宅归僧寺,翻占名山地百弓。"又有狄斗南诗说:"舍宅为岩寺,莺花图画间。桥分新绿水,祠补旧青山。林木连云密,莓苔点石斑。瓣香亲手奉,日暮棹舟还。"

东山副使殿

在东山庙内,祀明葛贤。

【译文】 东山副使殿,在东山庙内,祭祀明朝的葛贤。

西山庙

去山无百步,在平壤,临大溪,祀晋司空王珉。宋崇宁二年建。王宾云:"此盖东西寺也,今庙存而寺易。元时每当元夕,两庙张灯设馔,箫鼓喧阗,游人杂沓,寺之山径,节节有灯。往来之人,或以鼓乐自随,竞相为乐,乃踵宋时故事也。今两庙时有居民于此酬愿赛神,优伶箫鼓,香烟颇盛。"

【译文】 西山庙,距离山没有一百步,在平地上,面对着大河,祭祀的是晋朝司空王珉。北宋崇宁二年修建。王宾说:"这大概就是东西寺,现在庙还存在而寺已改变。元朝时每当元宵节,两座庙宇点燃灯笼摆设食品,奏乐之声震天,游人纷纷,通往寺庙的山路上处处有灯。来来往往的人,有的自己带着鼓乐,竞相演奏,这是继承宋朝时的旧做法。现在这两座寺庙里也经常有居民还愿祀神,演员们吹箫击鼓,香火很盛。"

长泾庙

在虎丘山西,祀晋司徒王珣、司空王珉。此处居民又合奉为土神。

【译文】 长泾庙,在虎丘山的西侧,祭祀晋朝司徒王珣、司空王珉。此处居民又把这兄弟俩合在一起奉为土神。

唐宋五贤祠

在后山竹亭北,祀唐苏州刺史韦应物、白居易、刘禹锡,长洲令王禹偁,寓贤苏轼。明万历二十六年长洲知县江盈科即平远堂建,有记。孙继皋、范允临有《重修记》。国朝乾隆二十一年训导费天修改建东山浜，雷铉记。乾隆六十年移于今所。《百城烟水》云："崇祯时有欲以故宦杂入五贤祠者，陈元素乃题一联云：'朝烟夕霭，诸岚收万象之奇，公等文章具在；雅调元衿，异代结千秋之契，谁堪俎豆其间。'其议始息。"吴绮《五贤祠》诗云："人事有盛衰，大雅无今古。所以古昔人，往往薄簪组。东南富莺花，斯地号天府。岂无当世豪，事往不复数。巍巍此堂中，名贤独称五。左司具高风，刘白信俦侣。元之偶折腰，玉局偶行旅。踪迹重山河，文章历风雨。我来一长揖，异代忽心许。俯仰眺诸峰，苍苍但平楚。"

【译文】唐宋五贤祠，在后山竹亭的北侧，祭祀唐朝苏州刺史韦应物、白居易、刘禹锡，长洲令王禹偁，隐士苏轼。明朝万历二十六年由长洲知县江盈科靠近平远堂而修建，有记文。孙继皋、范允临有《重修记》。本朝乾隆二十一年训导费天修重新改建于东山浜，雷铉有记文。乾隆六十年移建在现在这个地方。《百城烟水》说："明朝崇祯时有人想要把某死去的官员混入五贤祠，陈元素于是题写一副楹联说：'朝烟夕霭，诸岚收万象之奇，公等文章具在；雅调元衿，异代结千秋之契，谁堪俎豆其间。'那种言论才停止。"吴绮《五贤祠》诗说："人事有盛衰，大雅无今古。所以古昔人，往往薄簪组。东南富莺花，斯地号天府。岂无当世豪，事往不复数。巍巍此堂中，名贤独称五。左司具高风，刘白信俦侣。元之偶折腰，玉局偶行旅。踪迹重山河，文章历风雨。我来一长揖，异代忽心许。俯仰眺诸峰，苍苍但平楚。"

白公祠

在虎丘山浜，祀唐太子少傅居易。嘉庆二年任太守兆垧即蒋氏塔影园改建，中有思白堂，傍为怀杜阁、仰苏楼，供少陵、东坡栗主，又有万丈楼，在怀杜阁之东，供李青莲木主。疏泉叠石，花木郁然，为官府公余宴集并往来嘉客游览之所。钱大昕有代任守记，郡人吴庆孙书，别有《园亭记》，亦任撰，两碑俱嵌祠壁。道光五年吴县知县万台重修，增葺慕李轩，联为黄时敏书，云："祠分唐宋名贤，天为青莲留此席；节近春秋佳日，人来白社揖先生。"并建临流杰阁，额曰"塔影山光"。临水三楹，额为仲鱼陈鳣书，曰"堤上留春"，联曰"湖山今胜地，唐宋古诗坛"，董国华书。飨堂联曰"香草遍吴宫，一代风流诗太守；芳尊分杜厦，比邻唐宋谪仙人"，万台书。又柱联曰"唐代论诗人，李杜以还，惟有几篇新乐府；苏州怀刺史，湖山之曲，尚留三亩旧祠堂"，贺长龄书。白公祠诗，美不胜收，集隘只录数首于此。蔡士芳诗云："太傅祠分蒋径幽，花繁如织引鸣驺。堤先坡老传芳姓，代有州民

感大裘。梦友不须营水阁,编庐依旧敞山楼。年年听遍琵琶曲,莫认浔阳荻雪秋。""补种甘棠绕屋新,后先循吏总诗人。文章声价鸡林贵,香火因缘鹤市春。旧是使君吟咏处,依然兜率去来身。故衫休恋杭州迹,酹酒吴侬味倍醇。"又,陈銮诗云:"长庆风流贤刺史,江南佳丽占苏杭。诗名旧被鸡林远,设像新祠虎阜旁。自筑湖堤安泽国,独留古桧颂甘棠。客中愧乏溪毛荐,敬奉平生一瓣香。"又,温日鉴诗云:"少傅祠堂璇榜题,武丘东畔半塘西。感恩未满三年代,遗爱曾留万户啼。暮雨潇潇听旧曲,春流渺渺拥新堤。当时风月嬉游地,此日斜阳塔影低。"又,陈经诗云:"画戟清香五字诗,高情白傅继当时。不将州宅夸邻郡,真有文章替左司。山寺语莺清管急,洞庭栋橘画船迟。登堂未敢留题句,恐被君家老妪嗤。"又,范来宗《用白傅虎丘寺路韵谒白公祠》诗云:"西去桐桥路,芳堤怀古频。贤声传刺史,仙意属诗人。遗泽犹留旧,清祠聿启新。嬉游增胜概,行乐四时春。""塔影园思昔,扁舟过从频。重来欣得主,小坐倍宜人。花气熏栏醉,禽言出谷新。不须丝与竹,好续永和春。"又,蒋廷恩诗云:"古寺藏山翠,登临不厌频。因过短簿宅,转忆筑堤人。柏柜诗常在,棠阴泽尚新。从来裘万里,展覆遍阳春。""五马临吴郡,宾曹觞咏频。循良汉京吏,山水晋时人。诗史襟怀并,鬐仙契谊新。年年箫鼓社,花月共长春。"又,陆敬诗云:"白傅祠堂启,秋来瞻眺频。似闻古循吏,不避冶游人。为政风流在,名山俎豆新。愿持一樽酒,散作十分春。""细雨霏林杪,楼头徙倚频。钟声来两寺,塔影对三人。山气佳于夕,花光湿愈新。更携几纳屦,饱看洛阳春。"

【译文】白公祠,在虎丘山浜,祭祀唐朝太子少傅白居易。清朝嘉庆二年太守任兆坰在蒋氏塔影园基础上改建,祠中有思白堂,旁边是怀杜阁、仰苏楼,供奉杜甫、苏轼的灵位,又有万丈楼,在怀杜阁的东侧,供奉李白的灵位。泉水疏朗,岩石层叠,花草树木郁郁葱葱,是官府公务之余宴饮集会和往来的嘉宾游览的地方。钱大昕有代太守任兆坰撰写的记文,由本郡人吴庆孙书写,另外有《园亭记》,也是任兆坰撰写的,两座碑都镶嵌在祠堂的墙壁上。道光五年吴县知县万台重新修建,增修慕李轩,楹联是黄时敏书写的,联语为:"祠分唐宋名贤,天为青莲留此席;节近春秋佳日,人来白社揖先生。"同时建临流杰阁,匾额是"塔影山光"。是在水边的三间房屋,匾额是仲鱼陈鳣书写的,叫做"堤上留春",楹联是"湖山今胜地,唐宋古诗坛",是董国华书写的。缭堂联是"香草遍吴宫,一代风流诗太守;芳尊分杜厦,比邻唐宋谪仙人",是万台书写的。又有柱联"唐代论诗人,李杜以还,惟有几篇新乐府;苏州怀刺史,湖山之曲,尚留三亩旧祠堂",是贺长龄书写的。白公祠的诗,美不胜收,因为集子篇幅有限,仅仅在这里摘录几首。蔡士芳诗说:"太傅祠分蒋径幽,花繁如织引鸣驺。堤先坡老传芳姓,代有州民感大裘。梦友不须营水阁,编庐依旧敞山楼。年年听遍琵琶曲,莫认浔阳荻雪秋。""补种甘棠绕屋新,后先循吏总诗人。文章声价鸡林贵,香火因缘鹤市春。旧是使君吟咏处,依然兜率去来身。故衫休恋杭州迹,酹酒吴侬味

倍醇。"又有陈銮诗说："长庆风流贤刺史,江南佳丽占苏杭。诗名旧被鸡林远,设像新祠
虎阜旁。自筑湖堤安泽国,独留古桧颂甘棠。客中愧乏溪毛荐,敬奉平生一瓣香。"又有
温日鉴的诗说："少傅祠堂璇榜题,武丘东畔半塘西。感恩未满三年代,遗爱曾留万户啼。
暮雨潇潇听旧曲,春流渺渺拥新堤。当时风月嬉游地,此日斜阳塔影低。"又有宋经的诗
说："画载清香五字诗,高情白傅继当时。不将州宅夸邻郡,真有文章替左司。山寺语莺
清管急,洞庭栋橘画船迟。登堂未敢留题句,恐被君家老妪嗤。"又有范来宗《用白傅虎丘
寺路韵谒白公祠》诗说："西去桐桥路,芳堤怀古频。贤声传刺史,仙意属诗人。遗泽犹留
旧,清祠聿启新。嬉游增胜概,行乐四时春。""塔影园思昔,扁舟过从频。重来欣得主,小
坐倍宜人。花气熏栏醉,禽言出谷新。不须丝与竹,好续永和春。"又有蒋廷恩的诗说："古
寺藏山翠,登临不厌频。因过短簿宅,转忆筑堤人。柏栝诗常在,棠阴泽尚新。从来裘万
里,展覆遍阳春。""五马临吴郡,宾曹觞咏频。循良汉京吏,山水晋时人。诗史襟怀并,羁
仙契谊新。年年箫鼓社,花月共长春。"又有陆敬的诗说："白傅祠堂启,秋来瞻眺频。似
闻古循吏,不避冶游人。为政风流在,名山俎豆新。愿持一樽酒,散作十分春。""细雨霏
林杪,楼头徙倚频。钟声来两寺,塔影对三人。山气佳于夕,花光湿愈新。更携几纳屐,饱
看洛阳春。"

甫里先生祠

在虎丘下塘普济桥西,祀唐赠右补阙陆龟蒙。乾隆四十八年,其三十四世孙陆肇域
捐资建,后葺敦本堂,祀其先,置祭田五十亩,有司给帖,勒石世守,汪元亮记。吴树萱《谒
甫里先生祠》诗云："虎丘偕鹤市,千古足风流。杞菊余芳在,烝尝世泽留。屋依花市近,
人与远公游。再拜夕阳下,临溪一系舟。"

【译文】 甫里先生祠,在虎丘下塘普济桥的西侧,祭祀唐朝赠右补阙陆龟蒙。乾隆
四十八年,陆龟蒙的三十四世孙陆肇域捐资修建此祠,后来又修建敦本堂用来祭祀他的
祖先,置买用来祭祀祖先的田地五十亩,官府给以补贴,刻石世世代代守护,汪元亮写有
记文。吴树萱《谒甫里先生祠》诗云："虎丘偕鹤市,千古足风流。杞菊余芳在,烝尝世泽留。
屋依花市近,人与远公游。再拜夕阳下,临溪一系舟。"

魏谏议祠

祠宋谏议大夫知州事庠。文《志》："因至道中奏改虎丘律寺为云岩禅寺,僧为立祠。"

【译文】 魏谏议祠,祭祀宋朝谏议大夫苏州知州魏庠。文肇祉《虎丘山志》："因为魏
庠在北宋至道年间上奏折改虎丘律寺为云岩禅寺,僧人为他修建祠堂。"

先贤二程子祠

在东山浜,祀宋大儒颢、颐。旧在府学西。宋绍兴二十六年先贤从子沂知昆山县,因
光禄程思孟宅建。元季毁。国朝康熙九年裔孙文彝重建今所,并祀先贤父司农公珦于寝

室,宋文简公大昌、明云庄先生智祔,胡在恪记。二十三年重修,缪彤记。乾隆七年增祀明礼部侍郎敏政、国朝工部侍郎文焕、孝子文焕。嘉庆二十五年祠裔程元纲等重修。

【译文】 先贤二程子祠,在东山浜,祭祀北宋大学者程颢、程颐。原来在府学的西侧。南宋绍兴二十六年程颢、程颐的叔伯侄子程沂任昆山县知县时,在光禄程思孟的宅院旁边建造此寺。元朝末年毁坏。本朝康熙九年程颢、程颐的后世孙程文焕将其重新修建在现在这个地方,同时在殿中祭祀二程之父司农公程珦,以及宋朝文简公程大昌、明朝云庄先生程智的牌位,胡在恪写有记文。康熙二十三年重新修缮,缪彤写有记文。乾隆七年增加了对明朝礼部侍郎程敏政、清朝工部侍郎程文焕、孝子程文焕的祭祀。嘉庆二十五年他们的后代程元纲等重新修缮。

先儒尹肃公祠

在西庵故址,今十八折上,祀宋和靖先生焞。绍兴中焞尝读书西庵,扁所居曰"三畏斋"。嘉定七年士人黄士毅请于知府陈宓为祠山西北,绘像祀之,黄干记。九年郡人孟猷移建上方通幽轩南,胡淳请吏部即祠下讲授,提举吴格割公田四十亩为岁修费。端平二年秘书丞曹豳奏改为书院。明嘉靖十七年吴县汪旦仍建祠于故址,左有读书台。顾湄曰:"虎丘名流不乏,而理学先贤惟和靖一人而已。"乾隆辛亥许森、叶文焯请以白莲泾养正书堂设祀。

【译文】 先儒尹肃公祠,在西庵原来的基址,现在的十八折上,祭祀南宋和靖先生尹焞。南宋绍兴年间尹焞曾经在西庵读书,给自己所居住的屋子题写匾额"三畏斋"。南宋嘉定七年文人黄士毅向知府陈宓请求在山的西北修建祠堂,画像祭祀和靖先生,黄干写有记文。嘉定九年本郡人孟猷将搬迁重建到上面的通幽轩的南侧,胡淳向吏部请求在祠下讲授理学,提举吴格拿出公家的四十亩土地作为每年的修缮费。南宋端平二年秘书丞曹豳上奏皇帝改祠为书院。明朝嘉靖十七年吴县汪旦仍在原址上修建祠堂,左面有读书台。顾湄说:"虎丘知名人士不少,而理学先贤只有和靖一人而已。"乾隆辛亥年许森、叶文焯请求用白莲泾供养正书堂,并设立祭祀。

先贤吕子祠

在半塘,祀宋东莱先生祖谦。

【译文】 先贤吕子祠,在半塘,祭祀宋朝东莱先生吕祖谦。

先儒杨文靖公祠

在东山浜,亦名道南书院,祀宋龟山先生时,明兵部尚书庄简公成、解元忠文先生廷枢祔。国朝康熙五十八年布政司杨朝麟建。乾隆二年给帑修。三十二年重修。庄简公旧有祠在黄牛坊桥巷,明崇祯五年建,子端孝先生大瀁祔,合祀于此,故又名三杨公祠。道光九年祠裔杨承湛等重修。

【译文】 先儒杨文靖公祠，在东山浜，也叫道南书院，祭祀宋朝龟山先生杨时，明朝兵部尚书庄简公杨成、解元忠文先生杨廷枢也在祖庙里祭祀。本朝康熙五十八年由布政司杨朝麟修建。乾隆二年拨款修缮。乾隆三十二年重新修缮。庄简公原来有祠堂，在黄牛坊桥巷，明朝崇祯五年修建，他的儿子端孝先生杨大溁也在祖庙里祭祀，现在一起在这里祭祀，所以又叫三杨公祠。清朝道光九年杨氏后世子孙杨承湛等人重新修缮。

宋王翰林祠

祀宋翰林学士、前长洲知县王禹偁。《中吴纪闻》："御书阁下有王黄州画像。"《姑苏志》："公尝为长洲宰，天禧四年子嘉言复宰长洲，作堂祀之。又建真堂于虎丘，藏《小畜集》其中，康孝基撰碑。"文《志》："东坡《赞》刻于祠壁。"今废。

【译文】 宋王翰林祠，祭祀北宋翰林学士、前长洲知县王禹偁。《中吴纪闻》："御书阁下有王禹偁的画像。"《姑苏志》："王禹偁曾经任长洲知县，北宋天禧四年他的儿子王嘉言又任长洲知县，建造祠堂祭祀他。又在虎丘修建真堂，在真堂里收藏有《小畜集》，康孝基撰写碑文。"文肇祉《虎丘山志》："苏东坡《赞》刻在祠堂的墙壁上。"现在已经废弃。

陈朝散祠

祠宋朝散大夫知苏州事省华。乾隆五年建，陈伯震记。今废。

【译文】 陈朝散祠，祭祀北宋朝散大夫苏州知府陈省华。乾隆五年修建，陈伯震写有记文。现在已经废弃。

康都官祠

礼宋都官员外郎知州事孝基。今废。

【译文】 康都官祠，祭祀北宋都官员外郎苏州知州康孝基。现在已经废弃。

叶公祠

在千顷云东，祀宋朝散大夫知苏州事参。嘉靖间郡守胡缵宗重建。王《志》："参有贤行，为郡守，范文正公仲淹诗颂之。"今废。

【译文】 叶公祠，在千顷云的东侧，祭祀北宋朝散大夫苏州知府叶参。明朝嘉靖年间郡守胡缵宗重新修建。王鏊《姑苏志》："叶参有良好的品行，任越州郡守，范文正公（范仲淹）作诗赞颂他。"现在已经废弃。

蒋学士祠

祀宋枢密直学士知苏州事堂。今废。

【译文】 蒋学士祠，祭祀北宋枢密直学士、苏州知府蒋堂。现在已经废弃。

曹秘书祠

在和靖书院,祀宋提举矞。景定二年陈淳祖建。今废。

【译文】 曹秘书祠,在和靖书院,祭祀南宋提举曹矞。南宋景定二年由陈淳祖修建。现在已经废弃。

三贤祠

在西岭,祀宋范文正公仲淹、胡安定先生瑗、尹肃公焞。明嘉靖间吴一鹏建,湛若水记。今废。

【译文】 三贤祠,在西岭,祭祀北宋范文正公(范仲淹)、安定先生胡瑗、肃公尹焞。明朝嘉靖年间由吴一鹏修建,湛若水写有记文。现在已经废弃。

姚秘阁祠

祀宋直秘阁知平江府姚宪。宋乾道五年建。今废。

【译文】 姚秘阁祠,祭祀南宋直秘阁、平江知府姚宪。南宋乾道五年修建。现在已经废弃。

谢文靖公祠

祀宋进士叠山先生枋得。今废。

【译文】 谢文靖公祠,祭祀南宋进士叠山先生谢枋得。现在已经废弃。

元宋文杰公祠

在斟酌桥东,祀元平江路万户侯通。旧在府学西,国朝乾隆二十九年裔孙思仁移建今所,兴化教谕实颖、州判兆鹤、翰林院编修照、户部侍郎邦绥祔,故又名宋氏三贤祠,彭启丰记。按《元史》:通,长洲人,以平乱勋封侯。尝散家资为一方保障。年饥,赈贷钱谷,代乡人偿逋赋,全活无算。元亡,遁迹枫桥。洪武初征贤良,不起,老于家。

【译文】 元宋文杰公祠,在斟酌桥的东侧,祭祀元朝平江路万户侯宋通。原来在府学的西侧,本朝乾隆二十九年宋通的后世子孙宋思仁改建到现在这个地方,兴化教谕宋实颖、州判宋兆鹤、翰林院编修宋照、户部侍郎宋邦绥也在此祠祭祀,所以又叫宋氏三贤祠,彭启丰写有记文。考查《元史》:宋通,是长洲人,凭借平定叛乱的功劳封为万户侯。曾经散发家财为当地百姓提供保障。粮食歉收,他借出钱粮救济百姓,替乡亲偿还未交的赋税,救活的人多得无法计算。元朝灭亡后,隐居在枫桥。明朝洪武初年他凭善德而被官府选拔任用,但不去任职,终老于家中。

明常忠武王祠

祀明开平王遇春。平淮张氏时,驻兵云岩寺中,得免兵祸,僧为立祠。今废。

【译文】 明常忠武王祠,祭祀明朝开平王常遇春。在平定淮南张士诚时,常驻兵云岩寺中,使当地得以免于兵祸,僧人为他建立祠堂。现在已经废弃。

四贤祠

在后山金粟山房西。旧在放鹤亭,祀明夏忠靖公原吉、周文襄公忱、王端毅公恕、海忠介公瑞,皆抚吴之有功德于民者。

【译文】 四贤祠,在后山金粟山房的西侧。原来在放鹤亭,祭祀明朝忠靖公夏原吉、文襄公周忱、端毅公王恕、忠介公海瑞,这些都是曾在吴地做官,有功德于老百姓的人。

周文襄公祠

在普济桥西,祀明巡抚侍郎忱。旧在法堂后,国朝乾隆十年巡抚陈大受改建今所,有记。文肇祉曰:"初,文襄莅江南时,靖安况公钟以礼部郎中出知苏州,锄奸抑强,兴利去害,奏免重征,招徕逃亡,与文襄同德一心。当时亦欲并祠山中,而为忌公者沮之。"

【译文】 周文襄公祠,在普济桥的西侧,祭祀明朝巡抚侍郎周忱。原来在法堂后,本朝乾隆十年巡抚陈大受改建至如今的所在,有记文。文肇祉说:"当初,周忱统治江南时,靖安人况钟以礼部郎中的身份出任苏州知府,铲锄邪恶压制强暴,兴办对百姓有利的事业,去除各种危害,向皇帝奏请免除繁重的赋税,招回逃亡的人,和周忱同心同德。当时也有人想要把况钟和周忱合在一起,在山中修建祠堂祭祀,但被憎恨况钟的人所阻止。"

先儒薛文清公祠

即铁佛庵旧址是,祀明河津先生瑄。裔孙雪建,陈宏谋记。今改为一榭园。

【译文】 先儒薛文清公祠,就在铁佛庵旧址这里,祭祀明朝河津先生薛瑄。是他的后世子孙薛雪修建的,陈宏谋写有记文。现在改为一榭园。

朱恭靖公祠

旧在北濠,今移虎丘二山门,祀明赠太子太保吏部尚书希周。按《明史》:希周字懋忠,昆山人,徙居吴县。弘治九年进士,擢第一,授修撰,累官至吏部尚书,力疾乞休。居乡三十一年,中外论荐者三十余疏,不起。性恭敬,不妄取。卒年八十有四,赠太子太保,谥恭靖。

【译文】 朱恭靖公祠,原来在北濠,现在移到虎丘二山门,祭祀明朝赠太子太保吏部尚书朱希周。考查《明史》:朱希周字懋忠,是江苏昆山人,迁居到江苏吴县。明朝弘治九年考中进士,选拔为第一名,授以修撰之职,官至吏部尚书,因身体有病请求退休。他在家乡居住三十一年,朝廷内外推荐他的人累计上奏疏三十篇,但他不愿离家就职。其人性情谦逊谨慎,不取不义之财。去世时八十四岁,赠太子太保官职,谥号为恭靖。

拜宗祠

陈公祠

在养鹤涧西。《百城烟水》:"祀明兵部尚书前巡按直隶御史瑞。"按《明史》:瑞字孔麟,长皋人。嘉靖四十三年按吴。久雨,岁大饥,公疏请折漕赈贷,吴人感其德,诣阙留一年。去,建生祠。钱邦彦撰碑。天启三年修。

【译文】 陈公祠,在养鹤涧的西侧。《百城烟水》:"祭祀明朝兵部尚书前巡按直隶御史陈瑞。"考查《明史》:陈瑞字孔麟,是长皋人。明朝嘉靖四十三年到吴郡担任巡抚。其时因长时间下雨,发生了严重的饥荒,陈瑞上奏疏请求漕粮折银征收,借贷救济灾民,吴郡的百姓感激他的恩德,上书朝廷请求让陈瑞继续留在这里一年。陈瑞离开时,当地给他修建了活人祠堂。钱邦彦撰写碑文。明朝天启三年修建。

申文定公祠

在三泉亭南,祀明少师大学士时行。万历四十八年建。按《明史》:时行字汝默。嘉靖四十一年进士第一,授修撰,累官至少师。万历四十二年,年八十,帝遣行人存问,诏书到门而卒。赠太师,谥文定。吴伟业有《过虎丘申文定公祠·满江红》词,载《梅村集》。

【译文】 申文定公祠,在三泉亭的南侧,祀祭明朝少师大学士申时行。明朝万历四十八年修建。考查《明史》:申时行字汝默。明朝嘉靖四十一年考中进士第一,授予修撰职务,官至少师。明朝万历四十二年,申时行八十岁,皇帝派遣负责传递旨意的行人司官吏去慰问他,皇帝的诏书刚送到大门,申时行就死了。追赠太师官职,赠谥号文定。吴伟业有《过虎丘申文定公祠·满江红》词,收录在《梅村集》中。

盛公祠

在东山浜,祀明御史旲。旧在娄门,岁久圮。国朝乾隆十二年撤废祠,改建今所。按《明史》:旲字允高,吴江人。景泰二年进士,授御史。左迁罗江县,败德阳寇赵铎,县民为立生祠。后擢叙州府,戎人珙、筠、高土猱叛,矢着旲耳,创甚。致仕后追理前劳,遣使赍金币宝钞赐于家。

【译文】 盛公祠,在东山浜,祭祀明朝御史盛旲。原来在娄门,因时间长久而倒塌。本朝乾隆十二年拆除已经废弃的祠堂,改建了现在这个祠堂。考查《明史》:旲字允高,是吴江人。明朝景泰二年考中进士,授予御史官职。他被贬为罗江知县时,打败了德阳贼寇赵铎,罗江县民众给他建立了活人祠堂。后来被提拔到叙州府,北方少数民族珙、筠、高土猱反叛,箭射中了盛旲的耳朵,伤势很严重。退休后朝廷追认他以前的功劳,派遣官员到他家中赏赐了金铸的钱币。

陈文庄公祠

在范店桥东,祀明南京国子监祭酒仁锡。初在郡治,国朝康熙十九年移建今所,汪琬记。按《明史》:仁锡字明卿,长洲人。天启二年进士第三人,授编修,累官至祭酒,赠詹事,谥文庄。崇祯三年宣诏过家。置田三顷,设立义庄,以赡族人,自为《义田记》,岁出纳亦于此。

【译文】 陈文庄公祠,在范店桥的东侧,祭祀明朝南京国子监祭酒陈仁锡。当初在郡府所在地,本朝康熙十九年迁移改建到现在这个地方,汪琬写有记文。考查《明史》:陈仁锡字明卿,是长洲人。明朝天启二年考中进士第三名,授予编修官职,官至国子监祭酒,追赠詹事官职,赠谥号文庄。这一诏令于明朝崇祯三年宣达至他家中。他曾置买三顷农田,设立义庄,用田租救济本族中贫困的人,并亲自撰写《义田记》,每年的收支情况也记录在其中。

三讲官祠

在虎丘二山门,祀明大学士文文肃公震孟、少詹事姚文毅公希孟、祭酒陈文庄公仁锡。祠中有"乡国之望"四字额,为汪琬书。

【译文】 三讲官祠,在虎丘二山门,祭祀明朝大学士文肃公文震孟、少詹事文毅公姚希孟、祭酒文庄公陈仁锡。祠堂中有"乡国之望"四个字的匾额,是汪琬书写的。

沙贞惠公祠

在彩云里,祀明太医福一。洪熙年敕建。八世孙诸生舜臣祔。

【译文】 沙贞惠公祠,在彩云里,祭祀明朝太医沙福一。明朝洪熙年间皇帝下令修建。他的八世孙诸生沙舜臣也一起在这里祭祀。

五人祠

在山塘五人墓内,祀明颜佩韦、杨念如、马杰、沈扬、周文元。

【译文】 五人祠,在山塘五人墓内,祭祀明朝颜佩韦、杨念如、马杰、沈扬、周文元。

张公祠

在绿水桥西,祀明应天巡抚国维。崇祯十六年建。国朝乾隆十一年知府赵锡礼重修,有记。按《明史》:国维字玉笥,东阳人。崇祯七年以右金都御史巡抚应天、安庆等十府,宽厚得士大夫心,属郡灾伤,辄为请命。筑太湖、繁昌二城,建苏州九里石塘及平望内外塘、长洲至和等塘,修松江捍海堤。迁工部右侍郎,总理河道。比殁,吴人立祠今所,并建坊表。任德成《张公祠》诗云:"义合勤民祀,忧劳感大夫。东南多疾苦,时事极踌躇。七载经头白,遗碑有泪摹。文襄先后美,我欲两贤图。"

家祭祠堂

【译文】 张公祠,在绿水桥的西侧,祭祀明朝应天巡抚张国维。明朝崇祯十六年修建。本朝乾隆十一年知府赵锡礼重修,有记文。考查《明史》:张国维字玉笥,是东阳人。明朝崇祯七年以右金都御史的身份出任应天、安庆等十府的巡抚,宽容忠厚,赢得了士大夫的心,他所管辖的郡受到灾害,就为百姓请命。曾修筑太湖、繁昌两个城市的城墙,修建苏州九里石塘和平望内外塘、长洲至和等塘,修筑松江捍海堤。后调任工部右侍郎,全面管理河道。等到他去世了,吴人便在现在这个地方建立祠堂,同时建立坊表。任德成《张公祠》诗说:"义合勤民祀,忧劳感大夫。东南多疾苦,时事极蹲踌。七载经头白,遗碑有泪摹。文襄先后美,我欲两贤图。"

蔡忠恪公祠

在山街西,祀明山西巡抚都御史懋德。国朝康熙二十五年建。乾隆九年给帑修。按《明史》:懋德字维立,昆山人。万历四十七年进士,授杭州推官,累官至山西巡抚。城陷自缢,福王谥忠襄,高宗追谥忠恪。李其永《蔡忠襄祠》诗云:"时事真无济,空拳亦大难。孤城残百战,正节一危冠。臣力秋蓬死,天心落日寒。悲凉存俎豆,春色尚西看。"

【译文】 蔡忠恪公祠,在山街的西侧,祭祀明朝山西巡抚都御史蔡懋德。本朝康熙二十五年修建。乾隆九年拨款修缮。考查《明史》:蔡懋德字维立,是昆山人。明朝万历四十七年考中进士,授予杭州推官,升官至山西巡抚。城被攻破后上吊自杀,明朝福王朱常洵赠给他的谥号为忠襄,本朝高宗皇帝追赠他谥号为忠恪。李其永《蔡忠襄祠》诗说:"时事真无济,空拳亦大难。孤城残百战,正节一危冠。臣力秋蓬死,天心落日寒。悲凉存俎豆,春色尚西看。"

宋忠烈公祠

在东山浜,祀明山东巡抚御史学朱。国朝乾隆四十一年赐谥重建。按《明史》:学朱字用晦,长洲人。崇祯四年进士,历官至山东巡抚。大兵至济南,学朱拒城殉节,福王时赠大理卿。

【译文】 宋忠烈公祠,在东山浜,祭祀明朝山东巡抚御史宋学朱。本朝乾隆四十一年赐给他谥号并重新修建祠堂。考查《明史》:宋学朱字用晦,是长洲人。明朝崇祯四年考中进士,历任官职到山东巡抚。清兵攻到济南,宋学朱守城而死,明朝福王朱常洵时追封为大理卿。

姜熊祠

在东塔院,祀明赠光禄卿姜忠肃公洧里并熊侍御开元。国朝康熙三十四年巡抚宋荦建,毛奇龄记。

【译文】 姜熊祠,在东塔院,祭祀明朝赠光禄卿忠肃公姜洧里和侍御熊开元。本朝康熙三十四年由巡抚宋荦修建,毛奇龄写有记文。

讲究的宗祠大门

二姜先生祠

在白莲池东,祀明给事中埰暨弟行人垓。国朝康熙二十四年巡抚汤斌建,于颖记。今以尚书晟祔。按:埰字如农,崇祯朝官给谏,被杖戍宣州,年六十七卒,私谥贞毅,著有《正义集》,自撰年谱。垓字如须,官行人,明亡,隐虎丘,年四十,先埰卒,私谥贞文,著有《枫林集》。晟字光宇,号杜香,元和人。乾隆丙戌进士,分刑部,累迁至刑部尚书,年八十一卒于家。晟爱惜人才,操守廉洁,著有奏议若干卷。

【译文】 二姜先生祠,在白莲池的东侧,祭祀明朝给事中姜埰和他的弟弟行人姜垓。清朝康熙二十四年由巡抚汤斌修建,于颖写有记文。现在把尚书姜晟也一起在这里祭祀。经考查:姜埰字如农,明朝崇祯时期官至给谏,后来受廷杖之刑,被流放去戍守宣州,六十七岁时死去,亲族弟子们私谥为贞毅,著有《正义集》,自己撰写年谱。姜垓字如须,官至行人,明朝灭亡后,隐居虎丘,年龄四十岁,比姜埰死得早,私谥贞文,著有《枫林集》。姜晟字光宇,号杜香,元和人。乾隆丙戌年考中进士,在刑部任职,官至刑部尚书,年八十一岁时死在家中。姜晟爱惜人才,操守廉洁,著有向皇帝上书言事的文章若干卷。

蒋参议祠

在山塘,祀明天津兵备道灿。孙封中书舍人之途祔。国朝康熙五十五年建,陆桂馨记。按《府志》:"灿字雉园,长洲人。崇祯戊辰进士,授余姚县知县,历官至天津兵备道。里人以其行迹请祀乡贤,其曾孙光禄卿文澜建祠今所。乾隆八年元孙曰梁重葺。"

【译文】 蒋参议祠,在山塘,祭祀明朝天津兵备道蒋灿。他的孙子中书舍人蒋之途随祭在这里。本朝康熙五十五年修建,陆桂馨写有记文。考查《苏州府志》:"蒋灿字雉园,是长洲人。清朝崇祯戊辰年考中进士,授予余姚县知县,历任官职到天津兵备道。邻里人根据他的行为事迹请求祭祀这位乡里的贤人,他的曾孙光禄卿蒋文澜便在现在这个地方修建了祠堂。乾隆八年他的玄孙蒋曰梁重新修缮。"

顾参政祠

在野芳浜南,祀明云南参政豫。祠联曰"支分仁孝里,路接虎丘山",为蒋攸铦书,以公配享仁孝里,故祠联云云。

【译文】 顾参政祠,在野芳浜的南侧,祭祀明朝云南参政顾豫。祠堂有楹联"支分仁孝里,路接虎丘山",为蒋攸铦手书,因为顾豫附祭在仁孝里,所以祠堂的楹联这样写。

徐文靖公祠

在西隐山房旁，祀明少詹事汧。国朝康熙二十四年巡抚汤斌建，寻废。王喆生《彭定求行状》："徐文靖祠向建虎丘，有毁之者，先生告当事，醵资复建长洲学宫中。"

【译文】 徐文靖公祠，在西隐山房的旁边，祭祀明朝少詹事徐汧。本朝康熙二十四年由巡抚汤斌修建，不久就废弃了。王喆生《彭定求行状》："徐文靖的祠堂原来修建在虎丘，有人把它损毁了，先生状告到官府，于是得以集资在长洲学宫中重新修建祠堂。"

李侍郎祠

在白公桥，祀国朝平治江南刑部左侍郎延龄。额曰"再活吴民"。按：顺治二年大兵平定江南，传檄各郡，遣安抚使黄家鼐至苏，为明监军杨文骢所杀。朝廷震怒，差都督李延龄、总兵土国宝露刃南下，文骢宵遁。百姓各书"顺民"二字于门。迨剃发令下，福山副总鲁之玙首先倡拒，乡兵四起。时有太湖盗赤脚张三者，负隅劫掠，突起应之，城中之人，遂死无算。国宝必欲屠城，而延龄知乱民多由胁从，不欲加兵，且探知城西北居民稠密，与国宝分阄二，阄俱写东南，国宝拈得，由盘门屠至饮马桥，见关帝横马立桥上，始跪而止。盖像系先夕为醉汉异至桥上者也。延龄封刃不举，吴人德之，因塑像立祠，并为建坊。

【译文】 李侍郎祠，在白公桥，祭祀清朝平治江南刑部左侍郎李延龄。匾额是"再活吴民"。据考查：顺治二年清兵平定江南，传布檄文给各郡，派遣安抚使黄家鼐到苏州，被明朝监军杨文骢所杀。朝廷异常愤怒，派遣都督李延龄、总兵土国宝提刀南下，杨文骢趁夜逃跑了。老百姓各自在门上书写"顺民"二字。等到剃发令传下来，福山副总鲁之玙首先带头抗拒，乡兵四起。当时有一个太湖强盗叫赤脚张三，仍在顽抗劫掠，突然起来响应鲁之玙，于是城中的人死亡无数。土国宝一定要在城中搞屠杀，而李延龄知道起来造反的人大多是因为被迫胁从，不想对他们用兵，而且他打探到城西北居民稠密，于是和土国宝分别作两个阄，阄上都写东南，土国宝抓到写着东南的阄，从盘门杀到饮马桥，看见关帝骑着马站在桥上，才跪下来停止杀人。原来关帝画像是前一天晚上醉汉抬到桥上的。李延龄封刀不用，吴地的人感激他的恩德，于是塑像立祠，同时为他建造了牌坊。

祠堂画像

韩中丞祠

在绿水桥东，亦名讲德书院，祀国朝江苏巡抚都御史世琦，吴伟业记。乾隆十九年重修。按《府志》："世琦字心康，蒲州人。康熙元年由顺天巡抚移抚江南，惩前政之弊，加意抚恤，日进士民，询以利病，次第举行，民德之。居八年，以各属逋赋被议去。吴人感其德惠，立祠今所。"

【译文】 韩中丞祠,在绿水桥的东侧,也叫讲德书院,祭祀本朝江苏巡抚、都御史韩世琦,吴伟业有记文。乾隆十九年重新修缮。考查《苏州府志》:"韩世琦字心康,是蒲州人。康熙元年由顺天巡抚调任江南巡抚,把以前政治的弊端作为教训,特别注意抚恤老百姓,每天都招来老百姓,询问利弊,然后按次序去实施,老百姓感激他的恩德。为官八年,因为各部属逃避赋税被指责而免职。吴地的人感激他的恩德,就在现在这个地方为他修建了祠堂。"

顾司空祠

在花园衖内,祀国朝工部侍郎藻。康熙四十三年巡抚宋荦建,并书"名卿芳俎"额。圣祖南巡,有御制诗书赐悬祠中。乾隆时已废,嘉庆初年元和知县王有庆复建。按《府志》:"藻字懿朴,长洲人。康熙丙戌进士,由庶吉士历官至工部左侍郎,屡任学政,以清正闻。治高堰堤工,著劳绩。殁于官,赐地巘山,予祭葬。奉旨立庙今所,春秋崇祀。"

【译文】 顾司空祠,在花园衖内,祭祀清朝工部侍郎顾藻。康熙四十三年由巡抚宋荦修建,并书写"名卿芳俎"匾额。圣祖皇帝到南方巡视,有皇帝撰写的诗书赏赐并悬挂在祠堂中。顾司空祠在乾隆时已经废弃,嘉庆初年元和知县王有庆重新修建。考查《苏州府志》:"顾藻字懿朴,是长洲人。康熙丙戌年考中进士,由庶吉士升官至工部左侍郎,多次任学政,以清廉正直而闻名。修筑高堰堤防工程,功劳显著。在任内去世,皇帝赏赐了巘山这块土地,准许进行追悼、安葬的仪式和活动。遵照皇帝的旨意在现在这个地方建立庙宇,每年春秋进行祭祀。"

怡贤亲王祠

在山塘。雍正八年建。今改为报恩寺。

【译文】 怡贤亲王祠,在山塘。雍正八年修建。现在改为报恩寺。

金文通公祠

在虎丘山,祀国朝太傅内秘书院大学士之俊。按《府志》:"之俊字彦章,吴江人,徙郡城。万历己未进士,历官中外,皆有政绩。擢金都御史巡抚京东,督治昌平。进兵部,添注右侍郎。李自成陷京师,被执受刑。贼败,归本朝,仍授前职。调吏部,晋工部尚书,改兵部,改左都御史,升吏部尚书,晋国史院大学士。乙未主会试,以更定官制,为中和殿大学士,历加太傅,改内秘书院大学士。康熙元年致仕卒,年七十有七,谥文通。之俊以才干受知世祖,恩礼优渥。明江浙白粮民运,至破家,之俊疏陈其害,遂改官运。著有《息斋集》行世。"

【译文】 金文通公祠,在虎丘山,祭祀本朝太傅内秘书院大学士金之俊。考查《苏州府志》:"金之俊字彦章,是吴江人,迁徙到郡城。明朝万历己未年考中进士,在朝廷和地方都当过官,均有政绩。提拔为金都御史出任京东巡抚,督率治理昌平。后来又进入兵部,任添注右侍郎。李自成攻陷京城后,金之俊被逮捕受刑。贼寇失败,他又回归朝廷,仍然授予以前的官职。后来又调到吏部,晋升为工部尚书,又调任到兵部,改任左都御史,晋升为吏部尚书及为国史院大学士。乙未年主持会试,因为重新修订官制,任中和殿大学士,先后连续加任太傅,后来又改任内秘书院大学士。康熙元年退休后去世,年七十七岁,赠谥号为文通。金之俊凭借自己的才干受到世祖皇帝的知遇之恩,礼遇优厚。明朝时官府在江浙一带命老百姓漕运上等好米,导致家庭破败,金之俊上书陈述由老百姓漕运粮食的危害,于是就改为由官府来进行漕运。著有《息斋集》流传于世。"

方公祠

在虎丘,即金粟山房,康熙二十二年建,祀国朝分守苏松常道国栋,汪琬记。按《府志》:"国栋字干霄,宛平人。康熙十二年莅任,律己甚严,事亲至孝,赈荒筑堤,育婴待士,多惠政。后以奉檄采木宜兴,蒙疾殁于官。民哀慕之,因立祠今所。"

【译文】 方公祠,在虎丘,就是金粟山房,康熙二十二年修建,祭祀本朝苏松常道守方国栋,汪琬写有记文。考查《苏州府志》:"方国栋字干霄,是宛平人。康熙十二年到任,要求自己非常严格,侍奉父母特别孝顺,救济灾荒修筑堤坝,养育儿童善待士人,实行了很多惠民的政策。后来因为奉官府的文书到宜兴采伐树木,得病死在任内。老百姓哀悼仰慕他,于是在现在这个地方为他修建了祠堂。"

顾吏部太仆合祠

在山街东,祀国朝吏部员外郎予咸,彭定求记。祔祀恤赠太仆尔昌。按《府志》:"予咸字小阮,长洲人。顺治丁亥进士,授宁晋知县,治盗有功,平赋役,调知山阴,两举卓异,擢刑部主事,调迁考功员外郎。移疾家居,以刚直忤大吏,坐事系狱,论绞,奉旨复官。寻入,以奏销案落职。居乡风采峻洁,为后学所惮。殁后数十年,里人祀之。孙尔昌,官宁夏知府,乾隆三年地震死。事闻,赠太仆寺少卿,赐祭葬,荫一子。"

【译文】 顾吏部太仆合祠,在山街的东侧,祭祀清朝吏部员外郎顾予咸,彭定求写有记文。一起祭祀的还有他的孙子、恤赠太仆顾尔昌。考查《苏州府志》:"顾予咸字小阮,是长洲人。顺治丁亥年考中进士,授官宁晋知县,因为成功地治理了盗贼之患,平抑赋税徭役负担,调任山阴知县,两任知县政绩卓著,提升为刑部主事,调任考功员外郎。因病回家休养居住时,因为刚烈正直而触犯了大官,定罪下狱,判处绞刑,后来皇帝下旨恢复了他的官职。不久入朝为官,因为奏销案而被免职。他在故乡居住时,为人严正廉洁,被后进的读书人所畏惧。几十年为官,乡里人开始祭祀他。他的孙子顾尔昌,官任宁夏知府,乾隆三年因地震而死。事迹被皇帝知道,赠太仆寺少卿,赐予进行追悼、安葬的仪式和活动,封赏了他的一个儿子。"

石公祠

在山麓,祀国朝苏州府知府文焯。按《府志》:"文焯,奉天正白旗监生。康熙四十四年六月莅任,越明年,劾去。守苏时历有善政,士民感之。"

【译文】 石公祠,在山脚下,祭祀本朝苏州府知府石文焯。考查《苏州府志》:"石文焯,奉天正白旗的监生。康熙四十四年六月到任,第二年,被检举揭发罪状而罢免。任苏州太守时连续实施了好的政策,老百姓感激他。"

慕公祠

在井亭衖口,亦名静宁书院,祀国朝江苏巡抚天颜。按《府志》:"天颜字鹤鸣,静宁人。顺治十二年进士,累官至江苏巡抚,历上减粮等七疏,又条上免坍荒、停捐例等八疏。后坐他事,降调去任。"

【译文】 慕公祠,在井亭衖口,也叫静宁书院,祭祀本朝江苏巡抚慕天颜。考查《苏州府志》:"慕天颜字鹤鸣,是甘肃静宁人。顺治十二年考中进士,逐步升官至江苏巡抚,曾先后七次向朝廷请求减免征收粮食等,又八次上书分条陈述免除坍荒之地的粮赋、停止出钱捐官的规则惯例等。后来因为别的事触犯法律,降职调任离开了本地。"

汤文正公祠

在虎丘西原,祀国朝江苏巡抚都御史斌。乾隆九年建,陈大受记。按《府志》:"斌字孔伯,号潜庵,睢州人。顺治九年进士,康熙二十三年由内阁学士擢江苏巡抚,历有政绩。性澹泊,居官不以丝毫扰民,每食惟脱粟豆羹,民间呼为'豆腐汤'。诏擢礼部尚书,掌詹事府事。去日,乞留者万计。卒后,吴人建祠郡学西,肖像祀之。雍正十二年崇祀贤良祠。乾隆元年追谥文正。九年,郡人感其德,又建祠今所。"

【译文】 汤文正公祠,在虎丘西面的平地上,祭祀本朝江苏巡抚都御史汤斌。乾隆九年修建,陈大受写有记文。考查《苏州府志》:"汤斌字孔伯,号潜庵,是睢州人。顺治九年考中进士,康熙二十三年由内阁学士提升为江苏巡抚,一贯有政绩。性情淡泊,任官时从不烦扰老百姓,每顿饭只吃糙米豆羹,民间称为'豆腐汤'。皇帝下令提拔他为礼部尚书,掌管詹事府的事情。离开江苏的那一天,请求他留下的人数以万计。他去世后,吴地的人在郡学西侧修建祠堂,为他画像设祭。雍正十二年,又在贤良祠祭祀。乾隆元年追赠谥号为文正。乾隆九年,本郡人感激他的美德,又在现在这个地方修建祠堂。"

宋文恪公祠

在虎丘二山门,祀国朝大学士德宜。

按《府志》:"德宜字右之,明御史学朱子。顺治乙未进士。累官至文华殿大学士,加太子太傅。康熙二十六年以疾卒于官,年六十有二。历有政绩。与兄德宸、弟德宏早著文誉,一时有三宋之目。谥文恪,予祭葬。"

【译文】 宋文恪公祠,在虎丘二山门,祭祀本朝大学士宋德宜。考查《苏州府志》:"宋德宜字右之,明朝御史宋学朱的儿子。顺治乙未年考中进士。最终官至文华殿大学士,加太子太傅。康熙二十六年因病死在任内,年六十二岁。为官一向有政绩。他和他的哥哥宋德宸、弟弟宋德宏早就在文采方面声誉显著,曾获得"三宋"的美称。谥号为文恪,赐予进行追悼、安葬的仪式和活动。"

顾孝靖先生祠

在普济桥西,祀国朝旌表孝子天朗。子宗人府府丞沂衬。按《府志》:"天朗字开一,长洲人。少负才名,顺治丙戌副榜,为官学教习,考授知县,以母老不就选。母病,侍汤药,积瘵成疾。及母殁,甫殓,一恸而卒,年六十七,时谓死孝。有司上闻,立祠。康熙癸未圣祖南巡,子沂奏父孝行,御赐'孝靖'二字褒之。沂字伊在,康熙癸丑进士,累官至河南巡抚,历迁宗人府府丞,致仕卒。沂少年勤学能文,居官谨恪,里人建坊表焉。"

【译文】 顾孝靖先生祠,在普济桥的西侧,祭祀清朝旌表孝子顾天朗。他的儿子宗人府府丞顾沂也一起在这里祭祀。考查《苏州府志》:"顾天朗字开一,是长洲人。年少时因才华出众而负有盛名,是顺治丙戌年的副榜贡生,出任官学教习,经考试授予知县,因为母亲年老而不就任。母亲患病,侍奉汤药,积劳成疾。等到母亲去世,刚刚入殓,他就因悲痛而死,年六十七岁,当时人称他是死孝。官府听到这件事,为他建立了祠堂。康熙癸未年圣祖皇帝到江南巡视,他的儿子顾沂向皇帝上书陈述父亲的孝行,皇帝赐给'孝靖'二字褒奖他。顾沂字伊在,康熙癸丑年考中进士,官至河南巡抚,曾任宗人府府丞,退休后去世。顾沂年少时学习勤奋,擅长写文章,为官谨慎严格,乡里人为他修建了牌坊。"

吴郡守祠

即清和书院,在虎丘二山门内,祀国朝苏州府知府道煌。按《府志》:"道煌字瑶如,宛平人。顺治二年进士,康熙二年知苏州府事。六年,郡人顾予咸感其循政,请祠于此,宋德宜记。"

【译文】 吴郡守祠,就是清和书院,在虎丘二山门内,祭祀本朝苏州府知府吴道煌。考查《苏州府志》:"吴道煌字瑶如,是宛平人。顺治二年考中进士,康熙二年出任苏州知府。康熙六年,本郡人顾予咸有感于他的良好政绩,请求在这里为他修建祠堂,宋德宜写有记文。"

卢郡守祠

在山浜内,祀国朝苏州府知府腾龙。按:腾龙字天御,奉天镶白旗贡生。康熙三十八年六月莅任,四十四年二月升陕西洮岷道去。

【译文】 卢郡守祠,在山浜内,祭祀本朝苏州府知府卢腾龙。据考查:卢腾龙字天御,是奉天镶白旗的贡生。康熙三十八年六月出任苏州知府,康熙四十四年二月因升任陕西洮岷道而离开苏州。

钱公祠

在白莲池上,祀国朝南韶总兵嘉。嘉庆十六年其四世孙思九建,潘奕隽记。二十年五世孙秀来复增立武肃王以下四王与嘉之曾祖父三代木主。按《府志》:"嘉字麟图,常熟人。少孤贫,有膂力,以行伍起家,为千夫长,擢泰州营游击,升福建提标中军参将,以平台功,为广东春江协镇。历官至南韶总兵官,康熙四十一年卒于任。今子孙寄籍长洲。"

【译文】 钱公祠,在白莲池的上面,祭祀本朝南韶总兵钱嘉。嘉庆十六年他的四世孙钱思九修建,潘奕隽有记文。嘉庆二十年他的五世孙钱秀来又增立武肃王以下四王和钱嘉的曾祖父三代的牌位。考查《苏州府志》:"钱嘉字麟图,是常熟人。年少时父亲去世家境贫穷,有体力,以当兵打仗起家,出任千夫长,后提拔为泰州营游击,又升福建提标中军参将,因为平定台湾有功,升为广东春江协镇。最后官至南韶总兵官,康熙四十一年死在任内。现在他的子孙寄居在长洲。"

九贤祠

在野芳浜,祀明清流县蒋育馨、天津参议副司蒋灿、都督浙江总兵谥忠烈蒋若来、廪生私谥贞白先生蒋垣、奉天治中蒋圻、乐清县知县蒋埴、兵部观政进士蒋德埈、中书舍人赠侍郎蒋之遂、光禄寺少卿蒋文澜。

【译文】 九贤祠,在野芳浜,祭祀明朝清流县蒋育馨、天津参议副司蒋灿、都督浙江总兵谥号忠烈蒋若来、廪生私谥贞白先生蒋垣、奉天治中蒋圻、乐清县知县蒋埴、兵部观政进士蒋德埈、中书舍人赠侍郎蒋之遂、光禄寺少卿蒋文澜。

柳贞烈祠

在虎丘山南,祀国朝烈妇依依。道光五年吴云建。按:柳氏依依,字灵和,维扬人。年十六归于方,舅宦浙东,夫往省,殁于官舍,十八而寡。顺治乙酉,被土兵所掠,攘袂奋骂不辱,闭置幽室中,绝食七日而死,年才二十有一。柳工小词,乾隆乙巳海门司马署中乩盘录出,今勒石于祠。额

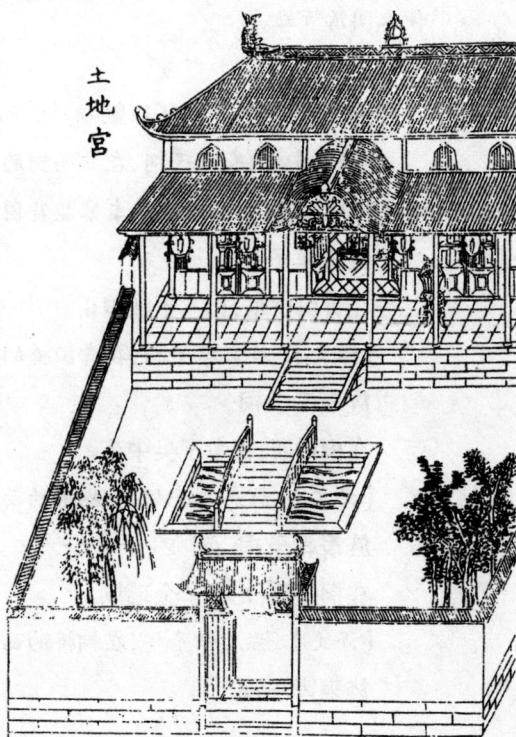

土地宫

曰"捐生完节",吴云书。又曰"江上风清",陶澍书。联曰"英媛俨飞仙,灵魄来栖兹土;
姽嫿乃才女,清词传播于今",吴信中书。又曰"密室委贞魂,明月已迷薶玉地;清流湔靡
俗,晓风如拜露筋祠",陈銮书。吴周钤《柳贞烈祠》诗云:"维扬女士死节者,余事篇章见
风雅。新词如欲抗屯田,贞魄应羞随半野。惜无彤管传其实。耿耿精灵乩语述。(柳死后
有降乩词八首,小诗一章。)台官建祠特表彰,非真祈福为一方。('福及一方'见乩语。)山塘自
古称佳丽,俎豆应存激扬意。银河矢洁定生天,长使人间清节励。"

【译文】 柳贞烈祠,在虎丘山的南侧,祭祀本朝烈妇柳依依。是道光五年由吴云修建
的。据考查:柳依依,字灵和,扬州人。十六岁嫁入姓方的家族,舅舅在浙东当官,丈夫前
往看望,死在专门接待来往官员的宾馆,柳依依十八岁便成了寡妇。顺治乙酉年,柳依依
被地方土军掠走,她将起袖子大声叫骂不肯屈服,地方土军把她囚禁在幽暗的屋子中,绝
食七天而死,年龄才二十一岁。柳依依生前善于创作小词,乾隆乙巳年在海门司马署中
扶乩时有词显现于木盘上,现在刻在祠堂里的石头上。匾额"捐生完节",是吴云书写的。
又有匾额"江上风清",是陶澍书写的。楹联"英媛俨飞仙,灵魄来栖兹土;姽嫿乃才女,清
词传播于今",是吴信中书写的。又有楹联"密室委贞魂,明月已迷薶玉地;清流湔靡俗,
晓风如拜露筋祠",是陈銮书写的。吴周钤《柳贞烈祠》诗说:"维扬女士死节者,余事篇
章见风雅。新词如欲抗屯田,贞魄应羞随半野。惜无彤管传其实,耿耿精灵乩语述。台官
建祠特表彰,非真祈福为一方。山塘自古称佳丽,俎豆应存激扬意。银河矢洁定生天,长
使人间清节励。"

旌表孝子祠

在井亭衖东,祀孝子唐肇虞。裔孙文栋蠲置义田五百亩,以赡族人。

【译文】 旌表孝子祠,在井亭衖的东侧,祭祀孝子唐肇虞。他的后世子孙唐文栋捐资
置买土地五百亩,用以赡养本家族贫困的人。

旌表孝子祠

在青山桥东,祀孝子江国正。

【译文】 旌表孝子祠,在青山桥的东侧,祭祀孝子江国正。

旌表孝子祠

在桐桥西,祀孝子吴中英。

【译文】 旌表孝子祠,在桐桥的西侧,祭祀孝子吴中英。

旌表孝子祠

在桐桥西,祀孝子金瑞凤。

【译文】 旌表孝子祠,在桐桥的西侧,祭祀孝子金瑞凤。

旌表孝子祠

在山塘,祀孝子杨楚。

【译文】　旌表孝子祠,在山塘,祭祀孝子杨楚。

旌表孝子祠

在望山桥下塘东,祀孝子计廉善。

【译文】　旌表孝子祠,在望山桥下塘的东侧,祭祀孝子计廉善。

旌表孝子祠

在塔影浜道南书院右,祀孝子杨师曾。

【译文】　旌表孝子祠,在塔影浜道南书院的右侧,祭祀孝子杨师曾。

节妇祠

在虎丘山南清节堂旁,嘉庆十九年陈道修建,祀节妇之殁于堂者。

【译文】　节妇祠,在虎丘山南侧清节堂的旁边,嘉庆十九年由陈道修建,祭祀那些死在大堂上而有节操的妇女。

旌表节孝祠

在桐桥东,祀吕大绵妻袁氏。

【译文】　旌表节孝祠,在桐桥的东侧,祭祀吕大绵的妻子袁氏。

旌表节孝祠

在桐桥西,祀卢之逯妻吕氏。乾隆四十一年建,彭希郑记。

【译文】　旌表节孝祠,在桐桥的西侧,祭祀卢之逯的妻子吕氏。乾隆四十一年修建,彭希郑写有记文。

旌表节孝祠

在山塘,祀许仁绪妻潘氏。

【译文】　旌表节孝祠,在山塘,祭祀许仁绪的妻子潘氏。

旌表节孝祠

在山塘,祀陈松妻张氏。

【译文】　旌表节孝祠,在山塘,祭祀陈松的妻子张氏。

旌表节孝祠

在山塘,祀祝恺妻施氏。

【译文】　旌表节孝祠,在山塘,祭祀祝恺的妻子施氏。

旌表节孝祠

在后山,祀陈明贤妻沈氏。

【译文】　旌表节孝祠,在后山,祭祀陈明贤的妻子沈氏。

旌表节孝祠

在二山门,祀李永芳妻陆氏。

【译文】 旌表节孝祠,在二山门,祭祀李永芳的妻子陆氏。

旌表节孝祠

在斟酌桥东,祀王堃妻朱氏。

【译文】 旌表节孝祠,在斟酌桥的东侧,祭祀王堃的妻子朱氏。

旌表节孝祠

在桐桥北,祀吴明山继妻李氏。

【译文】 旌表节孝祠,在桐桥的北侧,祭祀吴明山的继妻李氏。

旌表节孝祠

在普济桥北,祀陈溶妻吴氏。

【译文】 旌表节孝祠,在普济桥的北侧,祭祀陈溶的妻子吴氏。

旌表节孝祠

在桐桥西,祀汪学亮妻陈氏。

【译文】 旌表节孝祠,在桐桥的西侧,祭祀汪学亮的妻子陈氏。

旌表节孝祠

在野芳浜,祀吴德年妻程氏。

【译文】 旌表节孝祠,在野芳浜,祭祀吴德年的妻子程氏。

旌表节孝祠

在野芳浜,祀王璠妻黄氏。

【译文】 旌表节孝祠,在野芳浜,祭祀王璠的妻子黄氏。

旌表节孝祠

在山浜,祀龚文俊妻邹氏。

【译文】 旌表节孝祠,在山浜,祭祀龚文俊的妻子邹氏。

旌表节孝祠

在引善桥南,祀金名标妻周氏。

【译文】 旌表节孝祠,在引善桥的南侧,祭祀金名标的妻子周氏。

旌表节孝祠

在桐桥西,祀孙洪绪妻文氏。

【译文】 旌表节孝祠,在桐桥的西侧,祭祀孙洪绪的妻子文氏。

旌表节孝祠

在毛家桥,祀陆元登妻吴氏。

【译文】　旌表节孝祠，在毛家桥，祭祀陆元登的妻子吴氏。

旌表节孝祠

在孙武子祠内，祀孙枝生妻许氏。

【译文】　旌表节孝祠，在孙武子祠内，祭祀孙枝生的妻子许氏。

旌表节孝祠

在桐桥西，祀贝启祚妻程氏，黄子云记。

【译文】　旌表节孝祠，在桐桥的西侧，祭祀贝启祚的妻子程氏，黄子云写有记文。

旌节祠

在普济桥南，祀张宗福妻程氏。乾隆六年建，阮学浚记。

【译文】　旌节祠，在普济桥的南侧，祭祀张宗福的妻子程氏。乾隆六年修建，阮学浚写有记文。

旌节祠

在山塘，祀汪大训妻程氏。

【译文】　旌节祠，在山塘，祭祀汪大训的妻子程氏。

旌表贞孝祠

在报恩寺东，祀陶松龄聘室张氏。乾隆十七年建。

【译文】　旌表贞孝祠，在报恩寺的东侧，祭祀陶松龄的未婚妻张氏。乾隆十七年修建。

旌表贞孝祠

在山浜，祀杨友兰妻周氏。

【译文】　旌表贞孝祠，在山浜，祭祀杨友兰的妻子周氏。

旌表烈妇祠

在山塘张公祠东，祀严灿妻顾氏。

【译文】　旌表烈妇祠，在山塘张公祠的东侧，祭祀严灿的妻子顾氏。

旌表烈妇祠

在绿水桥东，祀烈妇沈门金氏。祠中有'烈并磨笄'扁。

【译文】　旌表烈妇祠，在绿水桥的东侧，祭祀节烈妇人沈金氏。祠堂中有"烈并磨笄"匾额。

旌表双节孝祠

在桐桥西，祀沈功安妻秦氏、子沈文渊妻程氏。

【译文】　旌表双节孝祠，在桐桥的西侧，祭祀沈功安的妻子秦氏、儿子沈文渊的妻子程氏。

城隍庙

旌表双节孝祠

在望山桥下塘东,祀计承翰妻彭氏、弟计承藩妻程氏。

【译文】 旌表双节孝祠,在望山桥下塘的东侧,祭祀计承翰的妻子彭氏、计承翰之弟计承藩的妻子程氏。

旌表三世节孝祠

在白姆桥西,祀增广生项璧妻周氏、诸生项元求妻支氏、项德树妻王氏。

【译文】 旌表三世节孝祠,在白姆桥的西侧,祭祀增广生项璧的妻子周氏、诸生项元求的妻子支氏、项德树的妻子王氏。

华氏家祠

在东山浜。

【译文】 华氏家祠,在东山浜。

程氏家祠

在清节堂后。

【译文】 程氏家祠,在清节堂的后面。

郡厉坛

在虎丘二山门内,长洲、元和、吴县俱附祭于此。坛制,累石为之,纵横各三丈,高四尺。坛侧有崇祯十一年巡抚张国维禁杂派虎丘差税碑。每岁春清明日、秋七月望、冬十月朔,以仪从迎府县城隍神至坛,读钦依祭文,祭阖郡无祀鬼神。府官主祭,三县官陪祀。顾樵《竹枝词》云:"百神赛社过山塘,麦饭何曾及国王。霸业销沉无处问,一抔荒土共真娘。"又,顾志冲《吴中岁时竹枝词》云:"会称三节首清明,虎阜游人逐队行。一带珠帘临水映,白公堤畔画船横。"

【译文】 郡厉坛,在虎丘二山门内,长洲、元和、吴县都到这里合祭。郡厉坛的形制,用石头垒砌而成,长宽各三丈,高四尺。坛的一侧有纪念明朝崇祯十一年巡抚张国维禁止征收虎丘一地杂税的石碑。每年春天的清明节、秋天的七月十五、冬天的十月初一,用仪仗迎接府县的城隍神到郡厉坛,宣读皇帝批准的祭文,祭祀全郡的无祀鬼神。府官主持祭祀,三个县的县官陪同祭祀。顾樵《竹枝词》说:"百神赛社过山塘,麦饭何曾及国王。霸业销沉无处问,一抔荒土共真娘。"又有顾志冲《吴中岁时竹枝词》说:"会称三节首清明,虎阜游人逐队行。一带珠帘临水映,白公堤畔画船横。"

卷五 冢墓 塔院 义冢

冢 墓

吴王阖闾墓

《姑苏志》云："在剑池下。"《艺文类聚》云："阖闾葬于国西北,穿土为山,积壤为丘,发五郡之士十万人共治,十里使象,挏土凿池,四周水深丈余。铜椁三重。濒为池,池广六十步,黄金珠玉为凫雁,扁诸之剑、鱼肠三千在焉。葬三日,金精上扬,化为白虎据坟。"《述异记》云:"阖闾夫人墓,周回十里。别馆洞房,逶迤相属,漆灯照烂如日月焉。尤异者,金蚕玉燕,各千余双。"《汉书》:阖闾违礼厚葬,十有余年,越人发之。或云墓即今虎丘寺法堂基也。明王伯稠《阖闾墓》诗云:"青山白虎啸空回,古冢秋风荆棘哀。地下三千神剑在,如何不断越兵来。"国朝陈培脉诗云:"夫椒往事最堪伤,词客频来吊墓旁。高阜至今传虎踞,寒泉终古殉鱼肠。钟声断续流山涧,霸气销沉付夕阳。欲向生公问兴废,可中亭畔月苍苍。"

【译文】 吴王阖闾墓,《姑苏志》说:"在剑池的下面。"《艺文类聚》说:"阖闾埋葬在吴国的西北部,挖土堆成山,堆土成为丘,征调五个郡的十万人共同修建,十里距离使用大象,运土凿池,四周水深一丈多。铜质的棺椁有三层。弥漫无际的是池水,池水宽六十步,用黄金珠玉制作成野鸭和大雁之形,像扁诸、鱼肠这样的名剑有三千支在池水中。埋葬三天以后,金精之气

规模巨大的陵墓

75

上扬,化为白虎盘踞在坟上。"《述异记》说:"阖闾夫人的坟墓,周围十里。离宫别馆房舍幽深,连绵相接,明亮的灯光照耀像日月一样。尤其奇特的是,用金做的蚕用玉做的燕,各有一千多双。"《汉书》:阖闾违反礼制进行厚葬,十多年后,越国人掘开了他的坟墓。有人说阖闾墓就是现在虎丘寺法堂的基址。明王伯稠《阖闾墓》诗说:"青山白虎啸空回,古冢秋风荆棘哀。地下三千神剑在,如何不断越兵来。"清朝陈培脉诗说:"夫椒往事最堪伤,词客频来吊墓旁。高阜至今传虎踞,寒泉终古殉鱼肠。钟声断续流山涧,霸气销沉付夕阳。欲向生公问兴废,可中亭畔月苍苍。"

吴女坟

见《吴郡志》:"在吴县西北。"《府志》:"阊门外六里。"《吴越春秋》:"阖闾女曰胜玉,王与夫人及女会食蒸鱼,王前尝半而与女,女怒曰:'王食鱼辱我。'乃自杀。阖闾痛之,葬于阊门外。凿池积土,文石为椁,题凑为中,以金鼎玉杯、银尊珍襦之宝送女。乃舞白鹤于市,令民随观,使男女与鹤俱入羡门,因发机掩之。又取土时,其地遂成湖,号女坟湖。"《越绝书》:"阖闾子女冢,在阊门外道北。下方池广四十八步,水深二丈五尺。池广六十步,水深丈五尺。通姑胥门,并周六里。"《太平御览》引《吴地记》:"阊门外女坟者,阖闾女墓。文石为椁,藏金玉珍玩,以人从死。高坟深池,池水成湖,与虎丘俱见发掘,无所得也。"《寰宇记》:"《郡国志》:玉女坟在郭西,以水绕坟,因名女坟湖。"《图经续记》:"一说夫差女,名幻玉,愿与韩重为偶,不果,结怨而死。葬阊门外,祭之。其女化形而歌曰:'南山有鸟,北山张罗。鸟既高飞,罗将奈何。志愿从君,谗言孔多。悲怨成疾,没身黄坡。'坟之为湖,或曰墓所陷也,或曰取土为坟,凿而成之。"

【译文】 吴女坟,见文肇祉《虎山丘志》:"吴女坟在吴县西北。"《苏州府志》:"吴女坟在阊门外六里。"《吴越春秋》:"阖闾的女儿叫胜玉,吴王和夫人以及女儿一起吃蒸鱼,吴王先吃一半而给女儿,女儿愤怒说:'您用吃鱼来侮辱我。'于是就自杀了。阖闾很悲痛,把女儿埋葬在阊门外。凿池堆土,用雕刻花纹的石头做成棺椁,椁室用大木垒积而成,大木的一端指向中心(这是古代规格极高的丧葬形式),用金鼎玉杯、银尊珍襦这些宝物祭送女儿。然后让白鹤在街市上起舞,吸引老百姓跟随着观看,让男男女女和鹤一起进入墓门,趁机打开机关把这些人活埋。又因为取土时,那个地方被挖成了湖,所以叫女坟湖。"《越绝书》:"阖闾女儿的坟墓,在阊门外道北。下方池水宽四十八步,水深二丈五尺。池水宽六十步,水深一丈五尺。直通姑胥门,合在一

水乡出殡

起周长六里。"《太平御览》引《吴地记》："阊门外的女坟,是阖闾女儿的坟墓。用雕刻花纹的石头做成棺椁,埋藏金玉珍宝等供人玩赏的东西,并以活人陪葬。高高的坟丘四周是深深的池水,池水形成了湖,坟墓曾和虎丘一起被挖掘,一无所获。"《寰宇记》:"《郡国志》:玉女坟在城西,以水环绕着坟墓,于是叫女坟湖。"《图经续记》:"一说夫差的女儿,名字叫幻玉,她希望和韩重结婚,不能实现,结下怨恨而死。她被埋葬在阊门外,受到祭祀。夫差之女显现身形而唱道:'南山有鸟,北山张罗。鸟既高飞,罗将奈何。志愿从君,谗言孔多。悲怨成疾,没身黄坡。'坟墓变成了湖,有人说是坟墓下陷形成的,也有人说是因为取土修建坟墓,凿地而形成的。"

古贤莫格墓

《越绝书》:"在虎丘山北,去县十里。"顾诒禄《志》:"莫格,古贤人避世者。"按:山后有莫家巷、莫家浜,即墓所也。

【译文】 古贤莫格墓,《越绝书》:"在虎丘山的北侧,距离县城十里。"顾诒禄《虎丘山志》:"莫格,是古代有德有才避世隐居的人。"据考查:山后有莫家巷、莫家浜,就是莫格墓所在地。

先贤澹台子灭明墓

顾诒禄《志》:"相传张士诚筑城虎丘,土中得石刻曰'澹台灭明之墓'。"按《史记》:"澹台子,武城人。"《正义》云:"墓在今兖州邹城县。"然《史》又云:"子羽南游至江,弟子三百人,名施诸侯。"苏州澹台湖是其遗迹可证。或曰先藁葬于吴,后迁于鲁,未可知也。

【译文】 先贤澹台子灭明墓,顾诒禄《虎丘山志》:"相传张士诚在虎丘修筑城墙,在土中得到一块石头,上面刻着'澹台灭明之墓'。"考查《史记·仲尼弟子列传》:"澹台子,是武城人。"《史记》说:"墓在现在的兖州邹城县。"可是《史记·仲尼弟子列传》又说:"澹台灭明南游到长江,有弟子三百人,名声传扬到各诸侯国。"苏州的澹台湖是其遗迹,是有证据的。有人说澹台灭明先草草埋葬在吴国,后来迁葬到鲁国,是否如此就不知道了。

唐幽独君墓

《郡阁雅谈》云:"唐大历十三年,虎丘寺有鬼题诗,隐于石壁之上,自称幽独君,后有一诗答幽独君者。苏州观察使李道昌异其事,遂具奏闻,敕令致祭。后数日二诗俱没,复隐出一绝云:'幽冥虽异路,平昔忝攻文。欲知潜寐处,山北两孤坟。'今山寺之北有二冢,甚高大,荆榛丛蔚。询诸耆艾,莫知为何人所葬。"唐皮、陆有《追和幽独君》魂诗。又宋杨备,元周南老,明高启、邵濂、郑日奎,俱有吊幽独君作。

【译文】 唐幽独君墓,《郡阁雅谈》说:"唐朝大历十三年,虎丘寺有鬼魂题诗,隐隐约约出现在石壁上,自称幽独君,后来又出现一首答幽独君的诗。苏州观察使李道昌觉得这件事很奇怪,于是就上奏给皇帝知道,皇帝下令进行祭祀。几天后这两首诗都消失了,石壁山又显现一首绝句说：'幽冥虽异路，平昔忝攻文。欲知潜瘗处，山北两孤坟。'现在虎丘寺的北侧有两座坟，非常高大，荆棘灌木茂密丛生。向老年人询问这件事，没有谁知道埋葬的是什么人。"唐朝皮日休、陆龟蒙有《追和幽独君》诗。宋朝的杨备，元朝的周南老，明朝的高启、邵濂、郑日奎，都有悼念幽独君的文章。

唐河南法曹参军张从师墓

在虎丘西原。《吴郡志》："张说撰墓表。"按：乾隆《府志》以此文见《毗陵集》，遂辨为非张燕公作。第唐人集多经后人编窜，两集互取，以唐有两上元纪年，但考从师祖损之犹仕隋时，以是证之，此作误入于《独孤集》，恐不止茅亭一记矣。说见任《志》。

【译文】 唐河南法曹参军张从师墓，在虎丘西侧的平地上。《吴郡志》："张说撰写墓表。"据考查：乾隆《苏州府志》因此文见于《毗陵集》，于是就分析不是张说所作。只是唐朝人的文集多经后人编辑改动，两个文集互相收录，因为唐朝有两个上元纪年，但考查张从师的祖父张损之还在隋朝任官职，以此证明，这篇文章误入于《独孤集》，恐怕还不止茅亭这一篇记文。这种观点见于任兆麟《虎阜志》。

唐真娘墓

《姑苏志》《图经》俱云在云岩寺西南山下。唐时吴之妓人，李绅《诗序》云："歌舞有名，死葬虎丘寺前，吴中少年从其志也，墓多花草，以蔽其上。"《云溪友议》："吴门女郎真娘，死葬虎丘山，时人比之苏小小云。"墓碑遭明季兵燹，已沦弃。乾隆十年海陵陈镆覆亭其上，重立"古真娘墓"四字石碣，并记。按《府志》："刘禹锡《虎丘真娘墓》诗一卷，禹锡以下共二十三人。"近时题者亦众，集隘不及备载，止录吴绮诗云："闹扫低头向水窗，真娘墓畔泪淙淙。当时岂少同心侣，何不鸳鸯葬一双。"又，石韫玉诗云："三字丰碑树墓门，落花和雨殉香魂。扫眉才子知何处，一发青山镜里痕。"又，舒位诗云："北雪南花太等闲，美人一去冷空山。谁知化作身千亿，多在红船六柱间。""歌舞萧凉怨不胜，危峦一角浪千层。若为烧作鸳鸯瓦，黄土青山两莫凭。""紫兰香径愁苏小，青草荒原忆汉妃。等是千秋好颜色，鸟啼花落湿人衣。"

【译文】 唐真娘墓，《姑苏志》《图经》都说在云岩寺西南山下。真娘是唐朝时吴地的歌舞艺人，李绅《诗序》说："真娘唱歌跳舞很有名气，死后埋葬在虎丘寺的前面，吴地的少年按照她的意愿，在坟墓上栽种很多花草，以此来遮蔽坟墓。"《云溪友议》："吴地的女郎真娘，死后埋葬在虎丘山，当时人把她比作名妓苏小小。"墓碑遭到明朝末年战乱的破坏，已经废弃。乾隆十年海陵陈镆在坟墓上修建亭子，重新竖立"古真娘墓"四个字的石碑，同时有记文。考查《苏州府志》："刘禹锡有《虎丘真娘墓》诗一卷，收录了包括刘禹锡及以后共二十三人的诗作。"最近题诗的人也很多，诗集篇幅窄小不能全部收录，只收录吴绮的诗说："闹扫低头向水窗，真娘墓畔泪淙淙。当时岂少同心侣，何不鸳鸯葬一双。"

又有石韫玉的诗说："三字丰碑树墓门，落花和雨殉香魂。扫眉才子知何处，一发青山镜里痕。"又有舒位的诗说："北雪南花太等闲，美人一去冷空山。谁知化作身千亿，多在红船六柱间。""歌舞萧凉怨不胜，危峦一角浪千层。若为烧作鸳鸯瓦，黄土青山两莫凭。""紫兰香径愁苏小，青草荒原忆汉妃。等是千秋好颜色，鸟啼花落湿人衣。"

宋雪崖居士章康墓

《姑苏志》云："在武丘乡。"卢熊《府志》："康字季思，隐居城西，人尊之曰'聘君'，受业朱子之门。淳祐五年忽谓其子曰：'吾死有期。'预书墓盖，明年果卒。"乾隆《府志》作淳祐间进士。

【译文】 宋雪崖居士章康墓，《姑苏志》说："在武丘乡。"卢熊《苏州府志》："章康字季思，隐居在城西，人们尊称他叫'聘君'，受业于朱熹的门下。南宋淳祐五年他忽然对儿子说：'我很快就要死了。'提前书写了墓盖，第二年果然去世了。"乾隆《苏州府志》称他是南宋淳祐年间的进士。

宋太学正顾襄墓

在山下。按《中吴纪闻》："襄字公甫，太学上舍生，名声藉甚。登熙宁九年第，调丹徒尉，召为太学正。元丰五年卒。"

【译文】 宋太学正顾襄墓，在虎丘山下。考查《中吴纪闻》："顾襄字公甫，是太学上舍生，名声很大。北宋熙宁九年参加科举考试考中，调任丹徒县尉，征召为太学正。元丰五年去世。"

宋处士黄居简墓

在虎丘山。按《府志》："居简字元易，建安人。寓吴县南宫乡，所居号澹庵，工诗。嘉熙中卒，通判翁逢龙葬于今所。"

【译文】 宋处士黄居简墓，在虎丘山。考查《苏州府志》："黄居简字元易，是建安人。客居在吴县南宫乡，住所称澹庵，擅长写诗。南宋嘉熙年间去世，通判翁逢龙把他埋葬在现在这个地方。"

宋贡士沈埠墓

在野芳浜西岸，子处士辅墓在东岸。顾诒禄《志》云："两墓仅隔一河。"按《宋史》：埠号胜山，宋咸淳间乡贡进士。宋亡不仕，隐居黄埭村，所居名沈巷，因公得名也。殁葬虎丘新泾，其子孙因墓田所在，入籍卜居。曾捐资筑下塘通衢，造虎丘塔轮，又鬻田代饥民偿赋，世有隐德。明弘治十年三月其曾孙仲升修葺墓表。毛珵有记。

【译文】 宋贡士沈埠墓，在野芳浜的西岸，他的儿子处士沈辅的墓在野芳浜的东岸。顾诒禄《虎丘山志》说："两座墓仅仅相隔一条河。"考查《宋史》：沈埠号胜山，是南宋咸

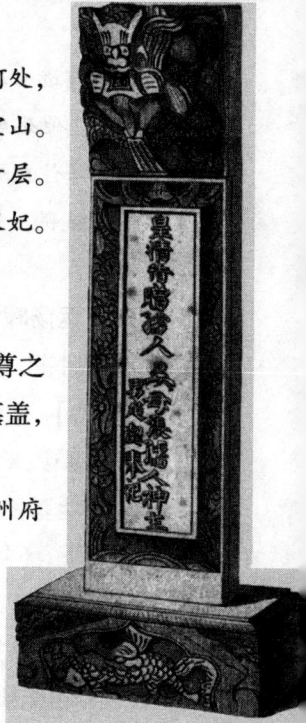

淳年间乡贡进士。宋朝灭亡后不再做官,隐居在黄埭村,所居住的地方叫沈巷,就是因沈埠而得名。他死后埋葬在虎丘新泾,其子孙因为他的墓和田地都在那里,就加入了当地的户籍选择居住在那里。沈埠曾经捐资修筑下塘通衢,制造虎丘塔轮,又卖农田替挨饿的老百姓偿还赋税,一辈子都有大德。明朝弘治十年三月他的曾孙沈仲升修建了墓碑。毛理写有记文。

宋干运汤晖老墓

在西谢巷。《府志》:"子碧山先生弥昌祔葬墓旁,欧阳元铭。"

【译文】 宋干运汤晖老墓,在西谢巷。《苏州府志》:"他的儿子碧山先生汤弥昌也一起埋葬在墓旁,欧阳元撰写墓志铭。"

宋徐兰墓

在山下。《癸辛杂识》云:"兰,淳祐间吴妓,名擅一时。堂馆园池,服食器玩,为三吴之冠。死葬虎丘,太学生边云遇志。"陈基《徐兰墓》诗云:"白云终古葬钗钿,寂寂荒坟尽可怜。艳梦难寻芳草外,香魂应在海棠前。苔花暮雨埋歌扇,兰带春风散舞筵。犹胜苏台浮棹去,湖山无地问婵娟。"

【译文】 宋徐兰墓,在虎丘山下。《癸辛杂识》说:"徐兰,是南宋淳祐年间吴地的歌舞艺人,名声胜过当时的人。厅堂馆舍园林池水,服饰饮食器物珍玩之奢华,在三吴属第一。死后埋葬在虎丘,太学生边云遇撰写墓志。"陈基《徐兰墓》诗说:"白云终古葬钗钿,寂寂荒坟尽可怜。艳梦难寻芳草外,香魂应在海棠前。苔花暮雨埋歌扇,兰带春风散舞筵。犹胜苏台浮棹去,湖山无地问婵娟。"

宋吕浩叟墓

在山下。顾诒禄《志》:"吕浩叟,故宋臣,元兵下江南,出使军前,持节见张弘范,抗词不屈。宋亡,授淮东宣慰使,不就。寓虎丘,构寿乐堂,卒葬其地。"

马蹄形的坟墓

【译文】 宋吕浩叟墓,在山下。顾诒禄《虎丘山志》:"吕浩叟,原来是宋朝的大臣,元朝军队下江南,吕浩叟出使军前,持符节会见张弘范,慷慨陈词不屈服。宋朝灭亡后,元朝授予他淮东宣慰使之职,不去就任,客居虎丘,建造寿乐堂,死后就埋葬在那里。"

行者墩

见文《志》。

【译文】 行者墩,见文肇祉《虎丘山志》。

元乡贡蒋堂墓

文《志》:"在武丘乡。"

【译文】 元乡贡蒋堂墓,文肇祉《虎丘山志》:"在武丘乡。"

元金事范忠墓

文《志》:"在武丘乡,袁桷撰铭。"

【译文】 元金事范忠墓,文肇祉《虎丘山志》:"在武丘乡,袁桷撰写墓志铭。"

元夷孝先生卢观墓

在武丘乡,申屠衡铭。

【译文】 元夷孝先生卢观墓,在武丘乡,申屠衡撰写墓志铭。

元杨椿暨妻王烈妇墓

在西华里。按:椿字子寿,有文艺,尚气节。淮张之乱,椿为总兵脱寅参谋,俾守娄门。张士德兵至,众溃,椿独挺身御之,身被数剑,骂不绝口而死。妻王氏,被发徒跣,冒锋刃,求尸三日,得之张香桥,舁归葬今所。子颖十五岁,女满奴九岁,皆不食,一日卒。见杨维桢《传》、《平吴录》、卢熊《府志》。

【译文】 元杨椿暨妻王烈妇墓,在西华里。据考证:杨椿字子寿,有文才,崇尚气节。元末叛军张士德攻打江南,杨椿任总兵脱寅的参谋,受命把守娄门。张士德的军队到来,众人败退,只有杨椿挺身抵抗,身中数剑,骂不绝口而死。杨椿的妻子王氏,披散着头发光着脚,顶着刀兵,整整三天寻找杨椿的尸体,后来在张香桥找到了杨椿的尸体,抬回去埋葬在现在这个地方。杨椿的儿子杨颖十五岁,女儿杨满奴九岁,都不吃饭,同一天死去。见杨维桢《传》、《平吴录》、卢熊《苏州府志》。

元真姬墓

《长洲县志》:"在虎丘山西二里,俗呼金姬墩。柴闻铨记。"

【译文】 元真姬墓,《长洲县志》:"在虎丘山西二里,俗称金姬墩。柴闻铨写有记文。"

明兖州知府卢熊墓

在武丘乡,高逊志铭。

【译文】 明兖州知府卢熊墓,在武丘乡,高逊撰写墓志铭。

明甘白先生张适墓

在武丘乡,俞贞木铭。

【译文】 明甘白先生张适墓,在武丘乡,俞贞木撰写墓志铭。

明御医张伦墓

《府志》:"在武丘乡,王燧铭。"

【译文】 明御医张伦墓,《苏州府志》:"在武丘乡,王燧撰写墓志铭。"

明光禄卿沈廷扬墓

在虎丘东麓。按《明史》:廷扬字五梅,崇明人。崇祯间上海运事宜,捐资造船。授户部山东司郎中,晋秩光禄寺卿。明亡不屈,戮于江宁淮清桥。妾张氏,尽鬻其衣装,葬公于此。张庐墓二十年,殁后,土人侵占。乾隆五十二年裔孙寿柏等请复旧址,建祠曰"忠烈",任兆麟有记。

【译文】 明光禄卿沈廷扬墓,在虎丘东侧山脚下。考查《明史》:沈廷扬字五梅,是崇明人。明朝崇祯年间上奏海运事宜,捐资造船。授予户部山东司郎中,晋升官职为光禄寺卿。明朝灭亡而不肯屈服,在江宁淮清桥被杀。沈廷扬的妾张氏,卖掉他全部的衣服,把他埋葬在这里。张氏在墓旁建屋居住了二十年,张氏死后,房屋被当地人侵占。乾隆五十二年沈廷扬的后世子孙沈寿柏等请求恢复原址,修建祠堂,名为"忠烈",任兆麟写有记文。

明长洲县丞刘干墓

在山塘普福寺东。按《府志》:"干字孟桢,怀庆人。多善政,士民怀之,衣冠葬焉,人称刘公墩,楼澄记。"墓址被人侵占,道光十六年尤崧镇、顾沅复之。

【译文】 明长洲县丞刘干墓,在山塘普福寺的东侧。考查《苏州府志》:"刘干字孟桢,是怀庆人。实行过很多好的政策,老百姓怀念他,把他的衣服帽子等埋葬在这里,人们称它叫刘公墩,楼澄写有记文。"墓址曾被别人侵占,道光十六年尤崧镇、顾沅又将其复原了。

明乐会知县周泰墓

在半塘,吴宽表。顾诒禄有《重修周公墓记》,云:"公讳泰,字景通。正统戊午举人,授潮阳县教谕,寻以政声擢乐会县,殁于王事。妻娄氏,历万里以公骨归,合葬今所。"

【译文】 明乐会知县周泰墓,在半塘,吴宽立墓碑。顾诒禄有《重修周公墓记》,说:"周公名为泰,字景通。是明朝正统戊午年举人,授予潮阳县教谕,不久因为政绩突出被提升为乐会县知县,在办理重要公务的时候去世了。他的妻子娄氏,行程万里把丈夫的尸骨带回乐会县,两人合葬在现在这个地方。"

明儒士邢参墓

在虎丘西麓,自撰《生圹志》。《长洲志》云:"门人姜圆志墓。"按:参字丽文,长洲县人。教授乡里,著述自娱。正德间应聘修《苏州府志》。妻死不再娶,败床破被,萧然若野僧之居也。有读书房在西原,卒葬于是。见文《志》及《吴中往哲记》并《姑苏名贤小记》。

【译文】 明儒士邢参墓,在虎丘西侧山脚下,生前他撰写了《生圹志》。《长洲志》说:"邢参的弟子姜圆撰写墓志。"据考证:邢参字丽文,是长洲县人。在乡里教学,著书撰文自寻乐趣。明朝正德年间应聘编写《苏州府志》。妻子死后他不再续娶,睡坏床盖破被,家中萧条破败,像山野僧人所居住的地方。有读书房在西侧的平地上,死后就埋葬在这里。见文肇祉《虎丘山志》和《吴中往哲记》以及《姑苏名贤小记》。

明国子祭酒赠礼部侍郎谥文恭刘铉墓

文《志》:"在袁家村,子副使瀚、孙太常启、曾孙工部侍郎畿衬。"

【译文】　明国子祭酒赠礼部侍郎谥文恭刘铉墓，文肇祉《虎丘山志》："在袁家村，其子副使刘瀚、孙子太常刘启、曾孙工部侍郎刘徽都埋葬在这里。"

明处士文惠墓

在花泾，参政祝颢志。子赠太仆少卿涞水教谕洪、元孙伯仁祔。

【译文】　明处士文惠墓，在花泾，山西布政司右参政祝颢撰写墓志。他的儿子、赠太仆少卿涞水教谕文洪、玄孙文伯仁也埋葬在这里。

明中顺大夫琼州府知府任孜暨恭人蔡婉墓

在武丘乡，徐缙表。子训导之重祔。九世孙国朝贡士文纯先生思谦墓在东，钱大昕志铭，鲁仕骥表。按：孜后改名敏，字懋善。正统九年举乡试，戊辰进士，历官至琼州太守。治臻上理，有文翁、龚遂之风。以积瘁卒于任，贫不能敛，寮吏饮之以归。

【译文】　明中顺大夫琼州府知府任孜暨恭人蔡婉墓，在武丘乡，徐缙立墓碑。任氏夫妇的儿子、训导任之重也埋葬在这里。九世孙、本朝贡士文纯先生任思谦的墓在东侧，钱大昕撰写墓志铭，鲁仕骥立墓碑。据考证：任孜后来改名叫任敏，字懋善。明朝正统九年参加乡试，戊辰年考中进士，先后连任官职至琼州太守。治理政事达到完美，有西汉的文翁、龚遂的风格。因为积劳成疾死在职位上，家贫不能安葬，得到他手下的官吏资助才归葬于此。

明都察院右佥都御史文森暨恭人谈氏墓

在花泾先茔西，从子征明志。

【译文】　明都察院右佥都御史文森暨恭人谈氏墓，在花泾先茔的西侧，他的侄子文征明撰写墓志。

明翰林院待诏贞献先生文征明墓

在花泾祖茔西，黄佐志铭，吴子孝表。子和州学正嘉、孙元善祔，王稚登志。

【译文】　明翰林院待诏贞献先生文征明墓，在花泾祖茔的西侧，黄佐撰写墓志铭，吴子孝立墓碑。他的儿子、和州学正文嘉，孙子文元善也埋葬在这里，王稚登撰写墓志。

明国子博士徐祯卿墓

在西麓，王守仁志。按《明史》：祯卿字昌谷，一字昌国。弘治乙丑进士，除大理寺左寺副，坐失囚，降国子博士。少与祝允明、唐寅、文征明齐名，号吴中四才子。

【译文】　明国子博士徐祯卿墓，在西面的山脚下，王守仁撰写墓志。考查《明史》：徐祯卿字昌谷，

一字昌国。明朝弘治乙丑年考中进士,授大理寺左寺副之职,因囚犯逃跑而获罪,降职为国子博士。年少时和祝允明、唐寅、文征明齐名,号称吴中四才子。

明新会县知县彭昉墓

在十房庄,文征明志铭。子征士年暨曾孙云母山人城祔,王世贞志。

【译文】 明新会县知县彭昉墓,在十房庄,文征明撰写墓志铭。他的儿子征士彭年和曾孙云母山人彭城也埋葬在这里,王世贞撰写墓志。

明赠太仆寺少卿徐熥墓

在长荡,祝允明志。

【译文】 明赠太仆寺少卿徐熥墓,在长荡,祝允明撰写墓志。

明浙江按察司佥事皇甫涍墓

在佛慧庵后,文征明志。

【译文】 明浙江按察司佥事皇甫涍墓,在佛慧庵的后面,文征明撰写墓志。

明东川通判王涣墓

在武丘乡,文征明志。

【译文】 明东川通判王涣墓,在武丘乡,文征明撰写墓志。

明礼部主事陆师道墓

文《志》:"在花泾。"

【译文】 明礼部主事陆师道墓,文肇祉《虎丘山志》:"在花泾。"

明顾元振墓

在山后富家巷。

孝子与哭丧棒

【译文】 明顾元振墓,在山后富家巷。

明贞孝先生赠云南布政顾国本墓

在山后富家巷。

【译文】 明贞孝先生赠云南布政顾国本墓,在山后富家巷。

明封奉直大夫工部员外郎顾汝玉墓

在后宋巷,申时行志。子兵部尚书赠太子太保其志祔,郑敷教志。明王稚登有《拜顾封公墓》诗。

【译文】 明封奉直大夫工部员外郎顾汝玉墓,在后宋巷,申时行撰写墓志。他的儿子兵部尚书赠太子太保顾其志也埋葬在这里,郑敷教撰写墓志。明朝王稚登有《拜顾封公墓》诗。

明遵义知县谥忠烈王佐圣墓

在武丘乡。

【译文】 明遵义知县谥忠烈王佐圣墓，在武丘乡。

明河间府同知陈光祖墓

在虎阜北。孙推官宗之祔。

【译文】 明河间府同知陈光祖墓，在虎丘的北侧。他的孙子推官陈宗之也埋葬在这里。

明龙岩知县陈大清暨妻旌表节烈林氏墓

在昆字圩。

【译文】 明龙岩知县陈大清暨妻旌表节烈林氏墓，在昆字圩。

明太仆少卿徐时泰墓

在东园旁。

【译文】 明太仆少卿徐时泰墓，在东园的旁边。

明端孝先生杨大漈墓

在山下。《府志》云：“在青芝山。”按《吴中名贤续议》：“大漈字子澄，吴县诸生。事亲诚孝，居丧哀毁。年逾艾，疾亟，衣冠肃然，以手指心而逝。门人私谥端孝先生。”

【译文】 明端孝先生杨大漈墓，在虎丘山下。《苏州府志》说：“在青芝山。”考查《吴中名贤续议》：“杨大漈字子澄，是吴县的诸生。侍奉父母真心孝顺，父母去世在家守丧过度悲伤毁坏身体。年过五十时，病得很严重，于是将衣服帽子穿戴整齐，用手指着心而去世。他的徒弟们赠谥号为端孝先生。”

明沙贞惠公福一墓

在彩云里。裔孙祚远祔葬于此。按《府志》云：“福一之先，汴人。洪武初征入医院，六年，京师大疫，命设局疗治，全活无算，赐赏甚厚。卒葬此，方孝儒撰《传》。洪熙时追谥建祠。”

【译文】 明贞惠公沙福一墓，在彩云里。他的后世孙沙祚远也埋葬在这里。考查《苏州府志》说：“沙福一，祖先是开封人。明朝洪武初年沙福一被征召入太医院，洪武六年，京城发生大的瘟疫，命令他设药局治疗，救活的数不胜数，朝廷对他赏赐非常优厚。死后埋葬在这里，方孝儒撰写《传》。明朝洪熙年间追赠谥号并修建祠堂。”

明南昌知县刘曙墓

在鸭脚浜。按《府志》：“曙字公旦，崇祯癸未进士，授南昌知县，未赴任。南都陷，被执不屈，弃市，追谥节愍。”

【译文】 明南昌知县刘曙墓，在鸭脚浜。考查《苏州府志》：“刘曙字公旦，是崇祯癸未年进士，授南昌知县一职，没有去赴任。南明王朝的都城被攻陷，被俘后不肯屈服，被杀，追赠谥号为节愍。”

明五人墓

在山塘,墓基即普惠生祠,毛一鹭所建以媚珰者。《长洲志》:"明天启年逆阉煽恶,戕害忠良。时周忠介公顺昌以抗直矫旨被逮,五人公愤,奋击缇骑至毙。巡抚毛一鹭请戮于市,士大夫哀之,捐金得首,合其尸,殡葬于此。吴太仆默题其墓曰'五人之墓'。碑为韩贞文馨八龄时所书。五人者,颜佩韦、杨念如、马杰、沈扬、周文元也。文震孟有《募恤五人后碑》,张溥记。"道光十年吴云补书嵌祠壁。又韩对书"奋乎百世"四字,并作记,勒石祠垣。袁枚、赵翼俱有《五人墓》诗,集狭不及备载,止载李福《五人墓歌》云:"嗟尔五人市儿舆隶尔,何所知尔独好义。自昔缇骑来,匈匈逮吏部,万人鸣冤五人怒。五人奋臂呼,万人并力赴,击死缇骑走一鹭。人生快意亦自足,延颈怡然就显戮。今日英魂同聚处,曩时普惠生祠屋。虎丘塘,七里长,花市丛中三尺土,五人名姓千秋香。"又,蒋士铨诗云:"断首尤能作鬼雄,精灵白石走悲风。要离碧血专诸骨,义士相望恨略同。"又,尤维熊诗云:"五人墓前流水长,饮他一勺味犹香。自从倾入闲脂粉,荡尽吴儿侠烈肠。"又,舒位诗云:"埋骨青山隔几春,英雄沾尽儿女巾。五人之墓千人石,为活千人死五人。"又,赵翼《山塘绝句》云:"普惠祠基筑短墙,五人墓木独苍苍。山塘满路皆脂粉,可少秋风侠骨香。"

【译文】 明五人墓,在山塘,墓基就是普惠生的祠堂,是毛一鹭所建用来取悦于宦官的。《长洲志》:"明朝天启年间宦官煽动作恶,杀害忠诚善良的贤臣。当时忠介公周顺昌因为刚直不屈而被阉党伪造皇帝旨意逮捕,这五个人非常愤怒,奋力击杀锦衣卫校尉。巡抚毛一鹭请旨在街市上处死了他们,士大夫哀怜这五个人,出钱赎回他们的头颅,和他们的尸体合在一起,埋葬在这里。太仆吴歌为这座墓题名为'五人之墓'。碑是贞文韩馨八岁时所写。这五个人是:颜佩韦、杨念如、马杰、沈扬、周文元。文震孟写有《募恤五人后碑》,张溥写有记文。"道光十年吴云补写了注文镶嵌在祠堂的墙壁上。又有韩对书写"奋乎百世"四个字,并写作记文,刻在祠堂墙壁的石头上。袁枚、赵翼都有《五人墓》诗,限于篇幅,不能全部记载,只记载李福《五人墓歌》说:"嗟尔五人市儿舆隶尔,何所知尔独好义。自昔缇骑来,匈匈逮吏部,万人鸣冤五人怒。五人奋臂呼,万人并力赴,击死缇骑走一鹭。人生快意亦自足,延颈怡然就显戮。今日英魂同聚处,曩时普惠生祠屋。虎丘塘,七里长,花市丛中三尺土,五人名姓千秋香。"又有蒋士铨诗说:"断首尤能作鬼雄,精灵白石走悲风。要离碧血专诸骨,义士相望恨略同。"又有尤维熊诗说:"五人墓前流水长,饮他一勺味犹香。自从倾入闲脂粉,荡尽吴儿侠烈肠。"又有舒位诗说:"埋骨青山隔几春,英雄沾尽儿女巾。五人之墓千人石,为活千人死五人。"又有赵翼《山塘绝句》说:"普惠祠基筑短墙,五人墓木独苍苍。山塘满路皆脂粉,可少秋风侠骨香。"

明葛贤墓

在五人墓西。《府志》:"贤,初名成,万历二十九年内监孙隆私设税务,成倡众击所委,焚其家,税由是止。人呼为葛将军,郡守改其名曰'贤'。系狱十余年,遇赦得释。高五人之风,庐于墓侧,卒葬其旁。"文震孟题曰"吴葛贤之墓",陈继儒有记。乾隆丁亥永嘉周凤岐重修。今为东山土地副司。无名氏《葛贤墓》诗云:"葛将军,万夫雄,我昔遇之娄水东。魋颜虎鼻眉目古,蕉扇飒拉吹我蓬。死骨穿近五人冢,生魂啸动五雨风。葛将军,今死矣,权奇倜傥谁与拟。生惜不逢汉武帝,鸿渐之翼困闾里。犬台宫中应召见,上林牧羊蹑草履。君不见,车丞相,宫殿出入乘小车,亦是上书一男子。"

【译文】　明葛贤墓,在五人墓的西侧。据《苏州府志》记载:"葛贤,开始叫葛成,明朝万历二十九年内监孙隆私自设立税务,葛成带领众人攻打收税的机构,焚烧孙隆的家,这项税收因此而终止。人们称他为葛将军,郡守改他的名字为'贤'。葛贤下狱十多年,遇到大赦而得以被释放。由于崇尚颜佩韦、杨念如、马杰、沈扬、周文元等五个人的气节,在五人墓的一侧搭建房屋居住,死后就埋葬在五人墓的旁边。"文震孟题写叫"吴葛贤之墓",陈继儒有记文。乾隆丁亥年永嘉周凤岐重新修缮。现在是东山土地副司。无名氏《葛贤墓》诗说:"葛将军,万夫雄,我昔遇之娄水东。魋颜虎鼻眉目古,蕉扇飒拉吹我蓬。死骨穿近五人冢,生魂啸动五雨风。葛将军,今死矣,权奇倜傥谁与拟。生惜不逢汉武帝,鸿渐之翼困闾里。犬台宫中应召见,上林牧羊蹑草履。君不见,车丞相,宫殿出入乘小车,亦是上书一男子。"

明崇明知县刘永锡墓

在半塘桥北。钱泳《云岩杂志》云:"公字剩庵,湖北人。尝署崇明县事,遭甲申之变,隐居相城,后复迁阳城湖之滨。妻子织席以为食,永锡尝负卖市中,人呼之曰'席先生'。不十年,穷饿死。其友陆宏经纪其丧,葬今所,并系以诗云:'太息我生本有涯,纵令归去亦无家。此间有甚死不得,犹喜多看十度花。'又云:'虽云归去总天涯,三尺江南万古家。若个年年吊寒食,半瓢荒酒滴桃花。'"《府志》:"刘,魏县人。崇祯十七年以孝廉为长洲教谕官。"

【译文】　明崇明知县刘永锡墓,在半塘桥的北侧。钱泳《云岩杂志》说:"刘永锡字剩庵,是湖北人。曾经代理崇明县的事务,遭遇甲申之变以后,隐居在相城,后来又迁到阳城湖边居住。妻子靠织席为生计,刘永锡曾经背着席子到集市上卖,人们称他叫'席先生'。不到十年,因贫穷

大出殡

而饿死。由他的朋友陆宏料理后事，将他埋葬在现在这个地方，并附诗说：'太息我生本有涯，纵令归去亦无家。此间有甚死不得，犹喜多看十度花。'又说：'虽云归去总天涯，三尺江南万古家。若个年年吊寒食，半瓢荒酒滴桃花。'"《苏州府志》："刘永锡，是魏县人。明朝崇祯十七年以孝廉的身份任长洲教谕官。"

明赠五经博士、私谥潜忠先生许琰墓

在石牛头。

【译文】 明赠五经博士、私谥潜忠先生许琰墓，在石牛头。

明忠文先生杨廷枢墓

在十房庄。

【译文】 明忠文先生杨廷枢墓，在十房庄。

明参政顾豫墓

在野芳浜南。按《府志》："豫，郡人，字乐恬。有孝行，官参政。王敬臣高第弟子也。"

【译文】 明参政顾豫墓，在野芳浜的南侧。考查《苏州府志》："顾豫，是吴郡人，字乐恬。有孝顺双亲的好品行，官至云南布政司参政。是明朝大儒王敬臣门下学业优异的弟子。"

明松阳教谕顾其康墓

在花神庙浜。子进士瀛秀祔葬于此。土人不敢于墓上樵牧。按《崇祀录》："其康，明王敬臣高第弟子，配享仁孝祠。"

【译文】 明松阳教谕顾其康墓，在花神庙浜。他的儿子进士顾瀛秀也埋葬在这里。当地人不敢到坟墓上打柴放牧。考查《崇祀录》："顾其康，是明朝大儒王敬臣门下学业优异的弟子，合祭在仁孝祠。"

明诸生顾所受墓

在半塘。郑敷教曰："墓与刘墓相望。"按《忠烈纪实》："所受字性之，长洲诸生。明亡时投学宫泮池死。"道光八年顾沅摹像在五百名贤祠。

【译文】 明诸生顾所受墓，在半塘。郑敷教说："顾所受的墓和刘永锡的墓相望。"考查《忠烈纪实》："顾所受字性之，是长洲诸生。明朝灭亡时投入学宫泮池而死。"道光八年顾沅描摹了他的画像供奉在五百名贤祠。

明处士蒋之选墓

在塔影浜。汪琬诗注："之选字子能。墓在塔影浜。"

【译文】 明处士蒋之选墓，在塔影浜。汪琬诗注："蒋之选字子能。他的墓在塔影浜。"

明倪烈妇杨氏墓

在厉坛北。圹石刻"鸳鸯"二字。礼部尚书王铎撰碑。按《府志》："烈妇氏杨，为蠡口倪士义妻。夫死于崇祯十四年十月二十七日，氏誓不逾节，豫命修圹，石刻'鸳鸯'二字，

又题曰：'石骨铁心，终不可夺.'遂自刎死，即是年十一月十八日也。郡人捐金葬今所，并题其门曰：'身膏白刃风斯烈，骨葬青山土亦香.'"

【译文】 明倪烈妇杨氏墓，在郡厉坛的北侧。墓碑上刻有"鸳鸯"二字。礼部尚书王铎撰写碑文。考查《苏州府志》："烈妇姓杨，是蠡口倪士的节义之妻。她的丈夫死于明朝崇祯十四年十月二十七日，杨氏发誓不违反礼节，事先命人修建坟墓，在石头上刻'鸳鸯'二字，又题写：'石骨铁心，终不可夺.'于是自刎而死，就在这一年十一月十八日。本郡人捐钱把她埋葬在现在这个地方，并在墓门上题对联：'身膏白刃风斯烈，骨葬青山土亦香.'"

明王贞烈沈媛墓

在山下。《吴县志》云："沈许字黄宇庚，未嫁，夫卒，年才十九。父母欲改适，媛闻，阖户自经，以救醒。自是缟素，栖止一楼，家人罕得见。鼎革时兄欲携之避兵，媛曰：'楼居三十年，死固吾分，奚避为？'遂绝粒死。夫家迎归，合葬今所."

【译文】 明王贞烈沈媛墓，在虎丘山下。《吴县志》说："沈媛许配给黄宇庚，还没有出嫁，丈夫就死了，她才十九岁。父母想要她改嫁，沈媛听说后，就关上门上吊自杀，被救活了。从此以后，她穿着白色的衣服，住在一座楼上，家人很难见到她。明清改朝换代时她的哥哥想要带着她躲避兵难，沈媛说：'在这座楼居住三十年了，死本来就是我应得的归宿，为什么躲避呢？'于是绝食而死。丈夫家把她的尸骨接回去，合葬在现在这个地方."

明徐烈妇张氏墓

在虎丘后山。按《元和县志》："妇为文学宏谟女，适徐树声，婚未期，徐死，生遗腹子。崇祯乙酉秋，乱兵剽掠，妇怀孤儿，匿僻室中，为骑所得，妇即引刃自刺其颈，骂不绝口，骑怒，攒刃毙之."

【译文】 明徐烈妇张氏墓，在虎丘后山。考查《元和县志》："张氏是文学张宏谟的女儿，嫁给徐树声，结婚不到一年，徐树声死了，张氏生下一个遗腹子。明朝崇祯乙酉年秋天，乱兵抢掠，张氏怀抱孤儿，藏在一个隐蔽的屋里，被骑兵抓到，张氏就拿刀刺自己的脖子，骂声不断，骑兵被激怒，乱刀刺死了她."

明郭节妇王氏墓

在西山浜。郭《志》："妇，长洲生员继昌妻，王氏侍郎心一之女。国朝康熙二十年旌表，葬西山浜."

穷人出殡

【译文】 明郭节妇王氏墓,在西山浜。郭《志》:"王氏,是长洲生员郭继昌的妻子,刑部左侍郎王心一的女儿。本朝康熙二十年赐匾额表彰她的节烈,埋葬在西山浜。"

明三姬冢

在千顷云下。顾湄《志》:"黔孝廉高梁楳,字明柱,客死吴下。有姬敖十三娘,临清人也,年十八,相继死,太史陈仁锡为葬之虎丘。又府通判某二姬,泯其姓氏,不能以丧归,因合葬之,而系之以铭。时万历四十四年秋七月也。铭曰:'合尔贵竹,酌兹三泉。山藏古寺,剑静澄渊。白云欲归,青松半筵。永宁贞魂,铁花秀崖。何以比德,潭影萝烟。行即此路,遄分后先。今夕奚夕,明月在天。一行秋雁,环佩游仙。芳魂落日,幽寄霞笺。长留一道,堤上春还。'"

【译文】 明三姬冢,在千顷云的下面。顾湄《虎丘山志》:"贵州孝廉高梁楳,字明柱,客死在吴郡。他有个妾叫敖十三娘,是临清人,十八岁,紧接着也死了,太史陈仁锡把她埋葬在虎丘。又有府通判某人的两个妾,不知姓氏,因其夫不能把她们的尸骨带回去埋葬,于是合葬在这里,并且附有墓志铭。时间是明朝万历四十四年秋天七月。墓志铭说:'合尔贵竹,酌兹三泉。山藏古寺,剑静澄渊。白云欲归,青松半筵。永宁贞魂,铁花秀崖。何以比德,潭影萝烟。行即此路,遄分后先。今夕奚夕,明月在天。一行秋雁,环佩游仙。芳魂落日,幽寄霞笺。长留一道,堤上春还。'"

明国子生顾苓妻陆宜墓

在西溪旁。按《元和县志》:"宜,字山椒,有孝行,廪盐屡空,意若有余也。夫苓,字云美,为南京国子生,精金石之学,工篆刻。明亡,隐文氏塔影园,即云阳草堂也。宜山居十余年,春秋佳日,士女倾城出游,未尝一厕足其间。殁没,苓葬之今所。"

【译文】 明国子生顾苓妻陆宜墓,在西溪的旁边。考查《元和县志》:"陆宜,字山椒,有孝顺的好品行,生活清贫,心里却好像富足有余。丈夫顾苓,字云美,是南京国子生,精通金石之学,擅长篆刻。明朝灭亡后,顾苓、陆宜二人隐居在文氏塔影园,就是云阳草堂。陆宜在山上居住十多年,春秋温暖晴朗的日子,男男女女倾城出游,陆宜从不曾参与。她死后,顾苓把她埋葬在现在这个地方。"

处士蒋璿墓

在武丘乡。按:璿字淑弢,忠烈公若来之犹子,参将珍之弟。若来殉国难,珍亦阵亡,璿痛叔与兄皆殉节,偕妇钱隐居于是,殁即瘞焉。

【译文】 处士蒋璿墓,在武丘乡。据考证:蒋璿字淑弢,是忠烈公蒋若来的侄子,参将蒋珍的弟弟。蒋若来死于国难,蒋珍也在战场上死亡,蒋璿痛感叔叔和哥哥都为节操而死,和妻子钱氏共同隐居在这里,死后就埋葬于此。

文华殿大学士徐元文墓

在山后黄土桥。乾隆末年为
人所占。裔孙徐嵩复之。

【译文】 文华殿大学士徐元
文墓，在山后黄土桥。乾隆末年被
他人所占。徐元文的后世孙徐嵩
复建。

弃置在野外的穷人棺柩

诚孝先生唐全墓

在虎丘全字圩。按《府志》:"唐
字孟慈，无锡人。"杨述曾有《过唐诚孝先生墓》诗。

【译文】 诚孝先生唐全墓，在虎丘全字圩。考查《苏州府志》:"唐全字孟慈，是无锡
人。"杨述曾有《过唐诚孝先生墓》诗。

莱阳姜处士实节墓

在养鹤涧先祠旁。实节字学在，号鹤涧。筑谏草楼，营生圹于祠旁，自题"莱阳姜仲
子之墓"。诗宗剑南，画师云林，著有《焚余集》。

【译文】 莱阳处士姜实节墓，在养鹤涧先祠的旁边。姜实节字学在，号鹤涧。修筑谏
草楼，活着时就在养鹤涧先祠的旁边为自己营造坟墓，自题"莱阳姜仲子之墓"。写诗效
法宋代诗人陆游，画画效法元代画家倪瓒，著有《焚余集》。

长洲知县唐甄墓

在长荡。按任《志》:"甄字铸万，四川人。"

【译文】 长洲知县唐甄墓，在长荡。考查任兆麟《虎阜志》:"唐甄字铸万，是四川人。"

处士黄逵墓

在半塘寺内。按《府志》:"逵字仪逋。诗多奇气。久客泰州，后殁于苏。康熙四十一
年，其友朱端偕葬于此，题曰'玉壶山人墓'。"

【译文】 处士黄逵墓，在半塘寺内。考查《苏州府志》:"黄逵字仪逋。诗作有奇特的
风格。长期客居在泰州，后来死在苏州。康熙四十一年，和他的朋友朱端一起埋葬在这里，
题为'玉壶山人墓'。"

处士黄文潜墓

在黄逵墓侧。按《府志》:"文潜字清淮。能诗，宗王、孟，工写花鸟。康熙五十四年游
吴殁。其友汪观刻其诗，为葬于逵墓之旁。"

【译文】 处士黄文潜墓，在黄逵墓的一侧。考查《苏州府志》:"黄文潜字清淮。擅长
写诗，效法王维、孟浩然，善于画花鸟。康熙五十四年游学吴郡时去世。他的朋友汪观刻
印了他的诗，并把他埋葬在黄逵墓的旁边。"

恤赠太仆寺少卿宁夏知府顾尔昌墓

在金鸡墩。朝廷遣官谕祭。

【译文】 恤赠太仆寺少卿宁夏知府顾尔昌墓,在金鸡墩。朝廷派遣官员传达皇帝的旨意祭祀。

宝庆知府顾用霖墓

在白杨湾。

【译文】 宝庆知府顾用霖墓,在白杨湾。

翰林院编修赠户部左侍郎宋照墓

在果字圩,蔡新志。

【译文】 翰林院编修赠户部左侍郎宋照墓,在果字圩,蔡新撰写墓志。

国子生顾圣韬墓

在鳞字圩。顾诒禄《志》:"圣韬为德乡里,高隐不仕。"

【译文】 国子生顾圣韬墓,在鳞字圩。顾诒禄《虎丘山志》:"顾圣韬在乡里做了很多善事,隐居不做官。"

孝子张文魁墓

在程家坟南。文魁寻亲事见《长洲县志》。

【译文】 孝子张文魁墓,在程家坟的南侧。张文魁寻找双亲的事见《长洲县志》。

处士顾学莲墓

在长荡。按:学莲字友仙,为孝子潜孝先生凤山之子,明殉节六安州生充永之孙。

【译文】 处士顾学莲墓,在长荡。据考证:顾学莲字友仙,是孝子潜孝先生顾凤山的儿子,明朝殉节的六安州生顾充永的孙子。

武清知县姚馥墓

《元和志》:"在石牛头。"

【译文】 武清知县姚馥墓,《元和志》:"在石牛头。"

国子生乡饮大宾赠吏部右侍郎彭正乾墓

在新塘原,沈德潜志,黄永年表。

【译文】 国子生乡饮大宾赠吏部右侍郎彭正乾墓,在新塘原,沈德潜撰写墓志,黄永年立墓碑。

薛六郎鲲墓

在薛文清祠右。鲲聪慧,九岁夭,薛雪瘗此。今移葬他所,其址即一榭园。

【译文】 薛六郎鲲墓,在薛文清祠堂的右侧。薛鲲聪明,九岁时夭折,薛雪把他埋葬在这里。现在迁移埋葬到别处去了,那个地方就是一榭园。

贡生蒋曰机暨妻节孝张氏墓

在叶家浜。

【译文】 贡生蒋曰机暨妻节孝张氏墓,在叶家浜。

国子监生徐锡爵墓

在长荡。彭启丰《记》:"锡爵好善,乾隆四十六年置义田三顷,以瞻贫族,有司表奖。"

【译文】 国子监生徐锡爵墓,在长荡。彭启丰《记》:"徐锡爵喜欢做善事,乾隆四十六年置买义田三顷,用来供养本族那些贫穷的人,官府表奖他。"

候选府同知唐文槚墓

在海字圩,黄轩志铭。

【译文】 候选府同知唐文槚墓,在海字圩,黄轩志撰写墓志铭。

封朝议大夫瞿连璧墓

在长泾,钱大昕志铭。

【译文】 封朝议大夫瞿连璧墓,在长泾,钱大昕撰写墓志铭。

赠奉直大夫戈琳敬暨妻节孝张氏墓

在金杏桥。子监生宙植媳节孝袁氏祔。

【译文】 赠奉直大夫戈梀敬暨妻节孝妇张氏墓,在金杏桥。他的儿子监生戈宙植及儿媳妇节孝妇袁氏也埋葬在这里。

刑部尚书姜晟墓

在后溪。

【译文】 刑部尚书姜晟墓,在后溪。

赠中书舍人蒋文源墓

在长泾,沈德潜志。

【译文】 赠中书舍人蒋文源墓,在长泾,沈德潜撰写墓志。

朔州知州蒋深墓

在黄土桥。

【译文】 朔州知州蒋深墓,在黄土桥。

封平阳府知府蒋棨墓

在申家庄。子元龙墓在侧。侄侍郎元益撰墓表。

【译文】 封平阳府知府蒋棨

祭奠

墓,在申家庄。他的儿子蒋元龙墓在旁边。他的侄子侍郎蒋元益撰写碑文。

广州同知蒋耀宗墓

在紫藤浜。

【译文】 广州同知蒋耀宗墓,在紫藤浜。

赠江西按察使蒋杰墓

在长泾北。

【译文】 赠江西按察使蒋杰墓,在长泾的北侧。

同知蒋腹松墓

在巨阙字圩,沈德潜志。

【译文】 同知蒋腹松墓,在巨阙字圩,沈德潜撰写墓志。

同知蒋士煐墓

在朱砂泾。

【译文】 同知蒋士煐墓,在朱砂泾。

赠开封府经历蒋梦熊墓

在新塘桥。

【译文】 赠开封府经历蒋梦熊墓,在新塘桥。

议叙知州蒋元焜墓

在朱家桥。

【译文】 议叙知州蒋元焜墓,在朱家桥

赠刑部司狱蒋秉铃墓

在金杏桥。弟秉钟墓在新塘桥。

【译文】 赠刑部司狱蒋秉铃墓,在金杏桥。他的弟弟蒋秉钟墓在新塘桥。

赠吏部员外蒋含光墓

在陈公桥,万承风志。

【译文】 赠吏部员外蒋含光墓,在陈公桥,万承风撰写墓志。

孝廉蒋学文墓

在王家庄。

【译文】 孝廉蒋学文墓,在王家庄。

名山知县赠庶吉士蒋荣墓

在塔影浜。

【译文】 名山知县赠庶吉士蒋荣墓,在塔影浜。

赠涿州州判蒋栽墓、封霸州州同蒋玉生墓

俱在武丘乡。

【译文】 赠涿州州判蒋栽墓、封霸州州同蒋玉生墓,都在武丘乡。

明经蒋鸣玉墓

在西斜巷,张埙志。

【译文】 明经蒋鸣玉墓,在西斜巷,张埙撰写墓志。

刑部员外蒋曰梁墓

在长泾。

【译文】 刑部员外蒋曰梁墓,在长泾。

乾州知州蒋基墓

在往字圩。

【译文】 乾州知州蒋基墓,在往字圩。

赠起居注主事蒋曾熥墓

在朱砂泾。

【译文】 赠起居注主事蒋曾熥墓,在朱砂泾。

赠杞县知县州衔蒋曾炉、赠西宁通判蒋曾莹墓

俱在武丘乡。

【译文】 赠杞县知县州衔蒋曾炉、赠西宁通判蒋曾莹墓,都在武丘乡。

赠光禄寺典簿蒋曾荣墓

在黄泥浜。子元城祔。蔡之定志。

【译文】 赠光禄寺典簿蒋曾荣墓,在黄泥浜。他的儿子蒋元城也一起埋葬在这里。蔡之定撰写墓志。

封监察御史蒋曾燏墓

在连城桥。

【译文】 封监察御史蒋曾燏墓,在连城桥。

处士钱近仁墓

在虎丘西麓。江苏按察汪志伊题其碣曰"钱处士墓",许宝善志。按《府志》:"近仁,长洲人。父母早丧,贫不能自存,寄食攻皮家,遂习其业,人称为'补履先生'。经史子集,九流百家,浏览几遍,尤致力于《孝经》《论语》。性朴讷,不妄取一钱。年七十有六,殁后无子,郡中士大夫谋葬今所。葬之日,四方来会者数十百人。"顾日新有《皮工钱处士》诗云:"贤达必显冕,至宝无玼璞。南山豹隐雾,高致谅有托。小儒椎埋心,饰行徼人爵。马

出殡场景

脯悬牛头，六义久高阁。美哉钱夫子，尘外矫孤鹤。秕糠被绣荣，反躬寻至乐。既无子渊田，就业糊藜藿。涤器异自污，锻铁归激浊。众谓贱工耳，先生心不恶。君平赡百钱，抱《易》究羲学。半多贱舐痔，方枘避圆凿。谁知镂钉终，亦复露头角。昨者达当事，碣墓寿山岳。生乏高轩过，骏骨殁始觉。鲁哀诔尼父，盛怀参索漠。卖浆枉车骑，古风信陵卓。"

【译文】 处士钱近仁墓，在虎丘西侧山脚下。江苏按察汪志伊题写墓碑称"钱处士墓"，许宝善撰写墓志。考查《苏州府志》："钱近仁，长洲人。父母去世得早，家贫，不能维持生活，寄食在制作皮革的人家里，于是就熟悉了这种工作，人们称他是'补履先生'。经史子集，各种流派诸子百家，几乎全部浏览过，尤其专注学习《孝经》《论语》。性格质朴不善于言谈，不属于自己的财物，一文钱也不拿。去世时七十六岁，死后没有子女，郡中士大夫商量着将他埋葬在现在这个地方。下葬的那一天，从四面八方前来聚集送葬的有数十百人。"顾日新有《皮工钱处士》诗说："贤达必显冕，至宝无玼璞。南山豹隐雾，高致谅有托。小儒椎埋心，饰行徼人爵。马脯悬牛头，六义久高阁。美哉钱夫子，尘外矫孤鹤。秕糠被绣荣，反躬寻至乐。既无子渊田，就业糊藜藿。涤器异自污，锻铁归激浊。众谓贱工耳，先生心不恶。君平赡百钱，抱《易》究羲学。半多贱舐痔，方枘避圆凿。谁知镂钉终，亦复露头角。昨者达当事，碣墓寿山岳。生乏高轩过，骏骨殁始觉。鲁哀诔尼父，盛怀参索漠。卖浆枉车骑，古风信陵卓。"

梅花和尚钱坫墓

在东塔院后。坫字鹿泉，其先山阴人，后游幕蜀中，遂为成都人，自号"梅花和尚"。豪饮能诗，尤善颠草及画梅，醉后落笔，逸趣横生，自谓醒时不及也。爱虎丘之胜，筑生圹于今所，左右俱种梅，自题其墓柱曰："槐梦醒时成大觉，梅花香里证无生。"嘉庆戊寅卒于城东兰若，其故友周勖斋太守为之殓葬。

【译文】 梅花和尚钱坫墓，在东塔院的后面。钱坫字鹿泉，他的祖籍是山阴，后来他离开家乡到蜀中作幕宾，于是成为成都人，自号"梅花和尚"。钱坫喜欢畅快饮酒，他诗写得很好，特别擅长狂草和画梅花，喝醉酒以后下笔，妙趣横生，自认为清醒时赶不上。他喜欢虎丘的美景，活着时就在现在这个地方给自己修建了坟墓，坟墓的左右都种植梅花，自己题写墓柱说："槐梦醒时成大觉，梅花香里证无生。"清朝嘉庆戊寅年，他死在城东的寺庙里，他的老朋友周勖斋太守把他入殓埋葬。

处士吴友仁墓

在虎丘西麓。苏州府掾谢元淮题其碣曰"醒蕉先生之墓"，韦光黻志。按：友仁字醒蕉，婺源人。落魄吴市，工诗。

【译文】 处士吴友仁墓，在虎丘西侧的山脚下。苏州府掾谢元淮题写墓碑"醒蕉先生之墓"，韦光黻撰写墓志。据考证：吴友仁字醒蕉，是婺源人。潦倒失意时再到吴地街头落脚,擅长写诗。

沈烈妇金氏墓

在山塘,严烈妇墓东。烈妇为沈某妻,夫亡自刎死。墓地已为陆姓所占,嘉庆十五年郡守五泰、元和令周岱龄复之。见顾震涛《吴门表隐录》。

【译文】 沈烈妇金氏墓,在山塘,在严烈妇墓的东侧。这位烈妇是沈姓男子的妻子,丈夫死了,她也自刎杀而死。她的墓地已经被姓陆的所霸占,嘉庆十五年,郡守五泰、元和县令周岱龄复原了她原来的墓地。这些事情记载于顾震涛《吴门表隐录》。

项氏三节墓

在山之西岸,葬项璧妻周氏、子妇项元求妻支氏、孙妇项德树妻王氏。按:璧为宫詹煜之长子,周氏与煜之妾程氏同守节。见《吴县志》。

【译文】 项氏三节墓,在虎丘山的西侧,埋葬着项璧的妻子周氏、儿子的妻子支氏、孙子项德树的妻子王氏。据考证:项璧是太子詹事项煜之的长子,项璧的妻子周氏和项煜之的妾程氏一同守节。见《吴县志》的记载。

严烈妇顾氏墓

在山塘张公祠东。《吴县志》:"烈妇顾氏,夫严灿,为土豪金华陷狱当死。顺治七年敕巡抚覆谳,烈妇挟刃怀牒至堂下,自刎死,观者叹息。会御史还台,不及平反。明年秦世贞按吴,廉其实,疏白灿冤,旌表。"

【译文】 严烈妇顾氏墓,在山塘张公祠的东侧。《吴县志》:"烈妇姓顾,丈夫叫严灿,被土豪金华诬陷下狱判处死刑。顺治七年皇帝命令巡抚再次审议判决这个案子,烈妇顾氏挟带着刀怀揣着文书来到堂下,自刎而死,看到的人十分叹惜。正好这时御史返回朝廷去了,来不及为严灿平反。第二年秦世贞视察吴郡,考查这件事的真实情况,上奏章说明这是一起明显的冤案,朝廷于是赐匾额以彰显顾氏的名声气节。"

蒋节妇汪氏墓

在长泾,太学生近光妻。见《元和县志》。

【译文】 蒋节妇汪氏墓,在长泾,汪氏是太学生蒋近光的妻子。见《元和县志》的记载。

贞节徐氏墓

在山北,太仆严虞惇表。

【译文】 贞节徐氏墓,在山的北侧,太仆严虞惇立墓碑。

张节妇墓

在山后新塘桥西。

【译文】 张节妇墓,在山后新塘桥的西侧。

贞节沈氏墓

在后山。

【译文】 贞节沈氏墓,在后山。

节妇宁氏墓

在真姬墩。

【译文】 贞节妇宁氏墓,在真姬墩。

刘仙史墓

在山之西麓,金兆燕志。按《府志》:"仙史名碧鬟,故中丞慕天颜之妾。公抚吴时,死葬使院后圃,后官知之,改葬虎阜山西麓。"顾诒禄《志》:"乾隆十二年安抚幕客宋晟扶乩仙降,得遗骨于御史行台来鹤楼东,郡人朱宏业瘗于今所,大书'刘仙史墓'四字。著有《檐铁词》《瘦兰集》。"陈基《刘碧鬟墓》诗云:"西山芳冢护晴霞,环佩游仙绿萼华。一棹春波林外路,野风开遍碧桃花。"又,石韫玉诗云:"纤纤山月照婵娟,身闭泉台近百年。葬玉埋香谁是主,使君归后更无天。""血渍罗衣化碧斑,谁教玉碗出人间。墓田尚有题名碣,家世彭城字碧鬟。""鸳鸯冢树带斜阳,一角青山瘗女郎。山北山南芳草碧,香魂终古配真娘。"又,蒋廷恩诗云:"何年小谪住人寰,来鹤香消事等闲。夜月有灵吟白雪,落花无主葬青山。一春梦短朱门里,千古魂归玉树间。檐铁新词谁卒读,杜鹃啼断血痕斑。"

【译文】 刘仙史墓,在虎丘山西面的山脚下,金兆燕撰写墓志。考查《苏州府志》:"刘仙史名字叫碧鬟,是原来的中丞慕天颜的妾。慕天颜任吴郡的巡抚时,刘仙史死了,被埋葬在节度使官署的后园,后来官府知道了此事,就把刘仙史改葬在虎丘山的西侧山脚下。"顾诒禄《虎丘山志》:"乾隆十二年安抚幕客宋晟用扶乩降神的方法询问刘仙史的遗骨所在,在御史行台来鹤楼的东侧找到了遗骨,本郡人朱宏业把它埋葬在现在这个地方,书写了'刘仙史墓'四个大字。著有《檐铁词》《瘦兰集》。"陈基《刘碧鬟墓》诗说:"西山芳冢护晴霞,环佩游仙绿萼华。一棹春波林外路,野风开遍碧桃花。"又有石韫玉诗说:"纤纤山月照婵娟,身闭泉台近百年。葬玉埋香谁是主,使君归后更无天。""血渍罗衣化碧斑,谁教玉碗出人间。墓田尚有题名碣,家世彭城字碧鬟。""鸳鸯冢树带斜阳,一角青山瘗女郎。山北山南芳草碧,香魂终古配真娘。"再有蒋廷恩诗说:"何年小谪住人寰,来鹤香消事等闲。夜月有灵吟白雪,落花无主葬青山。一春梦短朱门里,千古魂归玉树间。檐铁新词谁卒读,杜鹃啼断血痕斑。"

杨京娘墓

在白公堤。见钱泳《云岩杂志》。宋珏有墓铭。京娘字尹眉,郡人。寄育于广陵杨氏,因以为姓。解音律,通翰墨。每以误落平康为憾,嗣复失身非偶,赍志而死。乡人周敏仲为归其椟，瘗于今所。

【译文】 杨京娘墓，在白公堤。记载于钱泳《云岩杂志》。宋珏写有墓志铭。杨京娘字尹眉，是吴郡人。寄养在广陵姓杨的人家，于是就以杨为姓。她熟悉音律，精通书法绘画。常以沦为妓女为憾，后来又嫁给了并非佳偶的男子，怀着不能实现的志愿死去。乡人周敏仲将她的灵柩送回家乡，埋葬在今天这个地方。

塔 院

晋竺道壹塔

《高僧传》："在山南，孙绰有赞。"

【译文】 晋竺道壹塔，《高僧传》："在山的南侧，孙绰写有赞颂的文章。"

稚儿塔

在寿圣寺。相传晋道生讲经时，有野雉来听，明日降生城东某氏，儿肋下有雉翼，后出家半塘寺。死之日，寺僧造幢葬此，因名雉儿塔。《吴郡志》："晋道生师时，有诵《法华经》童子死，葬此。义熙十一年商人谢本夜泊此岸，闻诵经声，旦迹之，见坟上生青莲花。郡闻，诏建是塔，又名稚儿塔。"《半塘小志》："稚儿塔，旧垒石所成，规制古秀，旧址千佛阁下。"陈继儒云："今王稚登半偈庵中者是。"

【译文】 稚儿塔，在寿圣寺。相传晋朝高僧竺道生在讲经时，有野鸡来听，第二天城东某氏就降生了一个孩子，肋下长有野鸡翅膀，后来出家到半塘寺。他死的那一天，寺庙的僧人造石幢把他埋葬在这里，因此叫雉儿塔。《吴郡志》："晋朝竺道生讲经时，有一个诵读《法华经》的小孩儿死了，埋葬在这里。东晋义熙十一年商人谢本夜晚停船靠在这个岸边，听到诵读经书的声音，早晨到那里寻找痕迹，看见坟墓上生长着青莲花。郡守听到这件事，下令修建这座塔，又取名叫稚儿塔。"《半塘小志》："稚儿塔，原来是垒石而成，格局形制古朴秀丽，原址在千佛阁下。"陈继儒说："现在王稚登半偈庵中的就是。"

陈智聚塔

顾湄《志》："在南岭，唐秘书虞世南撰碑。"

【译文】 陈智聚塔，顾湄《虎丘山志》："在南岭，唐朝秘书虞世南撰写碑

文。"

唐智琰塔

《元和志》："在东岭。"

【译文】 唐智琰塔,《元和志》："在东岭。"

唐法恭塔

《续高僧传》："在南岭,中书令岑文本制序,著作郎刘子翼铭。"

【译文】 唐法恭塔,《续高僧传》："在南岭,中书令岑文本撰写序文,著作郎刘子翼撰写铭文。"

唐天台大德元浩和尚灵塔

《图经续记》："在东山南原,刺史崔恭撰碑颂。"赞宁《高僧传》："碑立罗汉石坛左。"

【译文】 唐天台大德元浩和尚灵塔,《图经续记》："在东山南侧的平地上,刺史崔恭撰写了墓碑上颂扬他的文辞。"赞宁《高僧传》："碑立在罗汉石坛的左侧。"

唐东武丘寺齐翰律师塔

《杼山集》："在虎丘,皎然铭。"

【译文】 唐东武丘寺齐翰律师塔,《杼山集》："在虎丘,皎然撰写铭文。"

唐开元寺辨秀禅师塔

顾湄《志》："姓刘氏,汉楚王交三十一代孙。唐至德中举高行,隶名开元寺。建中元年迁灵龛于武丘西寺松门之右,皎然撰碑颂。"

【译文】 唐开元寺辨秀禅师塔,顾湄《虎丘山志》："辨秀禅师姓刘,是西汉楚元王刘交的三十一代孙。唐朝至德年间因操行高尚而被举荐,僧籍隶属于开元寺。唐朝建中元年他的灵龛被搬迁到虎丘西寺松门的右侧,皎然撰写了墓碑上颂扬他的文辞。"

唐通元寺慧頵塔

顾湄《志》："唐贞观初,住吴之通元寺,讲《涅槃经》,坟在西岭。"

【译文】 唐通元寺慧頵塔,顾湄《虎丘山志》："唐朝贞观初年,慧頵住在吴郡的通元寺,讲解《涅槃经》,他的坟墓在西岭。"

唐僧瑗塔

《元和志》："弟子义元收其舍利建于寺。"即建塔焉。

【译文】 唐僧瑗塔,《元和志》："他的弟子义元收取他的舍利放在寺庙里。"于是就在这里修建佛塔。

宋觉印禅师塔

顾湄《志》："在东庵,开封府司士曹事何安中铭。"

【译文】 宋觉印禅师塔,顾湄《虎丘山志》："在东面的庙宇,开封府司士曹事何安中撰写铭文。"

宋绍隆禅师塔院

在东山浜，司农少师徐林撰铭。见《五灯会元》。元至大二年集贤直学士赵孟頫书。重建，释圆至有《修塔颂》。明文震孟署书"天下济宗祖庭"六字。国朝乾隆五十一年僧祖通重建，江藩记。

【译文】 宋绍隆禅师塔院，在东山浜，司农少师徐林撰写铭文。记载《五灯会元》。元朝至大二年集贤直学士赵孟頫书写。这个塔重新修建时，僧人圆至有《修塔颂》。明朝文震孟署名书写"天下济宗祖庭"六个字。本朝乾隆五十一年僧人祖通重新修建，江藩有记文。

宋尼妙总塔

顾湄《志》："字无着，苏公颂孙女。参大慧业，遂大省悟。"《佛祖通》载"乾道六年葬无锡军将山。绍定三年迁葬虎丘东北。庵曰'达本'，奉塔藏之"。

【译文】 宋尼妙总塔，顾湄《虎丘山志》："妙总字无着，是苏公颂的孙女。通过探究大智慧的业缘，终于大彻大悟。"《佛祖通》记载"南宋乾道六年埋葬在无锡军将山。南宋绍定三年迁葬到在虎丘的东北。并筑起一座尼姑庵，名为'达本'，建塔收藏她的遗体"。

宋僧冲塔

在虎丘。

【译文】 宋僧冲塔，在虎丘。

明南印塔

在罗汉堂。

【译文】 明南印塔，在罗汉堂。

明广义塔

在东冈麓。

【译文】 明广义塔，在东山脚下。

明悟宗慧和尚塔

在罗汉堂，石刻称"临济二十三世"。

【译文】 明悟宗慧和尚塔，在罗汉堂，石刻称"临济二十三世"。

明茂林祇律师塔

在戒幢院。

【译文】 明茂林祇律师塔，在戒幢院。

国朝自冏塔

在东山庙侧。

【译文】 国朝自扁塔,在东山庙的一侧。

达生塔

在祖塔左。兵部侍郎申绍芳撰碑。

【译文】 达生塔,在祖塔的左侧。兵部侍郎申绍芳撰写碑文。

蜀僧山晖院禅师塔

《百城烟水》:"在涌泉庵西北。"

【译文】 蜀僧山晖院禅师塔,《百城烟水》:"在涌泉庵的西北。"

洞明禅师塔院

在大德庵,乾隆四年刘吴龙铭。

【译文】 洞明禅师塔院,在大德庵,清朝乾隆四年刘吴龙撰写铭文。

退居院幻栖塔

在山麓。

【译文】 退居院幻栖塔,在山脚下。

法云寺明福禅师塔

在虎丘东阡。

【译文】 法云寺明福禅师塔,在虎丘东侧的小道上。

铁舟塔

在柏径,钱泳铭。

【译文】 铁舟塔,在柏径,钱泳撰写铭文。

普同塔

窆僧众遗胳,在东麓。

【译文】 普同塔,埋葬着僧众的遗骨,在东山脚下。

义　冢

虎丘后新义冢

在九都男字圩,地十三亩九厘九毫。雍正十三年郡人彭与善建。

【译文】 虎丘后新义冢,在九都男字圩,占地面积十三亩九厘九毫。雍正十三年由吴郡人彭与善修建。

锡类堂义冢

一在九都六图菜字圩圆明浜,地七亩九分,隶长洲县;一在九都五图汪字圩,地一亩,隶元和县。

【译文】　锡类堂义冢，一座在九都六图菜字圩圆明浜，占地面积七亩九分，隶属于长洲县；另一座在九都五图汪字圩，占地面积一亩，隶属于元和县。

积功堂义冢

一在九都十一图水字圩斟酌，地七分三厘四毫，隶长洲；一在九都六图阙字圩六房庄，地五亩六分零；一在九都三图水字圩六房庄，二亩六分七厘。乾隆五年徽州人公建。

【译文】　积功堂义冢，一座在九都十一图水字圩斟酌，占地面积七分三厘四毫，隶属于长洲县；一座在九都六图阙字圩六房庄，占地面积五亩六分；一座在九都三图水字圩六房庄，占地面积二亩六分七厘。乾隆五年由徽州人集体修建。

积德堂四民义冢

在九都七图师字圩虎丘，地十亩一分二厘四毫。乾隆八年徽州人黄国俊等建。

【译文】　积德堂四民义冢，在九都七图师字圩虎丘，占地面积十亩一分二厘四毫。乾隆八年由徽州人黄国俊等修建。

广东义冢

在莫家浜前。

【译文】　广东义冢，在莫家浜的前面。

同善堂义冢

有九，共三十一亩五分七厘四毫，隶长洲。乾隆五十八年韩是升等捐建。道光年间奉旨豁免额征钱粮。

【译文】　同善堂义冢，一共有九座，占地面积总共三十一亩五分七厘四毫，隶属于长洲县。清朝乾隆五十八年韩是升等捐资修建。道光年间遵照皇帝的旨意免除了定额征收的钱粮。

节妇坟

在清节堂后。嘉庆十九年陈道修捐建。

【译文】　节妇坟，在清节堂的后面。嘉庆十九年由陈道修捐资修建。

卷六　坊表　义局　会馆

坊　表

大学士坊

在山塘桥西,为明大学士吴文端公一鹏立。

【译文】　大学士坊,在山塘桥的西侧,是为明朝大学士文端公吴一鹏而立。

义风千古坊

在山塘,为明颜佩韦等五人立,杨廷枢书。

【译文】　义风千古坊,在山塘,是为明朝颜佩韦等五人而立,杨廷枢题写牌坊。

泽被东南坊

在绿水桥西,崇祯十六年为明应天巡抚张国维立。

【译文】　泽被东南坊,在绿水桥的西侧,明朝崇祯十六年为明朝应天巡抚张国维而立。

德崇宇宙坊

在白公桥,为国朝顺治初平治江南刑部左侍郎李延龄立。

【译文】　德崇宇宙坊,在白公桥,是为本朝顺治初年平治江南的刑部左侍郎李延龄而立。

牌坊

恪勤斯称坊

在普济桥西,为国朝河南巡抚顾汧立。

【译文】　恪勤斯称坊,在普济桥的西侧,是为本朝河南巡抚顾汧而立。

旌表孝子坊

在桐桥西,为吴中英立。

【译文】 旌表孝子坊,在桐桥的西侧,是为吴中英而立。

旌表孝子坊

在井亭衖东,为唐肇虞立。

【译文】 旌表孝子坊,在井亭衖的东侧,是为唐肇虞而立。

旌表孝子坊

在青山桥东,为江国正立。

【译文】 旌表孝子坊,在青山桥的东侧,是为江国正而立。

旌表孝子坊

在桐桥西,为金瑞凤立。

【译文】 旌表孝子坊,在桐桥的西侧,是为金瑞凤而立。

旌表孝子坊

在望山桥下塘东,为计廉善立。

【译文】 旌表孝子坊,在望山桥下塘的东侧,是为计廉善而立。

旌表孝子坊

在山浜内,为王如松立。

【译文】 旌表孝子坊,在山浜内,是为王如松而立。

旌表孝子坊

在半塘,为杨楚立。

【译文】 旌表孝子坊,在半塘,是为杨楚而立。

旌表孝子坊

在塔影浜,为杨师曾立。

【译文】 旌表孝子坊,在塔影浜,是为杨师曾而立。

旌表节孝坊

在桐桥北,为吴明山继妻李氏立。

【译文】 旌表节孝坊,在桐桥的北侧,是为吴明山的继妻李氏而立。

旌表节孝坊

在下塘广福桥东,为李□妻□氏立。

【译文】 旌表节孝坊,在下塘广福桥的东侧,是为李□的妻子□氏而立。

旌表节孝坊

在桐桥西,为贝启祚妻程氏立。

【译文】 旌表节孝坊,在桐桥的西侧,是为贝启祚的妻子程氏而立。

旌表节孝坊

在普济桥北,为陈溶妻吴氏立。

【译文】 旌表节孝坊,在普济桥的北侧,是为陈溶的妻子吴氏而立。

旌表节孝坊

在桐桥西,为汪学亮妻陈氏立。

【译文】 旌表节孝坊,在桐桥的西侧,是为汪学亮的妻子陈氏而立。

旌表节孝坊

在野芳浜,为王璠妻黄氏立。

【译文】 旌表节孝坊,在野芳浜,是为王璠的妻子黄氏而立。

旌表节孝坊

在野芳浜,为吴德年妻程氏立。

【译文】 旌表节孝坊,在野芳浜,是为吴德年的妻子程氏而立。

旌表节孝坊

在桐桥西,为卢之达妻吕氏立。

【译文】 旌表节孝坊,在桐桥的西侧,是为卢之达的妻子吕氏而立。

旌表节孝坊

在山浜,为龚文俊妻邹氏立。

【译文】 旌表节孝坊,在山浜,是为龚文俊的妻子邹氏而立。

旌表节孝坊

在引善桥南,为金名标继妻周氏立。

【译文】 旌表节孝坊,在引善桥的南侧,是为金名标的继妻周氏而立。

旌表节孝坊

在桐桥西,为孙洪绪妻文氏立。

【译文】 旌表节孝坊,在桐桥的西侧,是为孙洪绪的妻子文氏而立。

旌表节孝坊

在山浜,为蒋祖昌妻程氏立。

【译文】 旌表节孝坊,在山浜,是为蒋祖昌的妻子程氏而立。

旌表节孝坊

在山塘,为许仁绪妻潘氏立。

【译文】 旌表节孝坊,在山塘,是为许仁绪的妻子潘氏而立。

旌表节孝坊

在山塘,为陈松妻张氏立。

【译文】 旌表节孝坊,在山塘,是为陈松的妻子张氏而立。

旌表节孝坊

在野芳浜口,为潘师孟妻李氏立。

【译文】 旌表节孝坊,在野芳浜口,是为潘师孟的妻子李氏而立。

旌表节孝坊

在桐桥西,为姚珍妻张氏、程烈妻徐氏立。

【译文】 旌表节孝坊,在桐桥的西侧,是为姚珍的妻子张氏、程烈的妻子徐氏而立。

旌表节孝坊

在山塘,为祝恺妻施氏立。

【译文】 旌表节孝坊,在山塘,是为祝恺的妻子施氏而立。

旌表节孝坊

在山塘,为汪大训妻程氏立。

【译文】 旌表节孝坊,在山塘,是为汪大训的妻子程氏而立。

旌表节孝坊

在山塘,为张宗福妻程氏立。

【译文】 旌表节孝坊,在山塘,是为张宗福的妻子程氏而立。

旌表节孝坊

在桐桥东,为吕大绵妻袁氏立。

【译文】 旌表节孝坊,在桐桥的东侧,是为吕大绵的妻子袁氏而立。

旌表节孝坊

在白姆桥,为陆元登妻吴氏立。

【译文】 旌表节孝坊,在白姆桥,是为陆元登的妻子吴氏而立。

旌表节孝坊

在虎丘山南,为杨洪业妻李氏立。

【译文】 旌表节孝坊,在虎丘山的南侧,是为杨洪业的妻子李氏而立。

旌表节孝坊

在虎丘山南,为陈世焯妻李氏立。

【译文】 旌表节孝坊,在虎丘山的南侧,是为陈世焯的妻子李氏而立。

旌表节孝坊

在虎丘山南,为李庆余妻张氏立。

【译文】 旌表节孝坊,在虎丘山的

牌坊三种

南侧,是为李庆余的妻子张氏而立。

旌表节孝坊

在斟酌桥西,为张孝先妻史氏立。

【译文】 旌表节孝坊,在斟酌桥的西侧,是为张孝先的妻子史氏而立。

旌表节孝坊

在斟酌桥西,为俞赐麟妻胡氏立。

【译文】 旌表节孝坊,在斟酌桥的西侧,是为俞赐麟的妻子胡氏而立。

旌表节孝坊

在斟酌桥西,为汪文玮妻贝氏立。

【译文】 旌表节孝坊,在斟酌桥的西侧,是为汪文玮的妻子贝氏而立。

旌表节孝坊

在斟酌桥东,为王銮妻朱氏立。

【译文】 旌表节孝坊,在斟酌桥的东侧,是为王銮的妻子朱氏而立。

旌表节孝坊

在二山门,为李永芳妻陆氏立。

【译文】 旌表节孝坊,在二山门,是为李永芳的妻子陆氏而立。

旌表节孝坊

在后山,为陈明贤妻沈氏立。

【译文】 旌表节孝坊,在后山,是为陈明贤的妻子沈氏而立。

旌表节孝坊

在报恩寺东,为陶松龄聘妻张氏立。

【译文】 旌表节孝坊,在报恩寺的东侧,是为陶松龄的未婚妻张氏而立。

旌表节孝坊

在山浜,为杨友兰聘妻周氏立。

【译文】 旌表节孝坊,在山浜,是为杨友兰的未婚妻周氏而立。

旌表节孝坊

在斟酌桥西,为潘师鼎聘妻史氏立。

【译文】 旌表节孝坊,在斟酌桥的西侧,是为潘师鼎的未婚妻史氏而立。

旌表节烈坊

在山塘张公祠东,为严灿妻顾氏立。

【译文】 旌表节烈坊,在山塘张公祠的东侧,是为严灿的妻子顾氏而立。

旌表贞烈坊

在绿水桥东,为沈门金氏立。

【译文】 旌表贞烈坊,在绿水桥的东侧,是为沈门金氏而立。

旌表孝女坊

在山浜,为王敏斋女王素立。素字琼章,吴县人。著有《诗草》一卷。嘉庆十年旌。

石牌坊

【译文】 旌表孝女坊,在山浜,是为王敏斋的女儿王素而立。王素字琼章,吴县人。著有《诗草》一卷。嘉庆十年立石牌坊表彰她的美德。

旌表双节坊

在望山桥下塘东,为计承翰妻彭氏、弟计承藩妻程氏立。

【译文】 旌表双节坊,在望山桥下塘的东侧,是为计承翰的妻子彭氏、他的弟弟计承藩的妻子程氏而立。

旌表双节坊

在桐桥西,为沈功安妻秦氏、子沈文渊妻程氏立。

【译文】 旌表双节坊,在桐桥的西侧,是为沈功安的妻子秦氏、儿子沈文渊的妻子程氏而立。

旌表三世节孝坊

在白姆桥西,为增广生项璧妻周氏、诸生项元求妻支氏、项德树妻王氏立。

【译文】 旌表三世节孝坊,在白姆桥的西侧,是为增广生项璧的妻子周氏、诸生项元求的妻子支氏、项德树的妻子王氏而立。

旌表贞寿坊

在虎丘山南,为戴培本妻陆氏年百岁立。

【译文】 旌表贞寿坊,在虎丘山的南侧,是为戴培本的妻子陆氏年满一百岁时而立。

旌表节孝贞女总碑亭

在虎丘山南,为夏炳泉妻许氏、金世城妻袁氏、陶维灏妻陈氏、汪宗灏妻庄氏、徐□□妻唐氏、邹□□妻赵氏、花禹九妻汪氏、尤正声妻钱氏、周邦彦妾黄氏、徐关□妻周氏、程声金妻徐氏、顾天禄妻潘氏、陈裕魁妻邱氏、曹□□妻朱氏、孙大来妻赵氏、蒋善先妻王氏、沙鸣皋妻胡氏、王启东妻黄氏、王裕观妻沈氏、祝鲁山妻黄氏、俞维德妻王氏、陆东来妻方氏、赵光裕妻姚氏、陆茂先妻吴氏、王铁花妻孙氏、叶德先妻陆氏、丁玉堂妻包氏、顾春晖妻陈氏、俞正芳妻程氏、周贞女、黄贞女、金贞女立。道光二十一年九月清节堂建。

【译文】 旌表节孝贞女总碑亭,在虎丘山的南侧,是为夏炳泉的妻子许氏、金世城的妻子袁氏、陶维灏的妻子陈氏、汪宗灏的妻子庄氏、徐□□的妻子唐氏、邹□□的妻子赵氏、花禹九的妻子汪氏、尤正声的妻子钱氏、周邦彦的妾黄氏、徐关□的妻子周氏、程声金的妻子徐氏、顾天禄的妻子潘氏、陈裕魁的妻子邱氏、曹□□的妻子朱氏、孙大来的妻子赵氏、蒋善先的妻子王氏、沙鸣皋的妻子胡氏、王启东的妻子黄氏、王裕观的妻子沈氏、祝鲁山的妻子黄氏、俞维德的妻子王氏、陆东来的妻子方氏、赵光裕的妻子姚氏、陆茂先的妻子吴氏、王铁花的妻子孙氏、叶德先的妻子陆氏、丁玉堂的妻子包氏、顾春晖的妻子陈氏、俞正芳的妻子程氏、周贞女、黄贞女、金贞女而立。道光二十一年九月由清节堂所修建。

义 局

普济堂

在山塘下岸。康熙四十九年郡人陈明智、顾龙等募建,以收养病民,供给衣食药饵,略如京师善堂之制,何焯记。内建三皇殿、关帝殿。五十五年圣祖御书"香岩普济"额以赐。乾隆二年奉旨拨给没官房价银,置田八顷四十四亩有奇,又绅士助置田二顷六十亩有奇。始为绅士经理,乾隆二十七年巡抚陈宏谋檄委督粮同知潘恂议立规条,归官经理。三十一年巡抚明德增建病房五十一间,又拨给通州、崇明玉心、如意诸沙田,续置抚恤经费,定规条刊榜,曹秀先记。以郡城殷实富户轮年递充司事,蝉联举报,而富户每视为畏途。道光十九年,司事顾宗淦请于阊门聚龙桥济至方基口设立渡船,以租息充堂中。每月初二日、十六日按给病恙每人八文,为膳菜之需,立碑渡口。吴周钤有《司普济堂一周期满》诗云:"建堂养茕独,推广皇仁慈。董以殷实户,所期实惠施。经费统一周,民销官算之。郡守至幕府,辗转校簿迟。吏胥乘其间,吹毛而求疵。善果不可为,归咎于官司。官乎岂任咎,立法本无私。譬如牧牛羊,须校刍粟资。拱手听牧人,朘克何由知。废法诚不可,补救宜随时。(其一)补救法维何,先问疾所苦。征备(平声。)势使然,畏堂如畏虎。倘益良亩千,租入一岁估。支绌可无虞,疮肉何劳补。所当晓富民,捐输十百数。有如助役钱,免更充保伍。令顺而易行,为山积篑土。而后任谨良,每岁上计簿。公私可久安,信哉利济普。此举创黄堂,颂德如召杜。予责既已谢,予怀此馨吐。(其二)"按:普济堂为陈明智等建,任兆麟有《陈伶传》,盖即明智也。然《传》中称陈伶是浙人,《府志》又云郡人,想系浙产,入籍吴郡者耳。

【译文】 普济堂,在山塘下岸边。清朝康熙四十九年吴郡人陈明智、顾龙等募捐修建,用来收留治疗患病的人,供给他们衣食和药品,大致就像京城善堂的形式,何焯写有记文。普济堂内建有三皇殿、关帝殿。康熙五十五年圣祖皇帝亲笔题写"香岩普济"匾额赏赐给

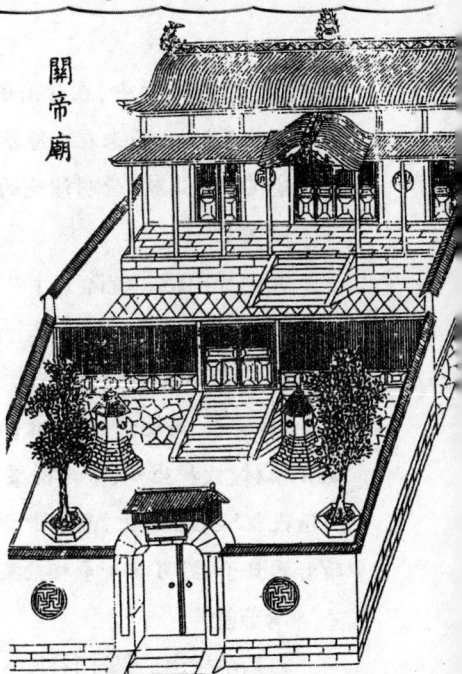

普济堂。乾隆二年奉皇帝的旨意拨给"没官房价银"（即
售卖官府没收的房产所得银款），置买农田八顷四十四亩
多，又有乡绅资助置买农田二顷六十亩多。开始由绅士
经营管理，乾隆二十七年巡抚陈宏谋给督粮同知潘恂发
文书商议建立规则条例，将普济堂收归官府经营管理。
乾隆三十一年巡抚明德增建病房五十一间，又拨给通州、
崇明玉心、如意等沙地，接着又设置抚养孤独无依者的经
费，制定法规条例刊刻以后张贴出去，曹秀先写有记文。
普济常由吴郡城里家庭富裕的人家每年轮流接替充当司
事，因连续不断被检举报告，富裕人家常常把这种差事看
做令人惧怕的事。道光十九年，司事顾宗淦请求从阊门
聚龙桥渡口到方基口设立渡船，把租金利息补充到普济
堂中。每月初二日、十六日经过考核分发给患病和孤独

關帝廟

无依者每人八文钱，作为吃饭的费用，在渡口立碑为记。吴周铃有《司普济堂一周期满》诗
说："建堂养茕独，推广皇仁慈。董以殷实户，所期实惠施。经费统一周，民销官算之。郡
守至幕府，辗转校簿迟。吏胥乘其间，吹毛而求疵。善果不可为，归咎于官司。官乎岂任
咎，立法本无私。譬如牧牛羊，须校刍粟资。拱手听牧人，胲克何由知。废法诚不可，补救
宜随时。（这是第一首诗）。补救法维何，先问疾所苦。征备势使然，畏堂如畏虎。倘益良
亩千，租入一岁估。支绌可无虞，疮肉何劳补。所当晓富民，捐输十百数。有如助役钱，免
更充保伍。令顺而易行，为山积蒉土。而后任谨良，每岁上计簿。公私可久安，信哉利济普。
此举创黄堂，颂德如召杜。予责既已谢，予怀此罄吐。（这是第二首诗）"据考证：普济堂
是陈明智等人修建，任兆麟著有《陈伶传》，陈伶大概就是陈明智。可是《陈伶传》中称陈
伶是浙江人，《苏州府志》又说是吴郡人，想来是出生于浙江，后来迁居入籍到吴郡而已。

诚正堂
在西野芳浜，即与同堂。乾隆元年城西士民蠲建。

【译文】 诚正堂，在西野芳浜，就是与同堂。乾隆元年由城西老百姓捐资修建。

种德堂
在彩云桥西。乾隆八年里人黄国俊等捐建。

【译文】 种德堂，在彩云桥的西侧。乾隆八年本地乡邻黄国俊等捐资修建。

永仁堂
在青山桥西。乾隆十七年郡人张云龙等募设施棺局，旧在南濠水神阁，十九年移建
今所。二十六年巡抚陈宏谋拨通、崇沙地银项，置产以为经费。沈德潜记。

【译文】 永仁堂,在青山桥的西侧。乾隆十七年由吴郡人张云龙等募捐设立的施舍棺材的慈善机构,原来在南濠水神阁,乾隆十九年移建到现在这个地方。乾隆二十六年巡抚陈宏谋拨出通州、崇明沙地的银钱款项,购置产业作为永仁堂的经费。沈德潜写有记文。

同善堂

在虎丘山浜。乾隆五十八年韩是升、董如兰等创建,为掩胳、施棺、放生、修桥、砌路之局。知府任兆坰记。嘉庆十九年增设收埋路毙、溺水等善举。中有亭榭,春秋佳日,士女争集于是,为遨游之地。

【译文】 同善堂,在虎丘山浜。乾隆五十八年韩是升、董如兰等人创建,是埋葬尸骨、施舍棺材、救护生命、修建桥梁、铺砌道路的慈善机构。知府任兆坰写有记文。嘉庆十九年增设收埋死在路上、溺水身亡的无名尸体等慈善事项。同善堂中有亭榭,春秋两季天气晴好的日子,男男女女争相聚集在这里,是游玩的好地方。

清节堂

在斟酌桥南。《吴门补乘》云:"在山南菱行河头,元和九都八图。嘉庆十九年陈道修建。收养无依贞女、嫠妇,听其携带年幼子女,给资教养。堂后有节妇墓,堂中有节妇祠。郡人韩是升为之作引募捐。蒋瑛有记。"

【译文】 清节堂,在斟酌桥的南侧。《吴门补乘》说:"在山南菱行河头,隶属于元和县九都八图。嘉庆十九年由陈道修所建。收养那些没有依靠的贞节妇女、寡妇,让她们携带年幼的子女一起生活,给她们钱财教养子女。清节堂后有节妇墓,清节堂中有节妇祠。吴郡人韩是升为清节堂带头募捐者。蒋瑛写有记文。"

和靖书院

宋端平二年提举曹豳奏请即和靖先生西庵祠为书院,以"和靖"为额,建三省、务本、时习、朋来四斋。刘宰记。后提举马述建君子堂。嘉熙四年提举陈振孙建藏书堂。咸淳初李芾建燕居堂。至元中毁,延祐元年移郡治。嘉靖时仍建为祠。

【译文】 和靖书院,南宋端平二年提举曹豳上奏请求在靠近和靖先生西庵祠的地方修建书院,以"和靖"为匾额,修建三省、务本、时习、朋来四个书斋。刘宰写有记文。后来提举马述修建君子堂。南宋嘉熙四年提举陈振孙修建藏书堂。南宋咸淳初年李芾修建燕居堂。元朝至元年间被毁,元朝延祐元年移建到郡府所在地。明朝嘉靖时仍建为祠堂。

正修讲院

在斟酌桥西。明崇祯十六年吴县知县牛若麟建,祀先贤周、程诸子,后为学舍。十六年若麟去任,民立生祠,徐汧撰《去思碑》。巡抚马祐改名正心书院。归圣脉记。《百城烟水》:"顺治初,为陆孝廉坦卖卜处。"今废。

【译文】 正修讲院,在斟酌桥的西侧。明朝崇祯十六年由吴县知县牛若麟修建,祭祀先贤周敦颐、程颢、程颐等人，后来改为学舍。崇祯十六年牛若麟离任，老百姓给他建立活人祠堂，徐汧撰写《去思碑》。巡抚马祐把正修讲院改名为正心书院。归圣脉写有记文。《百城烟水》："顺治初年，这里是孝廉陆坦以占卜谋生的地方。"现在已经废弃。

白鹿书院

《传是楼书目》："《虎丘分建白鹿书院引言》一卷。"不知何人所撰。

【译文】 白鹿书院，《传是楼书目》："《虎丘分建白鹿书院引言》一卷。"不知道是什么人所撰写的。

普济社学

在普济桥西。明初苏州卫奏建，以教官军子弟。成化二年提学陈选修，兼育民间俊秀。隆庆元年知县蔡国熙重修。

【译文】 普济社学，在普济桥的西侧。明朝初年苏州卫上奏修建，用来教官军子弟。明朝成化二年提学陈选修缮，同时教育民间才智特别优异出众的人。明朝隆庆元年知县蔡国熙重新修缮。

文昌阁文社

《抗尘斋诗略》："汪尧峰先生所倡。"金义植诗云："杰阁开文社，同门喜备员。才人多啸傲，后进或攀缘。纵览江豪彩，真输边腹便。峰头攒列宿，槛外落飞鸢。时事何尝定，文章岂有权。山光久寂寞，野涧任潺湲。"

【译文】 文昌阁文社，《抗尘斋诗略》："汪尧峰先生首先提出修建。"金义植诗说："杰阁开文社，同门喜备员。才人多啸傲，后进或攀缘。纵览江豪彩，真输边腹便。峰头攒列宿，槛外落飞鸢。时事何尝定，文章岂有权。山光久寂寞，野涧任潺湲。"

蒋氏义塾

在半塘彩云桥。工部郎中蒋文澍设立，以教族中无力子弟。徐月锡诗云："纷纷桃李欲成蹊，七里游人枉自迷。手植竹梧翔乳凤，义存风雨出鸣鸡。刘家文论空投几，孔氏经庭断佩觿。最是高山人共仰，青苍真觉与天齐。"

【译文】 蒋氏义塾，在半塘彩云桥。是工部郎中蒋文澍设立的，用来教本家族中家庭没有能力培养的子弟。徐月锡诗说："纷纷桃李欲成蹊，七里游人枉自迷。手植竹梧翔乳凤，义存风雨出鸣鸡。刘家文论空投几，孔氏经庭断佩觿。最是高山人共仰，青苍真觉与天齐。"

书院

清节堂义学

在堂之东。嘉庆二十年建，专课堂中节妇

遗孤。今附近无力居民之子弟,亦多附读于是。

【译文】 清节堂义学,在清节堂的东侧。嘉庆二十年建造,专门教授清节堂中贞节妇女的遗孤。现在附近没有能力的居民的子弟,也大多依附在这里读书。

闻行惜字局

在三泉亭。乾隆年间潘奕隽、沈权等建。今废。

【译文】 闻行惜字局,在三泉亭。清朝乾隆年间由潘奕隽、沈权等人修建。现在已经废弃。

吴县学惜字分局

在东山庙内。道光二十年陈荣桂等从吴县学分设于此。

【译文】 吴县学惜字分局,在东山庙内。道光二十年陈荣桂等人从吴县学分出来设在这个地方。

炉峰别墅

在斟酌桥对岸柳贞烈祠左。道光六年十二月郡人吴复初等购地建屋,设立惜字局。

【译文】 炉峰别墅,在斟酌桥对岸柳贞烈祠堂的左侧。道光六年十二月吴郡人吴复初等人购买土地建造房屋,设立惜字局(一种专门负责焚烧带字纸张的公益机构)。

同善堂丙舍

在普济堂东。为居民无力者寄棺之所,例越期年即瘗义冢。

【译文】 同善堂丙舍,在普济堂的东侧。是没有能力下葬亲属的居民寄存棺材的地方,按照惯例寄存超过一年就埋葬在义冢。

放生官河

旧自绿水桥甘露律院起,至西山庙桥止,始于国朝康熙九年布政慕天颜。嗣乾隆五十九年布政张诚基莅任,凡山塘运河及支流胥禁网捕。

【译文】 放生官河,原来从绿水桥甘露律院起,一直到西山庙桥止,始于本朝康熙九年布政慕天颜。此后乾隆五十九年布政张诚基到任,所有山塘运河和支流全都禁止撒网捕鱼。

茶亭

在小普陀寺前,为行人息足之地。雍正十二年建。陆奎勋记。柱联曰:"皎日当空聊憩息,清风徐拂足淹留。"

【译文】 茶亭,在小普陀寺的前面,是行人休息的地方。雍正十二年修建。陆奎勋写有记文。楹联是:"皎日当空聊憩息,清风徐拂足淹留。"

汪氏义庄

在郦季子巷西。

【译文】 汪氏义庄,在郦季子巷的西侧。

祝氏义庄

在桐桥西。

【译文】 祝氏义庄,在桐桥的西侧。

江氏义塾

在桐桥西。

【译文】 江氏义塾,在桐桥的西侧。

会 馆

冈州会馆

在宝安馆东。国朝康熙十七年义宁商建,嘉庆年间重修,俗呼"扇子会馆"。

【译文】 冈州会馆,在宝安馆的东侧。本朝康熙十七年由义宁商人修建,嘉庆年间重修,俗称"扇子会馆"。

仙城会馆

在山塘桥西。

【译文】 仙城会馆,在山塘桥的西侧。

宝安会馆

在岭南会馆东。国朝康熙十六年东莞商人建。

【译文】 宝安会馆,在岭南会馆的东侧。本朝康熙十六年由东莞商人修建。

岭南会馆

在山塘桥西。明万历间广州商创建,国朝康熙五年重建,有天后殿、关帝殿。

【译文】 岭南会馆,在山塘桥的西侧。明朝万历年间由广州商人创建,本朝康熙五年重建,有天后殿、关帝殿。

雍凉公墅

即全秦会馆,在毛家桥西,俗呼"陕西会馆"。国朝乾隆六年西安商邓廷试、刘辉扬倡建,三十二年袁伦、桑畹征、王正池、李政和等重修。

【译文】 雍凉公墅,就是全秦会馆,在毛家桥的西侧,俗称"陕西会馆"。本朝乾隆六年由西安商人邓廷试、刘辉扬带头修建,乾隆三十二年袁伦、桑畹征、王正池、李政和等重修。

东齐会馆

在全秦馆西。国朝顺治间胶、青、登商建，有关帝殿。

【译文】 东齐会馆，在全秦会馆的西侧。清朝顺治年间由胶州、青州、登州商人修建，有关帝殿。

东官会馆

在半塘。天启乙丑建。康熙十六年移建宝安会馆于岭南会馆东，因武帝像不可动，仍存之，俗呼'老会馆'。今为义厅、茶室。

【译文】 东官会馆，在半塘。明朝天启乙丑年修建。康熙十六年移建宝安会馆到岭南会馆的东侧，因为关羽像不能移动，所以仍然保存在那里，俗称"老会馆"。现在是义厅、茶室。

全晋会馆

在半塘桥。国朝乾隆三十年山西商建，有关帝殿，殿前有白石碑坊，俗呼"白石会馆"。

【译文】 全晋会馆，在半塘桥。本朝乾隆三十年由山西商人修建，有关帝殿，殿前有白石碑坊，俗称"白石会馆"。

翼城会馆

在小武当山西。翼城县商人建，有关帝殿，俗呼"老山西会馆"。

【译文】 翼城会馆，在小武当山的西侧。由翼城县商人修建，有关帝殿，俗称"老山西会馆"。

镇江公所

在小武当。乾隆某年京江商人即大士庵建，仍奉普门大士，僧人主香火焉。

【译文】 镇江公所，在小武当。乾隆某年由京江商人在大士庵附近修建，仍然供奉观世音菩萨，有僧人在这里主持香火。

磨坊公所

在小武当。乾隆庚戌即陆羽楼址改建，中奉马牛王神像，即马牛王庙。

【译文】 磨坊公所，在小武当。乾隆庚戌年就着陆羽楼的基址改建，里面供奉着马牛王神像，就是马牛王庙。

毗陵会馆

在莲花兜。乾隆二十七年常州府属猪商捐建，俗呼"猪行会馆"。

【译文】 毗陵会馆，在莲花兜。乾隆二十七年由常州府属的猪商捐资修建，俗称"猪行会馆"。

卷七 汛地 堤塘 溪桥 场衖

汛 地

桐桥汛

在桐桥对河。一外委官驻防其地,汛隶抚标苏州城守营下。是营分设墩台汛地八十四处,防守吴县、长洲县、元和县、昆山县、新阳县五县地方。吴县汛二十三,长洲县汛十八,元和县汛二十五,昆山县汛七,新阳县汛十一。桐桥汛乃元和县二十五汛地之一也。

(注:清代兵制,凡千总、把总、外委所统率的绿营兵都称"汛",其驻防巡逻的地区称为"汛地"。)

【译文】 桐桥汛,在桐桥对河。有一个外委官领兵驻防在这个地方,这一汛地隶属于抚标苏州城守营下。此营分设墩台驻防巡逻的汛地八十四处,防守吴县、长洲县、元和县、昆山县、新阳县五个县的地方。吴县有汛二十三处,长洲县有汛十八处,元和县有汛二十五处,昆山县有汛七处,新阳县有汛十一处。桐桥汛就是元和县二十五汛之一。

堤 塘

白公堤

即今山塘路也。《图经》:"唐白居易守郡时,尝作虎丘路,免于病涉,亦可障流潦。"《长洲县志》:"自阊门至虎丘,计七里,语云:'七里山塘,行至半塘三里半。'"《采风类记》:"白公堤延亘七里,约三里半为半塘。"宋范成大《半塘》诗

汛台索桥

117

云："柳暗阊门逗晓开,半塘塘下越溪回。炊烟拥柁船船过,芳草绿堤步步来。"自此至山麓,红阑碧树,与绿波画舫相映发,为游赏最胜处。明万历年间修,王稚登、范允临皆有记。舒位《虎丘竹枝词》云:"春堤风嫩草纤纤,绿上裙腰一道粘。不信山塘真七里,弓弓量过绣鞋尖。"

【译文】 白公堤,就是现在的山塘路。《图经》:"唐朝白居易任苏州郡守时,曾经修建虎丘路,可以使人们避免涉水的痛苦,也可以阻挡地面流动的积水。"《长洲县志》:"从阊门到虎丘,总计七里,俗话说:'七里山塘,行至半塘三里半。'"《采风类记》:"白公堤绵延七里,大约三里半为半塘。"南宋范成大《半塘》诗说:"柳暗阊门逗晓开,半塘塘下越溪回。炊烟拥柁船船过,芳草绿堤步步来。"从这里到山脚下,红色的栏杆绿色的树,和绿水画船相映衬,是游览观赏最优佳的地方。明朝万历年间修建,王稚登、范允临都写有记文。舒位《虎丘竹枝词》说:"春堤风嫩草纤纤,绿上裙腰一道粘。不信山塘真七里,弓弓量过绣鞋尖。"

山塘河

《长洲县志》云:"唐白居易始凿渠,以通南北而达运河,由是南行北上,无不便之,而习为通川是也。"《苏州府志》:"山塘桥河,南接沙盆潭,西北行至通贵桥,长一百一丈有奇,北阔三丈有奇,南阔十五丈有奇;自通贵桥至通济桥,长三十六丈有奇,阔二丈有奇;通济桥至半塘桥长三百丈有奇,阔三丈有奇,此为白公堤东段。半塘桥至西山庙桥长二百五十丈,阔四丈有奇,此为白公堤西段。塔影浜等河三道,共长一百六十三丈,阔三丈有奇,此山塘河之支流也。维时舟随橹转,树合溪回,鬓影衣香,薄罗明月,笑语歌呼,帘帷高卷,此身宛坐天上。"顾篔《虎丘山塘词》云:"柳摇花市漾晴溪,七里芳塘锦绣齐。舆骑近来都不尚,游船爱趁夕阳西。"又,舒位《虎丘竹枝词》云:"幻出阎浮色界天,青山绿水两桥边。不知谁障牙筹者,替算他家树上钱。""论片玻璃载酒船,船窗还要紫檀边。肉屏风里黄金穴,压扁山塘水底天。""五月龙船八月灯,绮罗箫鼓水层层。阿谁读破鸳鸯谱,只有巢云阁上僧。"又,蒋泰阶《山塘竹枝词》云:"一路长堤系桂桡,疏帘斜卷隔河遥。诗情画景登时集,烟雨垂杨绿水桥。""野芳浜窄腻春流,斟酌桥高接画楼。晓起买花簪满鬓,粉妆玉琢坐船头。""谁家姊妹擅名多,藉甚香云覆素娥。低语教遮洋布幔,笑将花朵骗鹦哥。""桐桥圆月上楼台,鳞集游船向暮开。今夜传觞应更盛,看他若个夺标回。""拂尘鹅扇挂肩舆,小帽罗衫杂佩裾。入坐便携纤手问,昨遗条脱样何如?""濠上呼朋过日斜,棕鞋布袜老行家。为卿拼得番银白,买赠祥云实地纱。"又,尤维熊《虎丘新竹枝》云:"云母船窗四面安,玉箫金管竹檀乐。却嫌画鼓中流竞,撑出桐桥野水宽。""斟酌青山绿水湄,忽看虹影半天垂。画船傍晚桥门过,细认柁楼人是谁。"又,顾我乐诗云:"归鸦才噪绿杨烟,早有游船沸管弦。我倚篷窗恣情听,几曾抛却沈郎钱。""十笏朱提一曲歌,当筵赚煞众青娥。春花秋月年年事,那记缠头若个多。"

【译文】 山塘河,《长洲县志》说:"唐朝白居易开始挖凿水渠,用来沟通南北直达运河,从此向南行向北走,没有不便利的,而人们习惯称之为通川的就是这个地方。"《苏州府志》:"山塘桥河,南面连接着沙盆潭,向西北流到通贵桥,长一百零一丈多,北面宽三丈多,南面宽十五丈多;从通贵桥到通济桥,长三十六丈多,宽二丈多;通济桥到半塘桥长三百丈多,宽三丈多,这就是白公堤的东段。半塘桥到西山庙桥长二百五十丈,宽四丈多,这里就是白公堤的西段。塔影浜等河三道,共长一百六十三丈,宽三丈多,这是山塘河的支流。有时船随着船橹而摇晃,树木交合溪水回流,女眷们容颜美丽,衣着华贵,罗衫轻薄,月色明亮,欢歌笑语,帘子帷幕高高卷起,这时人们好像身在天堂中一般。"顾篯《虎丘山塘词》说:"柳摇花市漾晴溪,七里芳塘锦绣齐。舆骑近来都不尚,游船爱趁夕阳西。"又有舒位《虎丘竹枝词》说:"幻出阎浮色界天,青山绿水两桥边。不知谁障牙筹者,替算他家树上钱。""论片玻璃载酒船,船窗还要紫檀边。肉屏风里黄金穴,压扁山塘水底天。""五月龙船八月灯,绮罗箫鼓水层层。阿谁读破鸳鸯谱,只有巢云阁上僧。"又有蒋泰阶《山塘竹枝词》说:"一路长堤系桂桡,疏帘斜卷隔河遥。诗情画景登时集,烟雨垂杨绿水桥。""野芳浜窄腻春流,斟酌桥高接画楼。晓起买花簪满鬓,粉妆玉琢坐船头。""谁家姊妹擅名多,藉甚香云覆素娥。低语教遮洋布幔,笑将花朵骗鹦哥。""桐桥圆月上楼台,鳞集游船向暮开。今夜传觞应更盛,看他若个夺标回。""拂尘鹅扇挂肩舆,小帽罗衫杂佩裾。入坐便携纤手问,昨遗条脱样何如?""濠上呼朋过日斜,棕鞋布袜老行家。为卿拼得番银白,买赠祥云实地纱。"再有尤维熊《虎丘新竹枝》说:"云母船窗四面安,玉箫金管竹檀乐。却嫌画鼓中流竞,撑出桐桥野水宽。""斟酌青山绿水湄,忽看虹影半天垂。画船傍晚桥门过,细认柁楼人是谁。"还有顾我乐诗说:"归鸦才噪绿杨烟,早有游船沸管弦。我倚篷窗恣情听,几曾抛却沈郎钱。""十笏朱提一曲歌,当筵赚煞众青娥。春花秋月年年事,那记缠头若个多。"

长荡

文《志》:"有东西二荡,《图经》所谓长荡湖是也。"《府志》:"在府西十里,周二十里。府西诸流,多汇于此,潴为巨浸。后多为豪民所据,遏水畜鱼,河流渐狭。又西北达于运河。《姑苏志》:自胥塘北流,经南濠至阊门外,与北濠山塘水会,曰沙盆潭。自潭西流,出渡僧桥,会枫桥诸水,与虎丘山塘水合,曰射渎,相传吴王尝射于此,故名。一名石渎。其西一水曰白马涧。其东绕出虎丘之北曰长荡。射渎之水横出运河,为浒墅。运河一名漕河,自嘉兴北流,经郡城,又北绕白公堤,出望亭,入无锡界。《续图经》谓之邗沟。"明沈周有《长荡泛舟》诗。

【译文】 长荡,文肇祉《虎丘山志》:"有东西二荡,《图经》所说的长荡湖就是这里。"

《苏州府志》："在府西十里，周长二十里。府西各个水流，大多汇聚到这里，聚集成大湖泊。后来大多被有势力的人所霸占，阻流蓄水养鱼，河流逐渐狭窄。另外，向西北可通到运河。《姑苏志》：从骨塘向北流，经过南濠到阊门外，和北濠山塘水会合，叫沙盆潭。水从沙盆潭向西流，经过渡僧桥，会合枫桥各个水流，和虎丘山塘水会合，叫射渎，相传吴王曾经在这里射箭，所以叫这个名字。又叫石渎。它的西面有一条水流叫白马涧。它向东绕过虎丘的北面的部分叫长荡。射渎的水横出运河，就是浒墅。运河又叫漕河，从嘉兴向北流，经过郡城，又向北绕过白公堤，经过望亭，进入无锡的地界。《续图经》称之为邗沟。"明朝沈周有《长荡泛舟》诗。

溪桥（浜泾附）

（浜，《广韵》："布耕切，安船沟也，纳舟者曰浜。"李翊《俗呼小录》："横绝断港谓之浜。俗作滨，非。"）

【译文】浜，《大宋重修广韵》："布耕反切，指放置船只的水沟，能容纳船只的水沟称为浜。"李翊《俗呼小录》："横绝断港称作浜。俗称滨，是错的。"

东溪

今名东山浜。郭《志》云："进斟酌桥，通虎丘山后。"明王宠有《东溪泛舟》诗，载本集中。郭凤有《寓居东山浜》诗云："东风自缓缓，摇荡春波暖。凭栏待夕阳，画舫一湖满。山林杂罗绮，笑语间箫管。须臾人影乱，人散天亦晚。繁华一洗空，暂为山明眼。新绿众树浓，晚禽啼不断。风吹塔铃声，入耳始清婉。主人不知谁，胜地我乎馆。高卧看人忙，山灵笑予懒。峰顶明月来，下照人影短。此时把一杯，何异金印绶。醉来辄成句，满壁挂诗版。"

【译文】东溪，现在叫东山浜。郭《志》说："进入斟酌桥，通向虎丘山后。"明朝王宠有《东溪泛舟》诗，记载在本集中。郭凤有《寓居东山浜》诗说："东风自缓缓，摇荡春波暖。凭栏待夕阳，画舫一湖满。山林杂罗绮，笑语间箫管。须臾人影乱，人散天亦晚。繁华一洗空，暂为山明眼。新绿众树浓，晚禽啼不断。风吹塔铃声，入耳始清婉。主人不知谁，胜地我乎馆。高卧看人忙，山灵笑予懒。峰顶明月来，下照人影短。此时把一杯，何异金印绶。醉来辄成句，满壁挂诗版。"

落花流水过溪桥

后溪

任《志》云：“今名后山浜。”山人朱隗有诗。

【译文】 后溪，任兆麟《虎阜志》说：“现在叫后山浜。”隐士朱隗有诗咏之。

塔影浜

在虎丘寺南，以塔影尝倒入溪中，故名。永乐中有以塔影倒射为瑞，上闻。或云，郦季子巷内赵氏园中全见虎丘塔影。

【译文】 塔影浜，在虎丘寺的南侧，因为塔影曾经倒映到溪水中，所以叫这个名字。明朝永乐年间有人认为塔影倒映是祥瑞之兆，皇帝也听说了这件事。有人说，郦季子巷内赵氏园中能够看见虎丘塔全部的影子。

西溪

在虎丘山寺西。文《志》“今名寺西浜，亦名西山浜。”唐皮日休、陆龟蒙有《虎丘西溪游泛》诗。

【译文】 西溪，在虎丘山寺的西侧。文肇祉《虎丘山志》“现在叫寺西浜，也叫西山浜。”唐朝皮日休、陆龟蒙有《虎丘西溪游泛》诗。

野芳浜

俗作冶坊浜，即古新泾，见毛珵《记》。在普济桥下塘。姜实节诗云：“野芳浜口南头岸，君住红栏第几桥。此日相思不相见，小楼春望雨潇潇。”任心斋《笔记》云：“吴人常时游虎阜，每于山塘泊舟宴乐，多不登山。冶春避暑，吴娘棹船者咸集野芳浜口。”揽云居士诗云：“觅得百花深处泊，销魂只在野芳浜。”盖销魂之处即销金之窝也。三松居士亦有《游虎丘野芳浜》，诗云：“人言荡子销金窟，我道贫儿觅食乡。”又与揽云诗意相反。

【译文】 野芳浜，俗称冶坊浜，就是古新泾，见毛珵《记》。在普济桥下塘。姜实节诗说：“野芳浜口南头岸，君住红栏第几桥。此日相思不相见，小楼春望雨潇潇。”任心斋《笔记》说：“吴郡的人经常游览虎丘山，常常在山塘停船宴饮欢乐，大多不登山。春游避暑，吴郡划船的年轻女子都聚集在野芳浜渡口。”揽云居士诗说：“觅得百花深处泊，销魂只在野芳浜。”大概销魂之处就是销金之窝（指妓院）。三松居士也有《游虎丘野芳浜》，诗说：“人言荡子销金窟，我道贫儿觅食乡。”又和揽云居士的诗意相反。

花神庙浜

在胜安桥内。明洪武年间建花神庙于此，因以得名。

【译文】 花神庙浜，在胜安桥内。明朝洪武年间在这里修建花神庙，因此得名。

鸭脚浜

为生公放生处，在胜安桥内。任《志》云：“即凫溪也，旧有白椎庵。”明文震孟题“晋生公放生处”六字。此处有泉，俗呼“鸭脚泉”，昔人以鸭脚泉煮虎丘茗为佳品。汪琬《过鸭脚浜》诗云："柳外莺雏弄好音,暂牵画舫入溪阴。栋花欲放黄鱼美,谷雨才晴绿树深。才少不堪文字饮,兴酣那惜短长吟。麦秋时节须行乐,已是功名付陆沉。"

【译文】 鸭脚浜,是晋末高僧竺道生放生处,在胜安桥内。任兆麟《虎阜志》说:"就是兔溪,原来有白椎庵。"明朝文震孟题写"晋生公放生处"六个字。此处有泉,俗称"鸭脚泉",从前的人视鸭脚泉水煮的虎丘茶为佳品。汪琬《过鸭脚浜》诗说:"柳外莺雏弄好音,暂牵画舫入溪阴。栋花欲放黄鱼美,谷雨才晴绿树深。才少不堪文字饮,兴酣那惜短长吟。麦秋时节须行乐,已是功名付陆沉。"

打柴浜

在普济堂西。

【译文】 打柴浜,在普济堂的西侧。

庄前浜

在普济堂东。

【译文】 庄前浜,在普济堂的东侧。

退居浜

在后山。

【译文】 退居浜,在后山。

严家浜

在圆明庵前。

【译文】 严家浜,在圆明庵的前面。

莫家浜

在后山。

【译文】 莫家浜,在后山。

古桥

狻猊浜

在胜安桥内。

【译文】 狻猊浜,在胜安桥内。

叶家浜

在山西。

【译文】 叶家浜,在虎丘山的西侧。

黄泥浜

在后山。

【译文】 黄泥浜,在后山。

紫藤浜

在后山。

【译文】 紫藤浜,在后山。

郁家浜

在小普陀寺西。

【译文】 郁家浜,在小普陀寺的西侧。

杨安浜

在通贵桥下塘。

【译文】 杨安浜,在通贵桥下塘。

渔泾浜

在星桥下塘。

【译文】 渔泾浜,在星桥下塘。

大潭子、小潭子

俱在通贵桥西。

【译文】 大潭子、小潭子,都在通贵桥的西侧。

莲花兜

在桐桥东南。

【译文】 莲花兜,在桐桥的东南侧。

猪行河头

在星桥下塘。

【译文】 猪行河头,在星桥下塘。

缸甏河头

在星桥内。

【译文】 缸甏河头,在星桥内。

石牛头

在星桥内。

【译文】 石牛头,在星桥内。

菱行河头

在虎丘山南。

【译文】 菱行河头,在虎丘山的南侧。

朱砂泾

在虎丘山北。

【译文】 朱砂泾,在虎丘山的北侧。

长泾

在虎丘山西。

【译文】 长泾,在虎丘山的西侧。

花径

俗呼"花泾港",在虎丘山西。

【译文】 花径,俗称"花泾港",在虎丘山的西侧。

里黄花泾

在白杨湾内。

【译文】 里黄花泾,在白杨湾内。

白杨湾

在金鸡墩西。

【译文】 白杨湾,在金鸡墩的西侧。

九坪湾

在后山。

【译文】 九坪湾,在后山。

青黛湖

在长荡内。两岸居民多浚池育鱼,故土人呼为"鱼池路"。路旁皆栽杨柳,以固池防。春夏之交,泛舟于此,浓青烟景,绝妙一幅文氏画图。

【译文】 青黛湖,在长荡内。两岸居民多挖池养鱼,所以当地人称为"鱼池路"。路旁都栽杨柳,用来加固池坝。春夏之交,在这里划船,浓郁的柳色如烟一般,是一幅绝妙的文氏画图。

玉带河

自斟酌桥转出万点桥是也。虎丘山若无斟酌桥、万点桥、望山桥通旱路,便如金、焦两山孤立水中耳。

【译文】 玉带河,从斟酌桥流过万点桥的就是。虎丘山如果没有斟酌桥、万点桥、望山桥和旱路相通,就会像金、焦两山那样孤立地在水中而已。

十字洋

在胜安桥内。顾诒禄《志》云:"以两水会合之处横直作十字形,故名。"其南俗呼"桐桥圩",昔日竞渡龙舟,多集于是。近只纳凉时有一二舟泊此耳。顾志冲《吴中岁时竹枝词》云:"茉莉珠兰花市开,洞庭五月熟杨梅。洋名十字宜消夏,日暮吴姬荡桨回。"

【译文】 十字洋,在胜安桥内。顾诒禄《虎丘山志》说:"因为两条水流会合的地方横竖成为十字形,所以叫这个名字。"它的南面俗称"桐桥圩",以往进行划龙舟比赛,大多聚集在这里。最近只是乘凉时有一、二条船停泊罢了。顾志冲《吴中岁时竹枝词》说："茉莉珠兰花市开,洞庭五月熟杨梅。洋名十字宜消夏,日暮吴姬荡桨回。"

山塘桥

《姑苏志》:"在金阊门外西北。"

【译文】 山塘桥,《姑苏志》:"在金阊门外的西北侧。"

通贵桥

在山塘桥西。明弘治初建。隆庆二年五色云见桥上,故又名瑞云桥。

【译文】 通贵桥,在山塘桥的西侧。明朝弘治初年修建。明朝隆庆二年在桥上出现过五色云彩,所以又叫瑞云桥。

星桥

在通贵桥西。

【译文】 星桥,在通贵桥的西侧。

渔泾浜桥

在星桥下塘。

【译文】 渔泾浜桥,在星桥下塘。

泰定桥

俗名白姆桥,见《姑苏志》。

【译文】 泰定桥,俗称白姆桥,见《姑苏志》记载。

茅家桥

在白姆桥西。

【译文】 茅家桥,在白姆桥的西侧。

里小桥

在莲花兜内。

【译文】 里小桥,在莲花兜内。

六姐姆桥

在星桥内。

【译文】 六姐姆桥,在星桥内。

众安桥

在杨安浜内。

【译文】 众安桥,在杨安浜内。

杨安寺桥

在杨安寺前。

古联拱桥

【译文】 杨安寺桥,在杨安寺的前面。

资福桥

在资福庵前。

【译文】 资福桥,在资福庵的前面。

胜安桥

即桐桥,在山塘。按明夏玑《重修胜安桥记》云:"苏城西北虎丘山塘之半,有桥曰胜安,以木为之。宋端平时里人金暹始易以石梁。明正统己未巡抚周文襄公忱、郡守况公钟重建,增广旧制。弘治己未耆民周泽、郭鉴等募资重建,高加三尺,广十有六尺,并建亭于桥左。"《府志》谓建于咸淳四年,修于明崇祯十一年,再修于国朝嘉庆十年。"桐"作"洞",并无"胜安"之名,似咸淳四年以前无此桥矣,未免失考。或者为官绅修志,惮于采访,多匆促成书,而"津梁"一门,尤无足重轻,故往往沿误,未可定也。道光二十年同善堂重修时,于桥旁得明弘治十二年重建碑,又宋治平元年里民金守暹同母王氏捐建碣,附镌"嘉定四年里尼道景重修"字样,因建立年岁互相符合,名之曰"古胜安桥",董国华记。"金暹"当从宋碣作"金守暹"。李其永《桐桥舟中得句》云:"桥西七十里,不断往来波。千古蛾眉女,此中载得多。三春红烛夜,一片画船歌。自昔成风俗,流波奈若何。"

【译文】 胜安桥,就是桐桥,在山塘。考查明朝夏玑《重修胜安桥记》说:"苏州城西北虎丘山塘中间的地方,有一座桥叫胜安桥,是用木头修建的。到南宋端平年间,本地人金暹将木桥换成石桥。明朝正统己未年巡抚文襄公周忱、郡守况钟重新修建,增加和扩大原来的规模。明朝弘治己未年由当地德高望重的老者周泽、郭鉴等募集资金重新修建,高度增加三尺,宽十六尺,并在桥的左侧修建亭子。"《苏州府志》说这座桥建于南宋咸淳四年,重修于明朝崇祯十一年,再次重修于本朝嘉庆十年。"桐"写作"洞",并没有"胜安"这个名字,好像南宋咸淳四年以前没有这座桥,这种看法未免缺乏考证。或者是官僚士绅编写地方志,嫌实地考查采访太麻烦,大多仓促成书,而"渡口桥梁"一类,更是无足重轻,所以常常沿袭错误,也不一定。道光二十年同善堂重修时,在桥旁得到一块明朝弘治十二年重新修建立的石碑,还有北宋治平元年本地人金守暹和母亲王氏捐资修建时立的石碑,上面刻着"嘉定四年里尼道景重修"的字样,因为与《重修胜安桥记》记载的修建的时间互相符合,所以称之为"古胜安桥",董国华写有记文。"金暹"应当按照宋朝的石碑作"金守暹"。李其永《桐桥舟中得句》说:"桥西七十里,不断往来波。千古蛾眉女,此中载得多。三春红烛夜,一片画船歌。自昔成风俗,流波奈若何。"

彩云桥

《府志》:"在半塘寺前,宋政和元年建。"《半塘小志》:"桥在半塘寺左,横跨山塘。天禧四年增起旧址,建石桥,名曰彩云。"赵执信《月夜过彩云桥》诗云:"湖山寂寞夜迢迢,霜信风中酒易消。还是秋来可怜月，照人独上彩云桥。"

石拱桥

【译文】 彩云桥，《苏州府志》："在半塘寺的前面，北宋政和元年修建。"《半塘小志》："桥在半塘寺的左侧，横跨在山塘上。北宋天禧四年增高原来的基址，修建石桥，名叫彩云。"赵执信《月夜过彩云桥》诗说："湖山寂寞夜迢迢，霜信风中酒易消。还是秋来可怜月，照人独上彩云桥。"

半塘桥

与彩云桥相接，头东尾西者是也。张霭《半塘桥》诗云："佛阁林端出，钟声达暮朝。酒帘飘飏处，知是半塘桥。"又，赵翼诗云："半塘桥北好阴凉，残醉扶来荡画航。临水数家门半掩，更无人处有垂杨。"

【译文】 半塘桥，和彩云桥相连接，头朝东尾朝西的就是。张霭《半塘桥》诗说："佛阁林端出，钟声达暮朝。酒帘飘飏处，知是半塘桥。"又有赵翼的诗说："半塘桥北好阴凉，残醉扶来荡画航。临水数家门半掩，更无人处有垂杨。"

广福桥

在彩云桥南。

【译文】 广福桥，在彩云桥的南侧。

生生桥

在半塘寺旁。

【译文】 生生桥，在半塘寺的旁边。

青山桥

即白云桥。《府志》："在白公桥之西。"陈基《青山桥即事》诗云："两情如水水如环，柳外春桡数往还。招手渡头人不见，二分新月近青山。"

【译文】 青山桥，就是白云桥。《苏州府志》："在白公桥的西侧。"陈基《青山桥即事》诗说："两情如水水如环，柳外春桡数往还。招手渡头人不见，二分新月近青山。"

绿水桥

在青山桥西。《府志》："一名普福桥。明万历二年建，国朝嘉庆三年修。"任兆麟有《过绿水桥》诗云："花事晴暄绿水桥，画楼红袖倚吹箫。春风不管离人恨，依旧青青到柳条。"

【译文】 绿水桥，在青山桥的西侧。《苏州府志》："又叫普福桥。明朝万历二年修建，本朝嘉庆三年重修。"任兆麟有《过绿水桥》诗说："花事晴暄绿水桥,画楼红袖倚吹箫。春风不管离人恨,依旧青青到柳条。"

普福桥

在普福庵前。《府志》以绿水桥作普福桥,误。

【译文】 普福桥,在普福庵的前面。《苏州府志》把绿水桥当做普福桥,是错误的。

白公桥

任《志》:"即白塘桥也,在山塘上。"《姑苏志》:"唐刺史白居易所建。"《府志》:"明万历三十二年重建。"徐士铉《里俗聊闻》:"白公桥、白姆桥俱白居易建。白公桥已湮,尚有遗址在普济桥侧。"

【译文】 白公桥,任兆麟《虎阜志》:"就是白塘桥,在山塘的上面。"《姑苏志》:"是唐朝刺史白居易修建的。"《苏州府志》:"明朝万历三十二年重新修建。"徐士铉《里俗聊闻》:"白公桥、白姆桥都是白居易所建。白公桥已经湮没,其遗址还在普济桥的一侧。"

斟酌桥

任《志》:"在虎丘山寺左。"明万历十三年里人张相泰重建。国朝嘉庆三年知苏州府事任兆坰重建。道光二十一年同善堂重修桥栏。张大纯《过斟酌桥》诗云:"斟酌桥头花草香,画船载酒醉斜阳。桥边水作鹅黄色,也逐笙歌过半塘。""山前山后水盈盈,青雀红栏与岸平。桥畔酒帘斜贴处,酌量三雅向人倾。"又,汪懋麟诗云:"白公堤外水迢迢,吴女花船背橹摇。最爱桥名是斟酌,也须春酒变春潮。"又,顾我乐诗云:"斜日乱莺啼,春波荡桨齐。游人停白舫,野店拆红泥。隐约帘犹隔,招邀路不迷。杖头钱几许,拼掷画栏西。"

【译文】 斟酌桥,任兆麟《虎阜志》:"在虎丘山寺的左侧。"明朝万历十三年本地人张相泰重新修建。本朝嘉庆三年苏州知府任兆坰再次重新修建。道光二十一年同善堂重修了桥栏杆。张大纯《过斟酌桥》诗说:"斟酌桥头花草香,画船载酒醉斜阳。桥边水作鹅黄色,也逐笙歌过半塘。""山前山后水盈盈,青雀红栏与岸平。桥畔酒帘斜贴处,酌量三雅向人倾。"又有汪懋麟诗说:"白公堤外水迢迢,吴女花船背橹摇。最爱桥名是斟酌,也须春酒变春潮。"再有顾我乐诗说:"斜日乱莺啼,春波荡桨齐。游人停白舫,野店拆红泥。隐约帘犹隔,招邀路不迷。杖头钱几许,拼掷画栏西。"

塔影桥

在山浜内。国朝嘉庆三年任太守兆坰建白公祠于蒋氏塔影园遗址,门首建桥,名曰塔影,便入祠之路,赤栏白石,丽景如画。桥联曰:"路入香山社,人维春水舟。"

【译文】 塔影桥,在山浜内。本朝嘉庆三年苏州太守任兆坰在蒋氏塔影园遗址修建白公祠,建桥于门前,名字叫塔影,使进入祠堂的道路变得便利,红色的桥栏配上白色的石头,美景如画。桥上写着对联是:"路入香山社,人维春水舟。"

范家桥

在花园衕内。

【译文】 范家桥,在花园衕内。

虹桥

在后溪。桥门甚低,梅雨水涨,舟高不能过。

【译文】 虹桥,在后溪。桥洞非常低,梅雨季节水涨,高顶的船不能通过。

新塘桥

《姑苏志》:"在虎丘山北。"

【译文】 新塘桥,《姑苏志》:"在虎丘山的北侧。"

望山桥

任《志》:"即便山桥。"《姑苏志》云:"在虎丘山寺前。"

【译文】 望山桥,任兆麟《虎阜志》:"就是便山桥。"《姑苏志》说:"在虎丘山寺的前面。"

万点桥

在虎丘山寺西。《府志》云:"俗呼'饭店桥',明弘治十三年重建。"按:万点桥、斟酌桥旧皆以木为之,明始易以石梁。

【译文】 万点桥,在虎丘山寺的西侧。《苏州府志》说:"俗称'饭店桥',明朝弘治十三年重新修建。"据考证:万点桥、斟酌桥原来都是用木头修建的,明朝时才改建为石桥。

西山庙桥

《府志》:"在望山桥西。国朝康熙九年邑人王廷台等助建,改名元庆桥。"

【译文】 西山庙桥,《苏州府志》:"在望山桥的西侧。本朝康熙九年由吴县人王廷台等人资助修建,改名叫元庆桥。"

西郭桥

一名虎西桥,在西山庙西。《姑苏志》:"郭辖建。国朝康熙十五年重建,刘廷献记。"

【译文】 西郭桥,又叫虎西桥,在西山庙的西侧。《姑苏志》:"是郭辖所建。本朝康熙十五年重新修建,刘廷献写有记文。"

普济桥

在恰贤寺南。国朝康熙四十九年因建普济堂而得名。

石板桥

乾隆五十八年修,道光二十年同善堂重修,董国华记。

【译文】 普济桥,在怡贤寺的南侧。本朝康熙四十九年因为建造普济堂而得名。乾隆五十八年进行了修缮,道光二十年由同善堂重修,董国华写有记文。

同善桥

在普济堂东,俗呼"庄前浜桥",又名小普济桥。任《志》作积善桥,误。桥内多卖鱼妇,聚族而居。

【译文】 同善桥,在普济堂的东侧,俗称"庄前浜桥",又叫小普济桥。任兆麟《虎阜志》写为积善桥,是错误的。桥的里侧聚集了很多卖鱼的妇人,以家族为单位聚居在一起。

龙华寺桥

在打柴浜内。

【译文】 龙华寺桥,在打柴浜内。

引善桥

即迎恩桥,在普济堂西。任《志》分作二桥,误。俗呼"打柴浜桥",以桥畔时有舟艇载树枝停泊于是,分肌劈里,散卖他处,故名。

【译文】 引善桥,就是迎恩桥,在普济堂的西侧。任兆麟《虎阜志》把引善桥和迎恩桥认为是两座桥,是错误的。俗称"打柴浜桥",因为桥的两岸经常有装载着树枝的船停泊在这里,劈开粗大的树枝,分散卖到别的地方,所以叫这个名字。

花津桥

在野芳浜内。

【译文】 花津桥,在野芳浜内。

东庄桥

一名石灰桥,在野芳浜。北为佛华禅院。

【译文】 东庄桥,又叫石灰桥,在野芳浜。北面是佛华禅院。

塌水桥

在野芳浜。

【译文】 塌水桥,在野芳浜。

银杏桥

俗呼"长浜桥",在清节堂侧。国朝道光三年建,二十一年同善堂增设桥栏。

【译文】 银杏桥,俗称"长浜桥",在清节堂的边上。本朝道光三年修建,道光二十一年由同善堂增设桥栏杆。

净土桥

在千人石右。明弘治初僧宗洗建,俗呼"一块桥"。

【译文】 净土桥,在千人石的右侧。是明朝弘治初年僧人宗洗所建,俗称"一块桥"。

双井桥

在陈公楼旁。

【译文】 双井桥,在陈公楼的旁边。

采莲桥

任《志》:"在白莲池旁。"

【译文】 采莲桥,任兆麟《虎阜志》:"在白莲池的旁边。"

二仙桥

在二仙亭前。国朝嘉庆三年建。

【译文】 二仙桥,在二仙亭的前面。本朝嘉庆三年修建。

小武当桥

一名中和桥,在虎丘山北。

【译文】 小武当桥,又叫中和桥,在虎丘山的北侧。

劳获桥

在新塘桥侧。

【译文】 劳获桥,在新塘桥的一侧。

黄土桥

在虎丘山东。

【译文】 黄土桥,在虎丘山的东侧。

金杏桥

在虎丘山北。

【译文】 金杏桥,在虎丘山的北侧。

连城桥

在西郭桥侧首。

【译文】 连城桥,在西郭桥的侧端。

陈公桥

在山北。

【译文】 陈公桥,在虎丘山的北侧。

朱家桥

在山北。

【译文】 朱家桥,在虎丘山北侧。

长泾庙桥

有泄洪功能的石拱桥

在三佛桥内。

【译文】 长泾庙桥,在三佛桥内。

三佛桥

在虎丘山西。

【译文】 三佛桥,在虎丘山的西侧。

十房庄桥

在野芳浜。

【译文】 十房庄桥,在野芳浜。

六房庄桥

在野芳浜。

【译文】 六房庄桥,在野芳浜。

孙板桥

在虎丘山西。

【译文】 孙板桥,在虎丘山的西侧。

场　衖

吴人呼小径曰衖,应是弄之误。《篇海》:"宫中别道曰弄。"《字汇》:"衖,巷也。"

【译文】吴地之人称小路为"衖",这应该是与"弄"字混淆搞错了。《篇海》:"宫中的小道为弄。"《字汇》:"衖,就是小巷的意思。"

会馆场

在桐桥西,即山西会馆前也。

【译文】 会馆场,在桐桥的西侧,就是在山西会馆的前面。

快呒场

在野芳浜对岸。吴人讳"箸"为"快"。曰"呒"者,语助词,见李翊《俗呼小录》。

【译文】 快呒场,在野芳浜的对岸。(吴地之人把"箸"叫做"筷子"。"呒"是语气助词,此说见于李翊《俗呼小录》)

花家场

在席场衖内。

【译文】 花家场,在席场衖内。

花场

一在半塘,一在花园衖口。

【译文】 花场,一个在半塘,一个在花园衖口。

鸡毛场

在尤家衖底。

【译文】 鸡毛场,在尤家衖最里端。

北濠衖

在山塘桥西堍。

【译文】 北濠衖,在山塘桥的西端。

通贵桥衖

在通贵桥大街。

【译文】 通贵桥衖,在通贵桥大街。

郦季子巷

在山塘大街。

【译文】 郦季子衖,在山塘大街。

殳家墙门

在新桥西。

【译文】 殳家墙门,在新桥的西侧。

朱家栈

在白姆桥东。

【译文】 朱家栈,在白姆桥的东侧。

白姆桥衖

一在桥东,一在桥西。

【译文】 白姆桥衖,一条在白姆桥的东侧,一条在白姆桥的西侧。

茅家桥衖

在桥西。

【译文】 茅家桥衖,在茅家桥的西侧。

金家衖

在茅家桥西。

【译文】 金家衖,在茅家桥的西侧。

桐桥衖

一在桥东,一在桥西。

【译文】 桐桥衖,一条在桐桥的东侧,一条在桐桥的西侧。

官水衖

小巷

在桐桥西。国朝道光二十年重修桐桥并观音阁,因于阁下置衖,便人汲水,故名。

【译文】 官水衖,在桐桥的西侧。本朝道光二十年重新修建桐桥和观音阁,顺便在观音阁下设置小路,便于人们打水,所以叫这个名字。

太平衖

在吴孝子坊西。

【译文】 太平衖,在吴孝子坊的西侧。

野猫衖

在半塘桥西。山塘诸衖内皆通郊野,多艺花人所居。任仁发诗云:"幽栖无所事,园圃足生涯。荒径多闲地,随时好种花。"在宋代已然。

【译文】 野猫衖,在半塘桥的西侧。山塘各条小路都通往郊外,大多是种花的人在这里居住。任仁发诗说:"幽栖无所事,园圃足生涯。荒径多闲地,随时好种花。"在宋代已经这样。

尤家衖

在唐孝子坊西。

【译文】 尤家衖,在唐孝子坊的西侧。

井亭衖

在陈氏节孝坊东。

【译文】 井亭衖,在陈氏节孝坊的东侧。

吉祥衖

在快哑场。

【译文】 吉祥衖,在快哑场。

黄家巷

在青山桥侧。

【译文】 黄家衖,在青山桥的一侧。

马营衖

在绿水桥西。今衖内皆为花圃。

【译文】 马营衖,在绿水桥的西侧。现在巷内都是花圃。

花园衖

在斟酌桥东。衖口即花场,每晨鬻花处也。凡山塘市肆、工作,多散居于诸衖之内。

【译文】 花园衖,在斟酌桥的东侧。巷口就是花场,是每天早晨卖花的地方。凡是山塘的集市店铺、作坊,大多散居在各巷之内。

申家衖

在虎丘山寺东,通山浜。

【译文】 申家衙,在虎丘山寺的东侧,通往山浜。

松蹊衙、柏径衙

俗呼柏树衙,在山门内。墙上开窦,上有榜,曰"松蹊",曰"柏径"。

【译文】 松蹊衙、柏径衙,(俗称柏树衙)在山门内。墙上开凿有洞口,上面挂有匾额,写着"松蹊","柏径"。

席场衙

在寺西。昔居人多于此织席,故名。今衙中多线带作。

【译文】 席场衙,在寺庙的西侧。过去居民大多在这里编织席子,所以叫这个名字。现在巷子中大多是制作线带的作坊。

一天门

在虎丘后山,面东,有亭翼然。凡他省之为客于吴者,问讣耗成除丧服,同乡祭奠,俱集于此。昔为山寺正门,后改南向,临大路,故俗有"翻转虎丘山"之说。

【译文】 一天门,在虎丘后山,面朝东,有一座亭子像鸟张开翅膀一样。凡是其他省在吴郡作客的人,吊丧、穿脱孝服,同乡祭奠,都聚集在这里。过去是山寺的正门,后来改为朝南,面对着大路,所以俗语中有"翻转虎丘山"的说法。

百步街

即念珠步,在后山。

【译文】 百步街,就是念珠步,在后山。

西斜巷

在虎丘山西。

【译文】 西斜巷,在虎丘山的西侧。

富家巷

在虎丘后。

【译文】 富家巷,在虎丘山的后面。

莫家巷

在一天门东。

【译文】 莫家巷,在一天门的东侧。

后宋巷

在虎丘山后。

【译文】 后宋巷,在虎丘山的后面。

东庄

水巷

在野芳浜。

【译文】 东庄,在野芳浜。

六房庄、十房庄

在野芳浜南。

【译文】 六房庄、十房庄,在野芳浜的南侧。

申家庄

在虎丘后山。

【译文】 申家庄,在虎丘后山。

王家庄

在虎丘山北。

【译文】 王家庄,在虎丘山的北侧。

张家庄

在长荡。

【译文】 张家庄,在长荡。

古香村

在长泾。居民多艺玫瑰、木犀为业,春阑秋半,香气袭人眉宇。

【译文】 古香村,在长泾。居民大多以种植玫瑰、木犀为职业,晚春或仲秋时节,香气扑面而来。

木犀径

在花园衖内。其地多艺花人所居,遍地种桂,高下林立。花时,人至其间,香沁肺腑,如行天香深处。乾嘉间,莫家浜一带桂花尤盛,游者往往自一天门渡至其处,徘徊不去。

【译文】 木犀径,在花园衖内。那里大多是种花的人所居住,遍地种植桂花,高高低低的桂花树非常多。开花时节,人们走到桂花树中间,香气沁人肺腑,如同行走在浓浓的芳香之中。乾嘉年间,莫家浜一带桂花更茂盛,游览的人往往从一天门乘船到这个地方,流连忘返。

村外河边吃饭

陆家塘

在虎丘山南。

【译文】 陆家塘,在虎丘山的南侧。

南村

在西溪。

【译文】 南村,在西溪。

袁家村

在后山。

【译文】　袁家村,在后山。

花埠

在彩云里。

【译文】　花埠,在彩云里。

白华里

在山西。

【译文】　白华里,在虎丘山的西侧。

西华里

在山西。

【译文】　西华里,在虎丘山的西侧。

彩云里

即彩云乡。

【译文】　彩云里,就是彩云乡。

燕子墩

在山浜,即一榭园后高垄,乃虎阜山麓也,俗又呼为"山冈子"。竞渡市,游人争集,可以了远,兼设茶桌,以憩游屐。

【译文】　燕子墩,在山浜,就是一榭园后面的高地,是虎丘山脚,又俗称为"山冈子"。在划龙船比赛时,游人争相聚集在这里,可以瞭望远处的风景,这里还摆设了茶桌,以供游人休息。

金鸡墩

在虎丘山西二里。《长洲县志》:"即真姬墓。"

【译文】　金鸡墩,在虎丘山的西侧二里。《长洲县志》:"就是真姬墓。"

破虏墩

在茅家桥后。

【译文】　破虏墩,在茅家桥的后面。

卷八　宅第（园林附）

莫格宅

在虎丘。见《越绝书》。《府志》："今山后有莫家巷。"

【译文】　莫格的第宅，在虎丘。见《越绝书》的记载。《苏州府志》："现在山后有莫家巷。"

朱太守梁宅

在虎丘。《姑苏志》："汉朱梁仕为吴郡太守，居虎丘山。今吴郡朱氏多出其后。"

【译文】　太守朱梁的宅第，在虎丘。《姑苏志》："汉朝朱梁任吴郡太守，住在虎丘山。现在吴郡姓朱的人大多是他的后代。"

王司徒珣、司空珉别馆

即今东山庙、西山庙址。《晋书》：珣宅在白华里，别馆在虎丘，与弟珉夹石涧东西以居，后为寺。顾苓《虎丘序》云："短簿弟兄，中分涧壑，以为别墅，知不可久居，乃舍为寺。"朱长文《王珣别馆》诗云："海涌当年旧有山，吴王瘗葬倚层峦。谁知国破丘陵在，兄弟幽居属二难。"国朝吴伟业诗云："舍宅风流尚可追，王郎别墅几人知。即今谁令桓公喜，正是山花欲笑时。"

【译文】　司徒王珣、司空王珉的别墅，就是现在东山庙、西山庙的地方。《晋书》：王珣的宅第在白华里，别墅在虎丘，和他的弟弟王珉在石涧东西两侧居住，他们的宅第后来变成了寺庙。顾苓《虎丘序》说："王珣弟兄，在山涧沟壑两侧，建造别墅，知道不能长久居住，就捐献出去作为寺庙。"朱长文《王珣别馆》诗说："海涌当年旧有山，吴王瘗葬倚层峦。谁知国破丘陵在，兄弟幽居属二难。"清朝吴伟业的诗说："舍宅风

官宅

流尚可追,王郎别墅几人知。即今谁令桓公喜,正是山花欲笑时。"

何氏三高宅

在虎丘山。《元和县志》:"齐何求与其二弟点、允俱隐此。"朱长文诗云:"云霞咫尺压吴郊,乘兴斯须棹小舠。欲往从之嗟未得,羡他何氏有三高。"又,黄滔《咏虎丘何三高宅》有句云:"千载三吴有高迹,虎丘山翠益崔巍。"

【译文】 何氏三高宅,在虎丘山。《元和县志》:"南北朝时齐朝的何求和他的两个弟弟何点、何允都隐居在这里。"朱长文的诗说:"云霞咫尺压吴郊,乘兴斯须棹小舠。欲往从之嗟未得,羡他何氏有三高。"又有黄滔《咏虎丘何三高宅》诗句说:"千载三吴有高迹,虎丘山翠益崔巍。"

萧王孙思遇寓舍

在虎丘东山。按:思遇字望明,梁武帝从孙。性简静慕道,不乐仕进,隐居虎丘东山。见《广博物志》。

【译文】 梁王孙萧思遇的住所,在虎丘东山。据考证:萧思遇字望明,是梁武帝的侄孙。他性情简朴淡静,仰慕道家思想,不喜欢做官,隐居在虎丘东山。见《广博物志》的记载。

顾中书越宅

在虎丘山。《南史》:越字允南,吴郡盐官人。梁武帝时除五经博士,以世路未平,无心仕进,归乡栖隐于虎丘山。入陈,历官至中书舍人。著有《毛诗》《老子》《孝经》《论语》等义疏四十余卷,集二卷。

【译文】 中书舍人顾越的宅第,在虎丘山。《南史》:顾越字允南,是吴郡盐官人。梁武帝时授予五经博士,因为世道尚不太平,无心做官,回家乡隐居在虎丘山。陈朝时,他官至中书舍人。著有《毛诗》《老子》《孝经》《论语》等义疏四十余卷,文集二卷。

史谏议德义宅

在虎丘山。《旧唐书》:德义,昆山人。咸亨初隐居虎丘山,以琴书自适,或骑牛带瓢,出入郊郭东市,号为逸人。天授初荐授谏议大夫。

【译文】 谏议大夫史德义的宅第,在虎丘山。《旧唐书》:史德义,是昆山人。唐朝咸亨初年隐居在虎丘山,以弹琴书法为乐,有时骑上牛带着洒瓢,出入于城郊东的街市,号为逸人。天授初年得到举荐,授谏议大夫之职。

陆太祝羽寓舍

在虎丘山北。文《志》:"即陆羽楼。"详《名胜》。

【译文】 太祝陆羽的住所,在虎丘山的北侧。文肇祉《虎丘山志》:"就是陆羽楼。"详细情况见《名胜》。

李拾遗绅寓舍

在虎丘。沈亚之《传》："绅字公垂,本赵人,徙家于吴。少贫嗜学,常寓虎阜,读书山中。元和中擢第,召拜左拾遗。"

【译文】 左拾遗李绅的住所,在虎丘。沈亚之《传》："李绅字公垂,本来是赵人,举家迁居到吴地。年少时贫穷,非常喜欢学习,常寓居在虎丘,在山中读书。唐朝元和年间举家科举及第,被授予左拾遗之职。"

韩少尉绅卿田园

在虎丘。《全唐诗》："绅卿,南阳人,为高邮尉。"与李端友善,端尝赠以诗云:"少寻道士居嵩岭,晚事高僧仕沃州。齿发未知何处老,身名且被外人愁。欲随山水居毛洞,已有田园在虎丘。独怪子猷缘掌马,雪时不肯更乘舟。"

【译文】 少尉韩绅卿的田园,在虎丘。《全唐诗》："韩绅卿,是南阳人,任高邮少尉。"和李端非常友好,李端曾经为他赠诗:"少寻道士居嵩岭,晚事高僧住沃州。齿发未知何处老,身名且被外人愁。欲随山水居毛洞,已有田园在虎丘。独怪子猷缘掌马,雪时不肯更乘舟。"

陆处士龟蒙寓舍

在西溪。文《志》："龟蒙字鲁望,举进士不第,自号天随子。尝与皮日休寓虎阜,有《西溪倡和》诗。"

【译文】 隐士陆龟蒙的住所,在西溪。文肇祉《虎丘山志》："陆龟蒙字鲁望,考进士没有考中,自己取号叫天随子。曾经和皮日休客居在虎丘山,有《西溪倡和》诗。"

鱼处士宅

在虎丘。《全唐诗》："鱼处士逸其名,隐居虎丘山。"赵嘏尝赠以诗云:"兰若云深处,前年客重过。岩空秋色动,水阔夕阳多。早负江湖志,今如鬓发何。惟君闲胜我,钓艇在烟波。"

【译文】 鱼处士的宅第,在虎丘。《全唐诗》："鱼处士名字不为人知,隐居在虎丘山。"赵嘏曾经为他赠诗:"兰若云深处,前年客重过。岩空秋色动,水阔夕阳多。早负江湖志,今如鬓发何。惟君闲胜我,钓艇在烟波。"

任居士尽言寓舍

在白公堤。按:任尝有《寓白公堤》诗。

【译文】 隐士任尽言的住所,在白公堤。据考证:任尽言曾经写有《寓白公堤》诗。

都官书院

在虎丘山寺。任《志》："宋龚都官宗元读书处。"《中吴纪闻》："宗元字会之。读书虎丘山寺,为乡贡首选,天圣五年擢第,终都官员外郎。著有《虎阜居士文稿》。"

【译文】 都官书院,在虎丘山寺。任兆麟《虎阜志》："都官书院是北宋都官员外郎龚宗元读书的地方。"《中吴纪闻》："龚宗元字会之。在虎丘山寺读书，是州县首选推荐参加科举的人，北宋天圣五年考中进士，最终任都官员外郎。著有《虎阜居士文稿》。"

尹和靖寓舍

在虎丘西麓，即三畏斋、通幽轩。详《名胜》。

【译文】 尹和靖的住所，在虎丘山西侧的山脚下，就是三畏斋、通幽轩。详细情况见《名胜》。

郑隐士震宅

在虎丘。《府志》："震字叔起，连江人。淳祐年为和靖书院山长，居虎丘。著有《易注无极太极说》、《菊山集》。"

【译文】 隐士郑震的宅第，在虎丘。《苏州府志》："郑震字叔起，是连江人。南宋淳祐年间任和靖书院山长，居住在虎丘。著有《易注无极太极说》、《菊山集》。"

丁谓读书处

文《志》："在虎丘。"梅询《和丁谓游虎丘诗》句云："金钺传呼投钓渚，宝天辉映读书山。"按：谓有《虎丘集》，是尝居此山也。

【译文】 丁谓读书处，文肇祉《虎丘山志》："在虎丘。"梅询《和丁谓游虎丘诗》中有诗句："金钺传呼投钓渚，宝天辉映读书山。"据考证：丁谓著有《虎丘集》，这说明他曾经居住在虎丘山。

张逸民庆之宅

在虎丘。《府志》："庆之字子善。出入经史百氏，好山水游。著有《虎丘赋》、《海峰文编》、《老子德》、《孔孟衍义》、《续胡曾咏史》诗若干首。自号海峰逸叟，作《海峰逸民传》。"

【译文】 隐士张庆之的宅第，在虎丘。《苏州府志》："张庆之字子善。精通经史诸子百家，喜欢游山玩水。著有《虎丘赋》、《海峰文编》、《老子德》、《孔孟衍义》、《续胡曾咏史》诗若干首。自己取号叫海峰逸叟，撰写了《海峰逸民传》。"

寿乐堂

在虎丘。《府志》："宋吕浩叟宅，国亡隐此。"

【译文】 寿乐堂，在虎丘。《苏州府志》："是宋朝吕浩叟的宅第，宋灭亡后他隐居在这里。"

赵承旨孟頫寓舍

在虎丘。文《志》："孟頫字子昂，居吴兴。仕元，官翰林承旨、集贤学士，诗画皆入妙。入吴都，必寓虎阜。"

【译文】 承旨赵孟頫的住所，在虎丘。文肇

中国旧式庭院

祉《虎丘山志》："赵孟頫字子昂,居住在吴兴。在元朝做官,任翰林承旨、集贤学士,诗画都很精妙。他只要到苏州来,一定住在虎丘。"

张处士雨寓舍

在西原僧房。雨字伯雨,又号句曲外史。见文《志》。

【译文】 隐士张雨的住所,在虎丘西侧平地的僧房。张雨字伯雨,又号句曲外史。详细情况见文肇祉《虎丘山志》的记载。

姚少师广孝寓舍

在虎丘。文《志》："广孝靖难功成,坚不受封,归寓虎阜,不改初服。"

【译文】 少师姚广孝的住所,在虎丘。文肇祉《虎丘山志》："姚广孝在靖难之役中立下大功,但坚决不肯受封,返回家乡住在虎丘,不改变原来的穿着。"

徐布政贲寓舍

在虎丘。任《志》："贲字幼文,其先蜀人,徙平江,尝寓虎丘。以荐历河南布政。"

【译文】 布政使徐贲的住所,在虎丘。任兆麟《虎阜志》："徐贲字幼文,他的祖先是四川人,迁徙到苏州,他曾经住在虎丘。因被举荐入仕,官至河南左布政使。"

杨按察基寓舍

在虎丘。任《志》："基字孟载,尝寓虎丘。以荐历山西按察。"

【译文】 按察使杨基的住所,在虎丘。任兆麟《虎阜志》："杨基字孟载,曾经住在虎丘。因被举荐入仕,官至山西按察使。"

陶翰林安寓舍

在半塘寺。按:安,当涂人。由荐征,官至翰林学士。有《寓居半塘寺》诗云:"息程来借赞公房,暂泊扁舟向石塘。苔径烟萝浮竹翠,风檐花雨发天香。僧衣法座持仙梵,人叩禅机入道场。明访虎丘应不远,云边楼阁拥青苍。"

【译文】 翰林学士陶安的住所,在半塘寺。据考证:陶安,当涂人。由他人举荐而被朝廷征招,官至翰林学士。有《寓居半塘寺》诗说:"息程来借赞公房,暂泊扁舟向石塘。苔径烟萝浮竹翠,风檐花雨发天香。僧衣法座持仙梵,人叩禅机入道场。明访虎丘应不远,云边楼阁拥青苍。"

沈仲升宅

在半塘。毛珵记。仲升,宋贡士埠曾孙。

【译文】 沈仲升的宅第,在半塘。毛珵有记文。沈仲升,宋朝贡士沈埠的曾孙。

陈金事祚别业

在虎丘。文《志》："祚字永锡。官福建金事,归治别业于虎丘。"

【译文】 金事陈祚的别墅,在虎丘。文肇祉《虎丘山志》："陈祚字永锡。任福建金事,回家乡在虎丘修建别墅。"

韩氏山庄

在山北。文《志》："韩雍字永熙。正统七年进士,天顺间为两广安抚使,寻谢归,治庄居虎丘山北。卒谥襄毅。"

【译文】　韩氏山庄,在虎丘山的北侧。文肇祉《虎丘山志》："韩雍字永熙。明朝正统七年考中进士,天顺年间曾任两广安抚使,不久辞官回家,在虎丘山的北侧建山庄居住。死后赠谥号为襄毅。"

任太守孜宅

在山塘。徐缙《表》："孜改名敏,字懋善,世居吴淞。少随父僦居山塘,读书佛慧庵。正统戊辰成进士,历官琼州太守。著有《琴理》一卷、《经笥堂类稿》、《山塘竹枝词》。"

【译文】　太守任孜的宅第,在山塘。徐缙《表》："任孜改名叫敏,字懋善,世代居住在吴淞。年少时跟随父亲在山塘租房居住,在佛慧庵读书。明朝正统戊辰年他考中进士,官至琼州太守。著有《琴理》一卷、《经笥堂类稿》、《山塘竹枝词》。"

李太仆应桢别业

在虎丘。《姑苏志》："应桢初名甡,字贞伯。景泰癸酉举人,累官太仆少卿,谢免归,治别业虎丘。"

【译文】　太仆少卿李应桢的别墅,在虎丘。《姑苏志》："李应桢最初的名字叫甡,字贞伯。明朝景泰癸酉年考中举人,官至太仆少卿,辞官回家,在虎丘修建别墅。"

毛御史珵宅

在虎丘下塘。任《志》："珵字贞甫。成化丁未进士,累官南京右副都御史,督视江防,乞归。今虎丘下塘尚有庄田屋庐在焉。"

【译文】　御史毛珵的宅第,在虎丘下塘。任兆麟《虎阜志》："毛珵字贞甫。明朝成化丁未年考中进士,官至南京右副都御史,负责督察长江的防讯工程,后来辞职归乡。现在虎丘下塘还有他的农田房产。"

沈氏竹亭

在虎丘。任《志》："明处士沈伯大尝构池亭,四面栽竹,弦歌其中,额曰'竹亭',月会里人讲乡约于此。祝参政颢题曰'竹亭嘉会',吴暄有《竹亭嘉会记》。"

私家园林休闲

【译文】 沈氏竹亭,在虎丘。任兆麟《虎阜志》:"明朝隐士沈伯大曾经修建池亭,四面栽种竹子,在亭子中奏乐唱歌,匾额是'竹亭',每月聚集乡里人士在这里讲乡约。参政祝颢为之题写匾额'竹亭嘉会',吴瑄有《竹亭嘉会记》。"

玉涵堂

在通贵桥东。任《志》:"明文端公吴一鹏所居。"《明史》:一鹏字南夫,山塘里人。弘治六年进士,累官至大学士,出为南京吏部尚书,卒赠太子太保,谥文端。其地今改戏园,人犹呼之为"阁老厅"。又有真趣园,为公别业,子参政子孝筑以娱亲者。王庭《吴海峰墓铭》云:"文端年七十,参政请养归,为辟堂筑圃,引叠泉山,备游观之娱。"在郦季子巷内,即今赵园。文端著有诗文集十六卷。子孝字海峰,著有《玉涵堂诗》、《明珠集》、《问马集》、《行恕堂日录》等书,私谥贞毅先生。

【译文】 玉涵堂,在通贵桥的东侧。任兆麟《虎阜志》:"是明朝文端公吴一鹏居住的地方。"《明史》:吴一鹏字南夫,是山塘里人。明朝弘治六年考中进士,官至大学士,离开北京就出任南京吏部尚书,死后赠太子太保,谥号是文端。玉涵堂现在改作戏园,人们还称之为"阁老厅"。又有真趣园,是吴一鹏的别墅,是他的儿子、参政吴子孝筑来娱乐父母的。王庭《吴海峰墓铭》说:"吴一鹏七十岁时,吴子孝向朝廷请求回家奉养他,为他修建厅堂开辟园圃,从山上引来错落有致的泉水,园林中凡是游览观赏所需的景物无不具备。"这些都在郦季子巷内,就是现在的赵园。吴一鹏著有诗文集十六卷。吴子孝字海峰,著有《玉涵堂诗》《明珠集》《问马集》《行恕堂日录》等书,死后亲友私谥为贞毅先生。

汤贰尹珍别业

《府志》:"在半塘,中有小隐堂。"文征明《志》:"珍字子重,郡诸生,贡太学,选崇德县县丞。归田后治别业数椽于虎阜半塘,读书著文以老。著有《小隐堂诗集》八卷。"

【译文】 县丞汤珍的别墅,《苏州府志》:"在半塘,别墅里有小隐堂。"文肇祉《虎丘山志》:"汤珍字子重,是吴郡的诸生,选拔到太学去学习,后来选任崇德县县丞。回归乡里之后在虎丘半塘修建别墅数间,以读书写文章终老。著有《小隐堂诗集》八卷。"

邢先生读书房

《吴中往哲记》:"在虎阜西,原儒士邢参所居。"

【译文】 邢先生读书房,《吴中往哲记》:"在虎丘的西侧,原来是儒士邢参居住的地方。"

近峰别业

在虎阜旁。王志坚《府志稿》:"皇甫录字世庸,尝筑别业于虎丘之旁,因号近峰。登弘治九年进士,历官顺庆守。罢归,以著述游览为事。著有《近峰闻略》《近峰漫稿》等书。"

【译文】 近峰别墅,在虎丘旁。王志坚《府志稿》:"皇甫录字世庸,曾经在虎丘的旁边修筑别墅,于是就取号叫近峰。明朝弘治九年考中进士,官至顺庆太守。后来被罢官回家,专心从事著述游览。著有《近峰问略》《近峰漫稿》等书。"

陈祭酒寰寓舍

在半塘。任《志》:"寰字惟明,常熟人。正德朝进士,官至南京祭酒。自号虞阳子。寓半塘。著有《琴溪集》。"

【译文】 祭酒陈寰的住所,在半塘。任兆麟《虎阜志》:"陈寰字惟明,是常熟人。明朝正德年间考中进士,官至南京祭酒。自号虞阳子。住在半塘。著有《琴溪集》。"

查公书院

文《志》:"在君子亭西偏,布政查应兆读书处。应兆字瑞征,正德十六年进士,历官至河南布政,谢归,徜徉山水。子懋昌,嘉靖间进士,亦居于是。"

【译文】 查公书院,文肇祉《虎丘山志》:"在君子亭西侧,是布政使查应兆读书的地方。查应兆字瑞征,明朝正德十六年考中进士,官至河南布政使,后来辞官回家,游山玩水乐在其中。他的儿子查懋昌,明朝嘉靖年间的进士,也居住在这里。"

徐有贞读书处

在虎丘。《平原随笔》:"有贞为诸生时,与其友段民邀于谦读书虎丘。"

【译文】 徐有贞读书处,在虎丘。《平原随笔》:"徐有贞为诸生时,和他的朋友段民邀请于谦在虎丘读书。"

王氏别业

在虎阜。文《志》:"王庭字直夫。少以孝称,登嘉靖二年进士,累官江西参议,谢归。有别业在虎丘,闭门无所通谒。"

【译文】 王氏别墅,在虎丘。文肇祉《虎丘山志》:"王庭字直夫。年少时因孝顺而被人称赞,明朝嘉靖二年考中进士,官至江西参议,后来辞官回家。有别墅在虎丘,闭门谢客。"

沈处士周寓舍

在虎丘。文《志》:"周字石田,居相城,入城必寓虎阜。"

【译文】 隐士沈周的住所,在虎丘。文肇祉《虎丘山志》:"沈周字石田,居住在相城,来苏州一定住在虎丘。"

王文学稚登寓舍

在半塘。《明史》:"稚登字百谷,其先武进入,少从父居山塘。北游归,移居锦帆泾。又尝寓半塘寺,题所居曰'半偈庵'。"

【译文】 文学王稚登的住所,在半塘。《明史》:"王稚登字百谷,他的

祖先是武进人,年少时跟从父亲居住在山塘。到北方游学回来,搬迁到锦帆泾居住。又曾经居住在半塘寺,将自己所居住的地方题名为'半偈庵'。"

陆广明及弟仲和宅

俱在半塘。李流芳有《题半塘陆仲和新居》诗云:"好是幽人宅,偏于水木便。天然松障子,宛在竹窗前。晚照留山阁,茶香到客船。埙篪方比舍,曲罢又开筵。"

【译文】 陆广明和他的弟弟陆仲和的宅第,都在半塘。李流芳有《题半塘陆仲和新居》诗说:"好是幽人宅,偏于水木便。天然松障子,宛在竹窗前。晚照留山阁,茶香到客船。埙篪方比舍,曲罢又开筵。"

袁氏别业

在虎丘。文《志》:"礼部员外郎袁襄所构。袁氏世居阊门外,其田庄多在虎阜。"

【译文】 袁氏的别墅,在虎丘。文肇祉《虎丘山志》:"礼部员外郎袁襄所修建。袁襄世代居住在阊门外,他的田庄大多在虎丘。"

文文学伯仁宅

在虎阜西麓。《雁门家乘》:"伯仁字德承,征明兄子。少为诸生,工诗画。始居洞庭之韩村,晚年迁虎阜西麓。著有《五峰集》。"

【译文】 文学文伯仁的宅第,在虎丘山的西侧山脚下。《雁门家乘》:"文伯仁字德承,是文征明哥哥的儿子。年少时是诸生,擅长作诗绘画。最早居住在洞庭的韩村,晚年迁居到虎丘山西麓。著有《五峰集》。"

顾简寓舍

在竹亭。按简有《寓竹亭》诗云:"不觉樱桃尽,徐看兰蕙抽。僧繁殊苦记,山近每忘忧。渐暖或妨出,微阴宜荡舟。桥东红药好,何必主人幽。"

【译文】 顾简的住所,在竹亭。据考证顾简有《寓竹亭》诗:"不觉樱桃尽,徐看兰蕙抽。僧繁殊苦记,山近每忘忧。渐暖或妨出,微阴宜荡舟。桥东红药好,何必主人幽。"

居处士节宅

《吴中艺事》:"在南村。节字士贞,号商谷。工画能诗,著有《牧豕集》《商谷集》。"《古欢录》云:"节徙居半塘,盖节先居南村,后以织造孙隆诬以逋帑系狱,家破而移此也。"何良臣有《赠虎阜居商谷》诗云:"剑丘南去薜萝村,竹树斜封处士门。四韵每从山水得,一生不逐马牛奔。梦回秋雨游仙枕,客到春风瘿木樽。几见少微星尚黑,愿君莫忘布裘温。"

【译文】 隐士居节的宅第,《吴中艺事》:"在南村。居节字士贞,号商谷。擅长绘画作诗,著有《牧豕集》《商谷集》。"《古欢录》说:"居节租房居住在半塘,他的祖辈原本居住在南村,后来因为被织造孙隆诬陷拖欠财物而入狱,家道破落而搬迁到这里。"何良臣有《赠虎阜居商谷》诗说:"剑丘南去薜萝村,竹树斜封处士门。四韵每从山水得,一生不逐马牛奔。梦回秋雨游仙枕，客到春风瘿木樽。几见少微星尚黑，愿君莫忘布裘温。"

王居士人鉴宅

在彩云桥。《府志》："人鉴字德操，少学诗于居节。家彩云桥，堂供古佛，一灯荧然，庭前双桧，可二百年物。凝尘满席，阶下幽花小草，手自灌刈。不茹荤血，面削形癯，见者知为枯禅逸叟也。著有《知希斋集》二卷。"

【译文】 隐士王人鉴的宅第，在彩云桥。《苏州府志》："王人鉴字德操，年少时跟随居节学习作诗。家住彩云桥，厅堂供奉古佛，佛前一点灯火发出微弱的光亮，庭院里种植两棵桧树，大约有二百年的历史了。落下的尘土布满了坐席，台阶下种着幽暗的花和小草，王居士亲手浇水除草。他不吃荤菜肉食，面容消瘦，见过他的人都知道他是长年静坐参禅的老隐士。著有《知希斋集》二卷。"

郭处士圣仆寓舍

在虎丘僧房。按：吴鼎芳、葛一龙皆有《虎丘僧房寻郭圣仆乘月登山》诗。

【译文】 隐士郭圣仆的住所，在虎丘僧房。据考证：吴鼎芳、葛一龙都有《虎丘僧房寻郭圣仆乘月登山》诗。

申文定公时行寓舍

在剑池旁。

【译文】 文定公申时行的住所，在剑池的旁边。

王文学叔承寓舍

在梅花楼。《松陵文献》："叔承字承父，吴江人。游京师不遇，归，纵览山水，寓梅花楼。著有《吴越游》《芙蓉阁稿》诸编。"

【译文】 文学王叔承的住所，在梅花楼。《松陵文献》："王叔承字承父，是吴江人。游学京城而不被赏识，回归家乡，纵情游览山水，住在梅花楼。著有《吴越游》《芙蓉阁稿》等书。"

张孝廉凤翼读书处

在云隐庵。《府志》："凤翼字伯起，寓云隐庵，读书养母。嘉靖甲子举乡试。著有《处实堂文集》《文选纂志》等书。"

【译文】 孝廉张凤翼读书处，在云隐庵。《苏州府志》："张凤翼字伯起，住在云隐庵，读

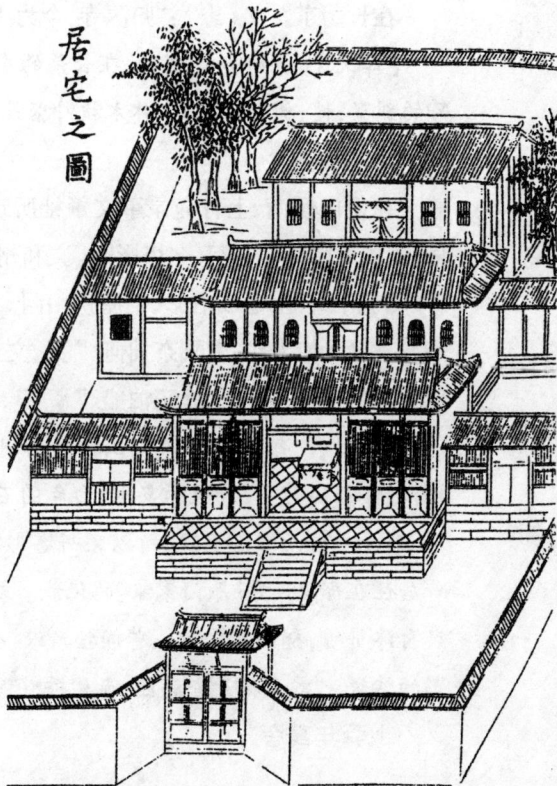

居宅之图

书奉养母亲。明朝嘉靖甲子年参加乡试。著有《处实堂文集》、《文选纂志》等书。"

张叔维宅

在虎丘后山。王醇有《虎丘后山访张叔维》诗云:"磴杪见山尽,烟迷结构重。为寻独栖客,更度一层峰。春望属闲野,幽心宜远钟。还期投宿夜,月出寺门中。"

【译文】 张叔维的宅第,在虎丘后山。王醇有《虎丘后山访张叔维》诗:"磴杪见山尽,烟迷结构重。为寻独栖客,更度一层峰。春望属闲野,幽心宜远钟。还期投宿夜,月出寺门中。"

顾元振宅

在富巷。《五百名贤传》:"元振字碧川,虎丘富巷人。"

【译文】 顾元振的宅第,在富巷。《五百名贤传》:"顾元振字碧川,是虎丘富巷人。"

陈祼宅

在虎丘。《元和县志》:"祼字叔祼。熟精《离骚》、《文选》,工山水。晚年遁迹虎阜,专于诗。著有《姁解集》。"

【译文】 陈祼的宅第,在虎丘。《元和县志》:"陈祼字叔祼。非常熟悉精通《离骚》《文选》,擅长画山水。晚年隐居在虎丘,专心作诗。著有《姁解集》。"

郭少卿仁别业

在长荡东。文《志》:"归源寺,今为少卿别业,楼树辉煌,林木荫翳,称伟观焉。"

【译文】 少卿郭仁别墅,在长荡的东侧。文肇祉《虎丘山志》:"归源寺,现在是郭少卿的别墅,楼、树光彩夺目,林木枝叶繁茂,堪称壮观。"

海涌山庄

在便山桥南,上林苑录事文肇祉所筑。碧梧修竹,清泉白石,极园林之胜,因凿地及泉,池成而塔影见,故又名塔影园。文和州嘉有图,居节曾僦居焉。见《雁门家乘》。肇祉《塔影园》诗云:"凿池成塔影,结屋傍山阿。疑自浮员峤,翻同写翠娥。昔闻挂清汉,今倒映停波。惠我惊人句,赓酬奈拙何。"又,文彭诗云:"篱豆花开香满园,赤栏桥畔塔斜悬。偶思小饮沽村酿,门外鱼虾正泊船。"

【译文】 海涌山庄,在便山桥的南侧,由上林苑录事文肇祉所修建。山庄中有碧绿的梧桐、修长的竹子、清澈的泉水、白色的石头,将园林之美发挥到了极致,因为凿地得到泉水,形成池塘而塔影显现,所以又叫塔影园。和州学正文嘉曾为海涌山庄绘制图画,居节曾居住在那里。见《雁门家乘》的记载。文肇祉《塔影园》诗说:"凿池成塔影,结屋傍山阿。疑自浮员峤,翻同写翠娥。昔闻挂清汉,今倒映停波。惠我惊人句,赓酬奈拙何。"又有文彭的诗说:"篱豆花开香满园,赤栏桥畔塔斜悬。偶思小饮沽村酿,门外鱼虾正泊船。"

卜舜年寓舍

在虎丘。舜年字孟硕，吴江人。少有隽才，尝寓虎丘。著《绿晓斋集》。与潘一桂同学，并工诗赋。一桂有《虎丘怀孟硕》诗云："千人石上三更月，半醉曾听宛转歌。今夜酸风吹瘦影，一帆残雨过山阿。"

【译文】 卜舜年的住所，在虎丘。卜舜年字孟硕，是吴江人。年少时有出众的才智，曾经住在虎丘。著有《绿晓斋集》。和潘一桂同窗共读，两人都擅长诗赋。潘一桂有《虎丘怀孟硕》诗说："千人石上三更月，半醉曾听宛转歌。今夜酸风吹瘦影，一帆残雨过山阿。"

文居士元善宅

在虎丘。王稚登《志》："元善字子长，号虎阜居士，征明孙，父和州学正嘉。喜吟咏，居虎阜。著有《虎丘诗存》一卷。"

【译文】 隐士文元善的宅第，在虎丘。王稚登《吴郡丹青志》："文元善字子长，号虎阜居士，是文征明的孙子，父亲为和州学正文嘉。文元善喜欢作诗，居住在虎丘。著有《虎丘诗存》一卷。"

周龙芝宅

《横山志》："在虎阜。龙芝，吴郡人。世业医，落拓不羁，能为歌诗，有郊、岛之风。"

【译文】 周龙芝的宅第，《横山志》："在虎丘。周龙芝，是吴郡人。世代以医生为职业，行为放浪不受拘束，会写诗，诗作有孟郊、贾岛的风格。"

娄坚寓舍

在山塘。顾诒禄《志》："坚字子柔，嘉定人。工诗。尝寓山塘，与唐时升、程嘉燧、李流芳有《虎丘倡和诗》。"

【译文】 娄坚的住所，在山塘。顾诒禄《虎丘山志》："娄坚字子柔，是嘉定人。擅长作诗。曾经住在山塘，和唐时升、程嘉燧、李流芳有《虎丘倡和诗》。"

东园、西园

俱在彩云里，太仆少卿徐时泰筑。《明诗综》云："时泰字同卿，万历八年进士，官太仆少卿，居彩云里。尝筑东园、西园以自娱，中有东雅堂，以校刊宋本《韩昌黎集》藏其中。"《元和县志》："中有石屏，高三丈，阔二十丈，玲珑刻削，如一幅画图，周时臣所造。"又堂侧高垄上有湖石一座，名瑞云峰，高三丈余。旧闻此石每夜有光烛空，故名。昔已弃置隘巷，踏布坊环之，后界郡治行宫。姜埰《游徐氏东园》诗云："徐氏园林在，招寻独倚筇。三吴金谷地，万古瑞云峰。宿莽依寒雁，重潭伏蛰龙。西园花更好，画本仿南宗。"又，国朝徐崧《瑞云峰》诗云："一片玲珑石，神功讵琢成。

装扮一新的门楼

瑞分芝草秀,奇合夏云生。未肯随朱勔,还应傍同卿。至今荒陇上,剑水气英英。"

【译文】 东园、西园,都在彩云里,是太仆少卿徐时泰所建。《明诗综》说:"徐时泰字同卿,明朝万历八年考中进士,任官太仆少卿,居住在彩云里。曾经修筑东园、西园用来自娱自乐,园中有东雅堂,把校刊宋本《韩昌黎集》藏在其中。"《元和县志》:"园中有石屏,高三丈,宽二十丈,雕刻得精巧细致,如一幅画图,是周时臣所造。"又堂侧高丘上有湖石一座,名叫瑞云峰,高三丈多。原来听说这块石头每天夜晚有光亮照到空中,所以叫这个名字。过去就已经弃置到踏布坊狭窄的小巷里,后来又给搬到了郡治行宫。姜埰《游徐氏东园》诗说:"徐氏园林在,招寻独倚筇。三吴金谷地,万古瑞云峰。宿莽依寒雁,重潭伏蛰龙。西园花更好,画本仿南宗。"又有清朝徐崧《瑞云峰》诗说:"一片玲珑石,神功讵琢成。瑞分芝草秀,奇合夏云生。未肯随朱勔,还应傍同卿。至今荒陇上,剑水气英英。"

沈璜宅

在虎丘山西。《府志》:"璜字璧甫,居虎丘之西。"璜有《移家虎丘》诗云:"杜鹃零落柳藏鸦,僧有余闲转法华。山下人家春事了,扫门迎接赣州花。"

【译文】 沈璜的宅第,在虎丘山的西侧。《苏州府志》:"沈璜字璧甫,居住在虎丘的西侧。"沈璜有《移家虎丘》诗说:"杜鹃零落柳藏鸦,僧有余闲转法华。山下人家春事了,扫门迎接赣州花。"

陆大令坦宅

在山塘。《百城烟水》云:"坦字履常,世居山塘里,有研癖,自号砚隐。长好读书,登崇祯庚午贤书,选南丰县,未赴。尝卖卜于斟酌桥之正修书院。"陈三岛《偕徐松之过履常卜肆》诗云:"孝廉能大隐,旅次一僧寮。卜效君平肆,诗吟斟酌桥。松花沾素服,梅叶洒空瓢。风雨何人至,同过话寂寥。"

【译文】 大令陆坦的宅第,在山塘。《百城烟水》说:"陆坦字履常,世代居住在山塘里,他特别喜欢研墨,自己取号叫砚隐。成年后爱好读书,明朝崇祯庚午年参加乡试考中,选任南丰县,没有去赴任。曾经在斟酌桥的正修书院给别人占卜赚钱。"陈三岛《偕徐松之过履常卜肆》诗说:"孝廉能大隐,旅次一僧寮。卜效君平肆,诗吟斟酌桥。松花沾素服,梅叶洒空瓢。风雨何人至,同过话寂寥。"

陈贞文先生元素宅

在虎丘。《元和县志》:"元素字古白,为诸生。通子史,兼工书法,能画兰,得子昂法。著有《南滁日笺》、《名将传》等书。卒谥贞文先生。"居虎丘时,与

门神

吴江潘一桂友善,一桂有《虎丘过陈古白》诗云:"幽人坐丘壑,山水有灵晖。墨色照青嶂,薄凉深翠微。墙低孤塔见,院静一禽飞。镇日垂帘坐,山僧无是非。"

【译文】　贞文先生陈元素的宅第,在虎丘。《元和县志》:"陈元素字古白,是诸生。精通诸子百家和历史,同时擅长书法,善于画兰花,学习赵孟頫颇为得法。著有《南牖日笺》《名将传》等书。死后赠谥号为贞文先生。"陈元素居住在虎丘时,和吴江潘一桂关系很好,潘一桂有《虎丘过陈古白》诗说:"幽人坐丘壑,山水有灵晖。墨色照青嶂,薄凉深翠微。墙低孤塔见,院静一禽飞。镇日垂帘坐,山僧无是非。"

华文学壮舆宅

在山塘。顾诒禄《志》:"壮舆字方雷,山塘里人,为诸生。崇祯甲申从史可法于军,力战不屈死。'"

【译文】　文学华壮舆的宅第,在山塘。顾诒禄《虎丘山志》:"华壮舆字方雷,山塘本地人,是诸生。明朝崇祯甲申年参加史可法的军队,全力战斗,不屈而死。"

董文学元哲宅

在南村。顾苓《集》:"元哲字浚川,武进诸生。值国变,避地虎丘南村。南都陷,日夜号泣不食,卒。尝赋诗云:'首阳千古风犹在,欲往从之但有心。'"

【译文】　文学董元哲的宅第,在南村。顾苓《集》:"董元哲字浚川,武进的诸生。遭遇战乱,避居到虎丘南村。南京沦陷时,他日夜哭泣不进食,因此而死。曾经赋诗说:'首阳千古风犹在,欲往从之但有心。'"

陈可与读书处

在虎丘。顾元庆《夷白斋诗话》:"可与读书虎丘,尝作歌招余,其略云:'山人早挂席,访我山中客。清夜焚妙香,萝月洒石壁。寒泉煮石铛,细酌话畴昔。'余尝乘月泛舟,访可与于虎丘精舍,可与又赠予诗,有'山中正思尔,良夜喜相过'之句。"

【译文】　陈可与读书处,在虎丘。顾元庆《夷白斋诗话》:"陈可与在虎丘读书,曾经作诗邀请我,诗的大概内容是:'山人早挂席,访我山中客。清夜焚妙香,萝月洒石壁。寒泉煮石铛,细酌话畴昔。'我曾经在月光下划着船,到虎丘隐士修行的地方去拜访陈可与,陈可与又赠给我诗,有'山中正思尔,良夜喜相过'的句子。"

姜行人垓寓舍

在山塘,额曰"山塘小隐"。垓字如须。明亡与兄埰来吴,卜隐虎丘山塘,与叶襄、金俊明、任大任诸宿老相过从。埰有《山塘旅寓》诗云:"忆弟看云日,飘零满地愁。烽烟迷古戍,花草转皇州。作客犹初夏,携家及暮秋。问侬登眺意,憔悴仲宣楼。""地接苍山远,年催白发新。登临兴废眼,离乱死生身。秋水有孤鹜,寒塘无几人。渡江诸弟子,隐意五湖春。"又,叶襄《宴集姜如须山塘小隐》诗云:"系缆青溪侧,衔杯草阁间。槎枒荒树老,惨淡冻云斑。客尽东南辙,人逢大小山。天涯灯鼓盛,相对一开颜。"

【译文】 行人姜垓的住所,在山塘,匾额是"山塘小隐"。姜垓字如须。明朝灭亡后和他的哥哥姜埰一起来到吴郡,选择隐居在虎丘山塘,和叶襄、金俊明、任大任各位老前辈相交往。姜埰有《山塘旅寓》诗说:"忆弟看云日,飘零满地愁。烽烟迷古戍,花草转皇州。作客犹初夏,携家及暮秋。问侬登眺意,憔悴仲宣楼。""地接苍山远,年催白发新。登临兴废眼,离乱死生身。秋水有孤鹜,寒塘无几人。渡江诸弟子,隐意五湖春。"又有叶襄《宴集姜如须山塘小隐》诗说:"系缆青溪侧,衔杯草阁间。槎枒荒树老,惨淡冻云斑。客尽东南辙,人逢大小山。天涯灯鼓盛,相对一开颜。"

黄心甫寓舍

在悟石轩。按:心甫,无锡人。杨补有《答梁溪黄心甫寓悟石轩寄怀》诗云:"好客今无启阁臣,怀君逆旅卧山楹。点头石在堪呼语,沉剑池空莫濯缨。得酒颓然还隐几,评诗独坐适啼莺。邻栖喜有同怀者,遣寂应知仗友生。"

【译文】 黄心甫的住所,在悟石轩。据考证:黄心甫,是无锡人。杨补有《答梁溪黄心甫寓悟石轩寄怀》诗说:"好客今无启阁臣,怀君逆旅卧山楹。点头石在堪呼语,沉剑池空莫濯缨。得酒颓然还隐几,评诗独坐适啼莺。邻栖喜有同怀者,遣寂应知仗友生。"

孤云别墅

在虎丘。任《志》:"征士张拱瑞所居。"《江南通志》:"拱瑞字孟恭,太原人,父官于吴,因家焉。应辟,授职方司主事。明亡,逃于禅,易名兴机,筑别墅于虎丘,榜曰'孤云别墅',栖隐其间,年九十余卒。工诗善画。著有《孤云集》,诗万首。"

【译文】 孤云别墅,在虎丘。任兆麟《虎阜志》:"是不接受朝廷征聘的隐士张拱瑞所居住的地方。"《江南通志》:"张拱瑞字孟恭,是太原人,父亲在吴郡做官,于是家住在吴郡。张拱瑞应皇帝征招,授予职方司主事。明朝灭亡后,他逃到佛寺,改名兴机,在虎丘修建别墅,题匾额为'孤云别墅',隐居在这里,九十多岁时死去。他擅长作诗绘画。著有《孤云集》,写有上万首诗。"

杨补宅

在悟石轩旁,见《答黄心甫》诗。

【译文】 杨补的宅第,在悟石轩的旁边,见《答黄心甫》诗。

殳文学丹生寓舍

在彩云里。《百城烟水》云:"丹生字山夫,桐庐人,为诸生。博学嗜诗,好客游,尝挈妻子寓彩云里。"

【译文】 文学殳丹生的住所,在彩云里。《百城烟水》说:"殳丹生字山夫,是桐庐人,是诸生。博学多识,喜欢写诗,喜欢旅居在外地,曾经带着妻子儿女居住在彩云里。"

农家小院

归文学庄寓舍

在梅花楼。顾苓《集》:"庄字玄恭,昆山人,有光曾孙。工诗文。明亡,弃诸生,寓梅花楼。著有《悬弓集》。"

【译文】 文学归庄的住所,在梅花楼。顾苓《塔影园集》:"归庄字玄恭,昆山人,是归有光的曾孙。擅长作诗写文章。明朝灭亡以后,他放弃诸生这一身份,住在梅花楼。著有《悬弓集》。"

云阳草堂

在虎阜山南,顾文学苓购文肇祉塔影园改筑,万寿祺记。中有倚竹山房、松风寝、照怀亭等胜,苓俱有记,并有《移家塔影园》诗云:"为疏牛马近鱼虾,小小亭台竹树遮。隔岸千人聚箫管,背城七里散烟霞。风流死后真娘墓,丘壑生前短簿家。万事只因颠倒见,浮屠沉影石栏斜。"又,《云阳草堂》诗云:"背山开竹径,隔水设柴扉。秋色依红树,晨花蚀翠微。松筠从此老,杞菊自然肥。若问平生事,斯人无是非。"国朝汪琬《寄赠虎丘顾云美》诗云:"遥羡风流顾恺之,爱翻新曲覆残棋。家临绿水长洲苑,人在青山短簿祠。芳草渐逢归雁后,落花已过浴蚕时。一春不得陪幽赏,苦恨蹉跎鬓满丝。"又,陆肇域《虎丘山南访塔影园旧址》诗云:"画桥波色涨回汀,小憩山南孤棹停。一径松花秋散碧,数峰云气晓衔青。园林无地寻遗址,诗酒当年老客星。欲问风流顾高士,上方塔影响风铃。"

【译文】 云阳草堂,在虎丘山的南侧,是文学顾苓买下了文肇祉塔影园改建而成的,万寿祺有记文。云阳草堂中有倚竹山房、松风寝、照怀亭等优美的景物,顾苓都写有记文,并且有《移家塔影园》诗说:"为疏牛马近鱼虾,小小亭台竹树遮。隔岸千人聚箫管,背城七里散烟霞。风流死后真娘墓,丘壑生前短簿家。万事只因颠倒见,浮屠沉影石栏斜。"又有《云阳草堂》诗说:"背山开竹径,隔水设柴扉。秋色依红树,晨花蚀翠微。松筠从此老,杞菊自然肥。若问平生事,斯人无是非。"清朝汪琬《寄赠虎丘顾云美》诗说:"遥羡风流顾恺之,爱翻新曲覆残棋。家临绿水长洲苑,人在青山短簿祠。芳草渐逢归雁后,落花已过浴蚕时。一春不得陪幽赏,苦恨蹉跎鬓满丝。"又有陆肇域《虎丘山南访塔影园旧址》诗说:"画桥波色涨回汀,小憩山南孤棹停。一径松花秋散碧,数峰云气晓衔青。园林无地寻遗址,诗酒当年老客星。欲问风流顾高士,上方塔影响风铃。"

玉京道人寓舍

在虎丘。《板桥杂记》云:"秦淮女郎卞赛,自称玉京道人。工小楷,能画兰,风枝袅娜,一落笔画十余纸。年十八居虎丘,湘帘棐几,地无纤尘,吴梅村作《听女道士卞玉京弹琴歌》赠之,与同侪中相倡和。后依良医郑保御于山塘,长斋绣佛,刺舌血书《法华经》,以报保御。"

【译文】 玉京道人的住所,在虎丘。《板桥杂记》说:"秦淮女郎卞赛,自称是玉京道人。擅长写小楷,善于画兰花,风吹花枝袅娜,一落笔就画十多张纸。十八岁时居住在虎丘,寓所中挂着湘妃竹做的帘子,摆放着香榧木做的几案,地上没有一点点尘土,吴梅村作《听女道士卞玉京弹琴歌》赠给她,和同辈们相唱和。后来在山塘依附于良医郑保御生活,终年吃素斋刺绣佛像,刺穿舌头用血书写《法华经》,以此来报答郑保御。"

董小宛宅

在半塘。《板桥杂记》云:"董白字小宛。天资巧慧,容貌娟妍,性爱闲静。慕吴门山水,徙居半塘,小筑湖滨,竹篱茅舍,经其户者,则闻咏歌诗声或鼓琴声而已。"

【译文】 董小宛的宅第,在半塘。《板桥杂记》说:"董白字小宛。天资灵巧聪慧,容貌美丽,生性喜爱清闲安静。她向往吴地的山水,搬到半塘居住,在湖畔修建小屋,用竹子做篱笆,用茅草建房舍,从她窗前经过的人,只能听到吟咏诗歌的声音或者弹琴的声音而已。"

柳伴月宅

在东塔院西。《百城烟水》云:"闽人黄处安寓东塔院时,有名媛柳伴月来为西邻,欲以所绣诗画行世,大书于寺门,以招徕贵客。"顾苓《塔影园集》载《赠柳伴月序》,中有"鸳湖宛转,来从西子溪边;虎阜逶迤,暂憩真娘墓下"之句。

【译文】 柳伴月的宅第,在东塔院的西侧。《百城烟水》说:"福建人黄处安住在东塔院的时候,有知名妓女柳伴月住在他的西边,想在世人中间传播她绣的诗画,又在寺门上写大大的字,以招徕那些达官贵人。"顾苓《塔影园集》载《赠柳伴月序》,其中有"鸳湖宛转,来从西子溪边;虎阜逶迤,暂憩真娘墓下"的句子。

沙嫩儿宅

在半塘。《撷芳集》:"沙宛在字嫩儿,自称桃叶女郎,上元妓也。与姊游苏台,卜居半塘,名噪一时,人以二赵、二乔目之。后归叱利,抑郁而死。著有《蝶香阁闺情诗》百首。"

【译文】 沙嫩儿的宅第,在半塘。《撷芳集》:"沙宛在字嫩儿,自称桃叶女郎,是上元的歌女。和姐姐游历苏州,选择居住在半塘,在当时名声很大,人们以二赵、二乔来比拟她们姐妹。后来沙嫩儿嫁给姓叱利的人,抑郁而死。著有《蝶香阁闺情诗》百首。"

石仙人寓

在山塘。《尹湖随笔》云:"石仙人者,未由详其里字。初寓京师,风鉴时流,莫不奇验。既来居山塘,随一老媪,给使役,决人休咎,叩之如响。居数年,并未睹其火食也,人咸以仙人呼之。后不知所终。"

【译文】 石仙人的住所,在山塘。《尹湖随笔》说:"石仙人,住址和名字不详。他当初住在京城，给人相面，没有不应验的。来到这里之后居住在山塘，一个老妇人跟随他一起生活，供他役使，他为别人预测吉凶善恶，凡有询问皆应答如流。在此地住了几年，从没有人看见他烧火做饭，人们都称呼他为仙。后来就不知道他到哪里去了。"

谏草楼

处士姜实节所构，在忠肃公祠旁，为其父贞毅先生垛之影堂。楼东有明给谏熊公开元画像，又思敬居、改过轩、巾箱阁，为实节读书处，中藏赤乌石鼎、宝鼎墓砖二物。周在浚有《过姜贞毅谏草楼》诗云："忆昔崇祯时，臣欺主孤立。贞毅负奇气，请剑明堂泣。廷杖荷君恩，一死在呼吸。忠肝老愈坚，异代戈犹执。谏草藏高楼，香风还习习。"

【译文】　谏草楼，为隐士姜实节所建，在忠肃公祠的旁边，是他的父亲贞毅先生姜垛的影堂。楼的东侧有明朝给谏熊开元的画像，又有思敬居、改过轩、巾箱阁，是姜实节读书的地方，里面藏有赤乌石鼎、宝鼎墓砖两个宝物。周在浚写有《过姜贞毅谏草楼》诗说："忆昔崇祯时，臣欺主孤立。贞毅负奇气，请剑明堂泣。廷杖荷君恩，一死在呼吸。忠肝老愈坚，异代戈犹执。谏草藏高楼，香风还习习。"

丘南书屋

在二山门左。《百城烟水》云："汪文清先生琬读书别业，诸门人所修茸也。圃中圆石，光润可鉴，故又名二十四石圃，其胜处有乞花场、山光塔影楼。后改为汪编修祠，今圮，祠移尧峰山。其乞花场诸胜，遗迹犹存也。"琬有《乞花场杂诗》云："石子冈头扇惠风，乞花场上午天红。蘼芜绿遍棠梨谢，春在鸣鸠谷雨中。""红桥朱塔夹溪山，小立斜阳未拟还。等是暮年开七秩，时流应让此翁闲。"可想见当时文酒之乐。缪沅《访钝翁故居》诗云："山光塔影尚嶙峋，遗筑丘南野水滨。草没垣衣无限感，乞花场上吊诗人。"又，周凤岐诗云："百年文献在丘南，辞直承明卧翠岚。暮雨晓风兰菊尽，断垣何处吊罗含。"

【译文】　丘南书屋，在二山门的左侧。《百城烟水》说："是文清先生汪琬读书的别墅，由他的各位徒弟所修建。园中的圆形石头，光滑温润，像镜子一样，所以又叫二十四石圃，此园优美之处有乞花场、山光塔影楼。后来改为汪编修的祠堂，现在已经倒塌，祠堂移到尧峰山。那乞花场等美景，遗迹还在。"汪琬写有《乞花场杂诗》说："石子冈头扇惠风，乞花场上午天红。蘼芜绿遍棠梨谢，春在鸣鸠谷雨中。""红桥朱塔夹溪山，小立斜阳未拟还。等是暮年开七秩，时流应让此翁闲。"可以想见当时作诗饮酒的欢乐。缪沅《访钝翁故居》的诗说："山光

碧水绕孤村

塔影尚嶙峋，遗筑丘南野水滨。草没垣衣无限感，乞花场上吊诗人。"又有周凤岐的诗说：
"百年文献在丘南，辞直承明卧翠岚。暮雨晓风兰菊尽，断垣何处吊罗舍。"

戴高士易寓舍

文《志》："在竹亭傍。山阴戴易所居。"按《元和县志》："易字南枝，山阴人。苍颜貌古，
喜吟咏，能作径丈八分书，殁于虎丘。"杜诏有《虎丘访山阴戴隐君南枝》诗云："共理登山
屐，兼停访戴船。诛茅容大隐，宿草泣高贤。往事空禾黍，伤心只杜鹃。尘襟聊一濯，清挹
第三泉。"又，王时翔《过戴南枝旧寓》诗云："短簿祠前路，遗民寄旅魂。谁怜晞发叟，未
葬白云村。"

【译文】 隐士戴易的住所，文肇祉《虎丘山志》："在竹亭的旁边。是山阴人戴易所居
住的地方。"考查《元和县志》："戴易字南枝，是山阴人。容颜苍老，相貌质朴，喜欢作诗，
能写直径一丈的隶书，后来死在虎丘。"杜诏写有《虎丘访山阴戴隐君南枝》诗说："共理
登山屐，兼停访戴船。诛茅容大隐，宿草泣高贤。往事空禾黍，伤心只杜鹃。尘襟聊一濯，
清挹第三泉。"又有王时翔《过戴南枝旧寓》诗说："短簿祠前路，遗民寄旅魂。谁怜晞发叟，
未葬白云村。"

阜东草堂

在虎丘山东。任《志》："为吴省吾学博别墅。"徐柯有《吴省吾广文招同泛舟虎阜，过
其别墅阜东草堂听楚生弹琴》诗云："花园村并虎丘东，万蕊千葩在此中。泮水先生真吏
隐，草堂占断百花丛。""百花狼藉不禁当，急桨邀宾置酒尝。六甲行厨珍莫访，新参风月
拜平章。""茗碗香炉取次清，七条弦静泛来轻。银塘如镜试撩取，恐有蘱宾水底鸣。""清
尊永日竟淹留，北阮偏豪大白浮。我是下中小酒户，龙钟拦入竹林游。"

【译文】 阜东草堂，在虎丘山的东侧。任兆麟《虎阜志》："是吴省吾学博的别墅。"
徐柯写有《吴省吾广文招同泛舟虎阜，过其别墅阜东草堂听楚生弹琴》诗说："花园村并
虎丘东，万蕊千葩在此中。泮水先生真吏隐，草堂占断百花丛。""百花狼藉不禁当，急桨
邀宾置酒尝。六甲行厨珍莫访，新参风月拜平章。""茗碗香炉取次清，七条弦静泛来轻。
银塘如镜试撩取，恐有蘱宾水底鸣。""清尊永日竟淹留，北阮偏豪大白浮。我是下中小酒
户，龙钟拦入竹林游。"

朱云子水亭

任《志》："山人朱隗所居。"《百城烟水》："隗字云子，尝筑水亭于佛慧庵旁居焉。弟
陵，字望子，寓半塘寺。"隗有《佛慧庵河亭怀家弟望子半塘寺》诗云："新凉荫草树，凭望
自多愁。两寺孤吟隔，千林一叶秋。晚烟分断磬，细雨罨泥舟。却忆同岑寂，篝灯水次幽。"
又，褚篆有《自佛慧庵渡至东塔院望朱云子水亭》诗云："舟浅容轻渡，高冈绿映滩。一庵
云乱竹，众冢草疑兰。芳阁撑河动，春衣近水寒。微波难致语，峭茜与同看。"

【译文】 朱云子的水亭，任兆麟《虎阜志》："是隐士朱隗所居住的地方。"《百城烟水》："朱隗字云子，曾经在佛慧庵的旁边修建水亭居住在那里。他的弟弟叫朱陵，字望子，居住在半塘寺。"朱隗写有《佛慧庵河亭怀家弟望子半塘寺》诗说："新凉荫草树，凭望自多愁。两寺孤吟隔，千林一叶秋。晚烟分断磬，细雨裛泥舟。却忆同岑寂，篝灯水次幽。"又有诸篆《自佛慧庵渡至东塔院望朱云子水亭》诗说："舟浅容轻渡，高冈绿映滩。一庵云乱竹，众冢草疑兰。芳阁撑河动，春衣近水寒。微波难致语，峭蒨与同看。"

茹岳涛、刘子志寓舍

在虎阜。任《志》："茹与刘俱山阴人，负经济才，来寓虎丘，与姜实节友善。"

【译文】 茹岳涛、刘子志的住所，在虎丘。任兆麟《虎阜志》："茹岳涛和刘子志都是山阴人，有经世济民的才能，到虎丘寓居，和姜实节关系很好。"

徐崧寓舍

在梅花楼。尤侗《序》云："崧字松之，吴江人。博雅好古，囊书载笔，搜讨遗迹，著有《百城烟水》一书。"寓虎阜最久。曹尔堪有《虎丘喜遇徐松之》诗云："白公堤畔偶停舟，忽遇高人喜遍游。自别荷园经数载，正宜茗馆话三秋。酒倾竹叶临仙径，词辑梅花忆寓楼。却怪光阴偏易过，雪霜尔我并盈头。"

【译文】 徐崧的住所，在梅花楼。尤侗《松茨诗稿序》说："徐崧字松之，是吴江人。知识广博气质优雅，喜欢古代文化，常用口袋装着书和笔，四处搜寻访求古代遗迹，著有《百城烟水》一书。"他在虎丘住的时间最长。曹尔堪写有《虎丘喜遇徐松之》诗说："白公堤畔偶停舟，忽遇高人喜遍游。自别荷园经数载，正宜茗馆话三秋。酒倾竹叶临仙径，词辑梅花忆寓楼。却怪光阴偏易过，雪霜尔我并盈头。"

园林一角

余甡寓舍

在虎阜山寺。任《志》："甡字生生，青神人，寓虎丘山寺。同时有闽人陈骝字伯驺、黄晋良字处安，亦侨居东塔院，与太仓顾湄同修《虎丘山志》。"吴绮、曹溶、吴彦芳皆有《集陈伯驺、黄处安虎丘寓楼》诗，纪映钟亦有《虎丘访黄处安不遇》诗云："碧井烟开草色匀，松间宿雨滴苔茵。苍凉白石无尘迹，不问千人问一人。"

【译文】 余甡的住所，在虎丘山寺。任兆麟《虎阜志》："甡字生生，是青神人，住在虎丘山寺。同时有福建人陈骝字伯驺、黄晋良字处安，也寄居在东塔院，和太仓顾湄一起编写《虎丘山志》。"吴绮、曹溶、吴彦芳都写有《集陈伯驺、黄处安虎丘寓楼》诗,纪映钟也写有《虎丘访黄处安不遇》诗说:"碧井烟开草色匀,松间宿雨滴苔茵。苍凉白石无尘迹,不问千人问一人。"

孙上舍云球宅

在虎丘。庄斗《传》:"云球字文玉,吴江人,侨居虎阜。尝卖药得资供母,并精于测量,意造自然晷,定昼夜,晷刻不差分秒,又用水晶刱为眼镜,以佐人目力,有老、少、花、远光、近光之类,随目戴镜,不爽毫发。著有《镜史》一卷行世。"

【译文】 上舍孙云球的宅第,在虎丘。庄斗《传》:"孙云球字文玉,是吴江人,租房住在虎丘。曾以卖药赚钱奉养母亲,并且精通测量,根据想象制造自然晷,定下白天和夜晚的标准,时间上不差分秒,又用水晶刱制眼镜,以此来提升人们的视力,有老、少、花、远光、近光之类,根据眼睛的情况戴眼镜,细微之处也看得很真切。著有《镜史》一卷流行于世。"

陈恪勤公鹏年寓舍

在虎阜。《府志》:"鹏年字北溟,湘潭人。康熙四十七年由纂修出为苏州守,士庶爱慕。四十九年诏兼署江苏布政。有忌鹏年清正者,密奏其所作《虎阜》诗为怨望,劾罢之。"侨居虎阜时,月夜赋《可中亭》诗,一时名士皆和其韵。

【译文】 恪勤公陈鹏年的住所,在虎丘。《苏州府志》:"陈鹏年字北溟,是湘潭人。康熙四十七年由纂修出任苏州太守,深得官民爱戴敬仰。康熙四十九年皇帝下诏命他兼任江苏布政使。有忌恨陈鹏年清廉正直的人,秘密上奏说陈鹏年所作的《虎阜》诗是抒发怨恨的,于是他被弹劾罢免了。"陈鹏年寄居在虎丘的时候,月夜赋《可中亭》诗,当时的名士都与之相和。

花园门

范可询宅

在白公堤。《元和县志》:"可询生有至行,悉以遗资让其弟,卜居白公堤。"

【译文】 范可询的宅第,在白公堤。《元和县志》:"范可询一生有卓越的品性,把全部遗产赠送给他的弟弟,自己选择居住在白公堤。"

李中丞馥寓舍

在普济桥北。任《志》:"馥字鹿山,闽县人,文贞公光地从子。官江苏按察,明慎,民感之,立生祠于普济桥北。嗣巡抚浙江。去官,羁寓吴中,所居即生祠也。"沈德潜有《简虎丘李鹿山中丞》诗云:"虎阜聊云卧,青山竟可赊。忧民还有泪,报国已无家。病蓄三年艾,闲看七里花。海疆沉竹梃,何日障风沙。"

【译文】 中丞李馥的住所,在普济桥的北侧。任兆麟《虎阜志》："李馥字鹿山,是闽县人,文贞公李光地的叔伯侄子。他出任江苏按察使,英明审慎,老百姓感激他,在他活着时就在普济桥的北侧给他修建祠堂。随后又任浙江巡抚。辞官后,寄居在吴郡,所居住的地方就是他的生祠。"沈德潜写有《简虎丘李鹿山中丞》诗说:"虎阜聊云卧,青山竟可赊。忧民还有泪,报国已无家。病蓄三年艾,闲看七里花。海疆沉竹楗,何日障风沙。"

程处士枚吉宅

在望山桥西花园衖内。顾诒禄《志》："枚吉字汝谐,祭酒孙岳颁甥。授徒奉母,居望山桥西。工诗,与姜实节相倡和。"实节有《赠汝谐移居虎丘》诗云:"斟酌桥边市,花园巷里居。石墙低见屋,山溜暗通渠。有客携诗卷,从亲奉板舆。此中多胜境,应不羡华裾。"

【译文】 隐士程枚吉的宅第,在望山桥西花园衖内。顾诒禄《虎丘山志》："程枚吉字汝谐,是祭酒孙岳颁的外甥。教书授徒奉养母亲,居住在望山桥的西侧。擅长作诗,和姜实节互相唱和。"姜实节写有《赠汝谐移居虎丘》诗说:"斟酌桥边市,花园巷里居。石墙低见屋,山溜暗通渠。有客携诗卷,从亲奉板舆。此中多胜境,应不美华裾。"

汪璟寓舍

在白公堤。任《志》："璟字松萝,歙人,寓居白公堤。工隶书,尝选《诗的》行世。"

【译文】 汪璟的住所,在白公堤。任兆麟《虎阜志》："汪璟字松萝,是歙县人,寄居在白公堤。擅长写隶书,曾经编选《诗的》流行于世。"

蒋衡寓舍

在虎丘。任《志》："衡字湘帆,金坛人。工书法,寓虎丘。"

【译文】 蒋衡的住所,在虎丘。任兆麟《虎阜志》："蒋衡字湘帆,是金坛人。擅长书法,住在虎丘。"

草草亭

在便山桥北,结草为之,征士王涛楫所居。谈炎衡《传》："涛楫字逢源,为吴邑诸生。工书法,所居草草亭,著书自娱,生平不轻干人。乾隆元年贡太学,寻以陕西巡抚石某荐举鸿博,未赴,卒。"谈思永有《过王逢源草草亭》诗云:"遗迹苍茫夕照虚,桥边忍过子云居。年年空发山塘草,风雨何人更著书。"

【译文】 草草亭,在便山桥的北侧,采用草编结起来搭建的,是隐士王涛楫所居住的地方。谈炎衡《传》："王涛楫字逢源,是吴县的诸生。擅长书法,住在草草亭,以著书自娱自乐,一生不轻易求别人。乾隆元年被举荐到太学,不久因陕西巡抚石某荐举参加博学鸿词科考试,没有去,过世了。"谈思永写有《过王逢源草草亭》诗说:"遗迹苍茫夕照虚,桥边忍过子云居。年年空发山塘草,风雨何人更著书。"

王山人恒寓舍

在方丈铁花岩。任《志》:"恒字子占,绍兴人。工山水,寓居虎阜方丈十年,绝迹城市。"恒有《深秋寄宿铁花岩》诗。

【译文】 隐士王恒的住所,在方丈铁花岩。任兆麟《虎阜志》:"王恒字子占,是绍兴人。擅长画山水,寄居在虎丘方丈十年,从不踏入城中闹市。"王恒写有《深秋寄宿铁花岩》诗。

郭孝子进宅

在虎丘。顾诒禄《志》:"进字简修,居虎丘,性至孝。著有《回生录》。"

【译文】 孝子郭进的宅第,在虎丘。顾诒禄《虎丘山志》:"郭进字简修,居住在虎丘,极为孝顺。著有《回生录》。"

乐山楼

在西溪南。任《志》:"昆山徐瑞所居,旁有研经堂,张家相记。"顾诒禄《志》:"瑞字勤宣,以孝行著,官浙江布政司掾。归寓虎丘,构乐山楼居焉。喜写梅鼓琴,尝书先儒格言勒于石。著有《百段言》两卷。"

【译文】 乐山楼,在西溪的南侧。任兆麟《虎阜志》:"是昆山徐瑞所居住的地方,旁边有研经堂,张家相有记文。"顾诒禄《虎丘山志》:"徐瑞字勤宣,以孝敬父母的品德而著称,出任浙江布政司掾。辞官后住在虎丘,修建乐山楼居住在那里。喜欢画梅花和弹琴,曾经书写古代儒家的格言并刻在石头上。著有《百段言》两卷。"

仰止斋、野人舟

并在顾吏部太仆合祠内。

【译文】 仰止斋、野人舟,都在吏部太仆顾合的祠堂内。

赵赤霞寓舍

在半塘。曹林有《同金孝章访赤霞于半塘寓中》诗云:"风景半塘好,相携到竹林。烟波聊寄托,花鸟亦关心。爱士倾天下,奇文动古今。山光春可挹,正拟抱琴寻。"

【译文】 赵赤霞的住所,在半塘。曹林写有《同金孝章访赤霞于半塘寓中》诗说:"风景半塘好,相携到竹林。烟波聊寄托,花鸟亦关心。爱士倾天下,奇文动古今。山光春可挹,正拟抱琴寻。"

倪天章宅

在虎丘。陆鏊有《虎丘访倪天章》诗。

【译文】 倪天章的宅第,在虎丘。陆鏊写有《虎丘访倪天章》诗。

项圣谟寓舍

在虎丘。按:项字子京,金陵人。有《客虎丘中秋无月》诗云:"惊心吴楚客,倏忽度中秋。明月生何处,微风倚小楼。孤吟淹北渚,极目望西畴。夜静风传柝,江皋动远愁。"

【译文】 项圣谟的住所,在虎丘。据考证:项圣谟字子京,是金陵人。写有《客虎丘中秋无月》诗说："惊心吴楚客，倏忽度中秋。明月生何处，微风倚小楼。孤吟淹北渚，极目望西畴。夜静风传柝，江皋动远愁。"

乔寅寓舍

在竹亭。按：寅字简襄。徐崧有《简襄寓竹亭，邀同孝章诸君小集》诗云："雨后独焚香，松风日日凉。问君携绿酒，迟我到斜阳。鸥鸟宁无侣，鲈鱼自有乡。何由书远达，江水见情长。"

【译文】 乔寅的住所，在竹亭。据考证：乔寅字简襄。徐崧写有《简襄寓竹亭，邀同孝章诸君小集》诗说："雨后独焚香，松风日日凉。问君携绿酒，迟我到斜阳。鸥鸟宁无侣，鲈鱼自有乡。何由书远达，江水见情长。"

任绳槐寓舍

在仰苏楼。按：绳槐有《寓仰苏楼，族兄钧衡见招舟中社集，即席赋呈吴梅村先生》诗。

【译文】 任绳槐的住所，在仰苏楼。据考证：任绳槐写有《寓仰苏楼，族兄钧衡见招舟中社集，即席赋呈吴梅村先生》诗。

吴太守绮寓舍

在清和书院。按：绮字薗次。徐崧有《过清和书院赠吴薗次郡侯》诗云："风前帐卷飐轻罗，雨后窗开对绿波。最是重阳前二日，晚晴天气似清和。""丰南本是列仙班，七里三桥日往还。纸落云烟吴地少，时人莫比虎丘山。"

【译文】 太守吴绮的住所，在清和书院。据考证：吴绮字薗次。徐崧写有《过清和书院赠吴薗次郡侯》诗说："风前帐卷飐轻罗，雨后窗开对绿波。最是重阳前二日，晚晴天气似清和。""丰南本是列仙班，七里三桥日往还。纸落云烟吴地少，时人莫比虎丘山。"

章眉生宅

在虎丘。钟惺有《虎丘访章生看残雪》诗。

【译文】 章眉生的宅第，在虎丘。钟惺写有《虎丘访章生看残雪》诗。

石居士钧寓舍

在三泉亭。按：石有《酬吴瘦夫过三泉亭见怀》诗，中有"何时过亭子，还共听寒泉"之句。

【译文】 隐士石钧的住所，在三泉亭。据考证：石钧写有《酬吴瘦夫过三泉亭见怀》诗，其中有"何时过亭子，还共听寒泉"的句子。

陈伶明智宅

在山塘。任兆麟《传》："伶，平湖人。以伎游京师，还吴居山塘，于康熙庚寅创建普济堂，许侍御宝善亟称之。"

【译文】 伶人陈明智的宅第，在山塘。任兆麟《传》："陈明智，是平湖人。凭演技在京城交游,回到吴郡后居住在山塘,在康熙庚寅年创建普济堂,侍御史许宝善屡次称赞他。"

缄三别业

在长泾,员外蒋曰梁筑,中有爱闲堂等胜。

【译文】 缄三别墅,在长泾,为员外蒋曰梁所修建,其中有爱闲堂等风景优美之处。

凫溪渔舍

任《志》:"在鸭脚浜,为刺史蒋深别墅,孙恭棐记。"

【译文】 凫溪渔舍,任兆麟《虎阜志》:"在鸭脚浜,是刺史蒋深的别墅,孙恭棐有记文。"

醉沤轩

廉访蒋衡筑。万卷楼,都转蒋华筑。俱在山后北舍。

【译文】 醉沤轩,为按察使蒋衡所修建。万卷楼,为都转盐运使蒋华所修建。都在山后北舍。

赵园

在郦季子巷内,雍正年间赵成秋即吴文瑞公真趣园改筑,中有梅花亭、拜石轩诸胜。乾嘉间已改戏馆,为居人演剧筋宾之便。今屡易园主,夷为荒圃矣。

【译文】 赵园,在郦季子巷内,是雍正年间赵成秋以吴文瑞的真趣园改建的,园中有梅花亭、拜石轩等风景优美的地方。乾嘉年间这里已经改为戏馆,为市民们演剧宴饮宾客提供方便。现在多次更换园主,已被毁坏成为荒芜的园子了。

寒碧山庄

在彩云里,刘观察恕即徐太仆东园改筑,中有传经堂等胜。

【译文】 寒碧山庄,在彩云里,是观察使刘恕以徐太仆的东园改建的,山庄里有传经堂等风景优美的地方。

周征君菉宅

在虎阜。顾诒禄《志》:"菉字俨则,工书画,熟于治河之法。乾隆初荐举博学,菉拂衣去,居虎丘。"

【译文】 隐士周菉的宅第,在虎阜。顾诒禄《虎丘山志》:"周菉字俨则,擅长书画,熟悉治理河道的方法。乾隆初年被推荐参加博学考试,周菉一甩袖子就走了。他住在虎丘。"

杜翰林诏、汪观察为霖、查孝廉憺余寓舍

俱在梅花楼。按:诏字紫纶,无锡人。为霖字春田,如皋人。查世侥字憺余,海宁人。先后寓梅花楼。见钱泳《云岩杂志》。

【译文】 翰林杜诏、观察使汪为霖、孝廉查憺余的住所,都在梅花楼。据考证:杜诏字紫纶,是无锡人。汪为霖字春田,是如皋人。查世侥字憺余,是海宁人。他们先后住在

梅花楼。见钱泳《云岩杂志》。

任上舍兆麟寓舍

在蟾隐山房草志精庐内。按：兆麟字心斋，震泽人，国子生。工著述，与长洲陆肇域同修《虎丘山志》。尝有《憩草志精庐》诗云："结苑南山下，聊遂幽栖志。群籁皆可乐，我心自无滞。伫望翠云寒，翔鸾下天际。"

【译文】 上舍任兆麟的住所，在蟾隐山房草志精庐内。据考证：任兆麟字心斋，是震泽人，是国子生。擅长著述，和长洲陆肇域一起编写《虎丘山志》。曾写过《憩草志精庐》诗："结苑南山下，聊遂幽栖志。群籁皆可乐，我心自无滞。伫望翠云寒，翔鸾下天际。"

夏氏别业

在西山庙西，孝廉夏秉衡筑，中有清绮阁。按顾诒禄《志》："秉衡字谷香，华亭举人。尝筑别墅于虎丘之西。通音律，工填词，有《清绮阁词选》行世。"

【译文】 夏氏的别墅，在西山庙的西侧，是孝廉夏秉衡所修建，别墅中有清绮阁。考查顾诒禄《虎丘山志》："夏秉衡字谷香，是华亭举人。曾经在虎丘山的西侧修建别墅。精通音律，擅长填词，有《清绮阁词选》流行于世。"

蒋氏塔影园

俗呼"蒋园"，在东山浜南，为蒋重光明经所葺，中有宝月廊、香草庐、浮苍阁、随鸥亭诸胜，沈德潜记。嘉庆二年任兆坰购为白公祠。蒋恂堂《塔影园》诗云："园亭已入香山社，松竹犹存蒋径名。秋雨独来寻塔影，隔溪鸥鹭总关情。"

【译文】 蒋氏塔影园，俗称"蒋园"，在东山浜的南侧，是明经蒋重光所修建，园中有宝月廊、香草庐、浮苍阁、随鸥亭等风景优美的地方，沈德潜写有记文。嘉庆二年任兆坰购买来作为白公祠。蒋恂堂《塔影园》诗说："园亭已入香山社，松竹犹存蒋径名。秋雨独来寻塔影，隔溪鸥鹭总关情。"

古香楼

在半塘，徐凤晨读书其中。徐工篆刻，兼善青鸟家言。

【译文】 古香楼，在半塘，徐凤晨在此读书。徐凤晨精于篆刻，同时擅长占卜风水之术。

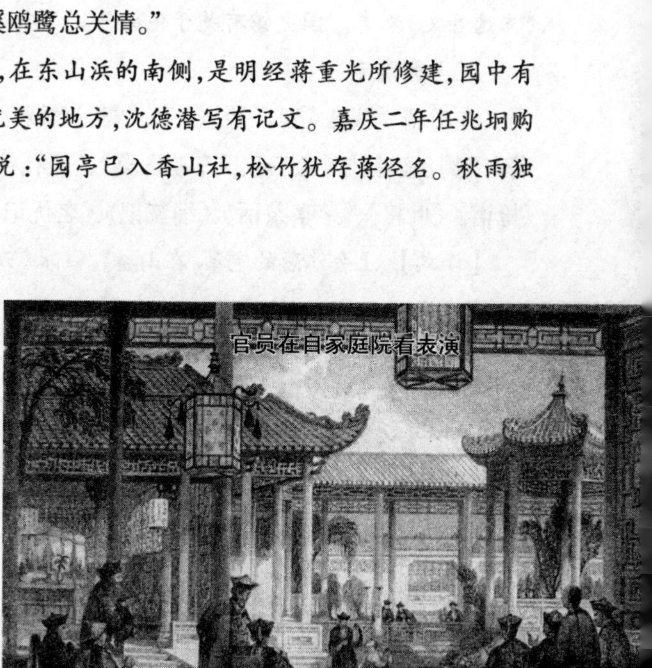
官员在自家庭院看表演

西溪别墅

在甫里先生祠内，乾隆五十一年甫里后人陆肇域筑，有清风亭、桂子轩、斗鸭池、菊畦、竹堤诸胜，因龟蒙别

墅中八景仿为之。"西溪草堂"额，为任兆麟书。又有环翠阁、四美楼，极眺览之胜，并为文宴之所。陈希哲《西溪别墅宴集》诗云："兽山山绿绣祠前，甫里当时一散仙。好事至今诗酒乐，君先飞盏我飞笺。"

【译文】 西溪别墅，在甫里先生的祠堂内，乾隆五十一年由甫里的后人陆肇域修建，其中有清风亭、桂子轩、斗鸭池、菊畦、竹堤等美景是仿照陆龟蒙别墅中的八景来设置的。"西溪草堂"匾额，由任兆麟书写。又有环翠阁、四美楼，能够远望优美的景色，同时也是文人宴饮的地方。陈希哲《西溪别墅宴集》诗说："兽山山绿绣祠前，甫里当时一散仙。好事至今诗酒乐，君先飞盏我飞笺。"

张布衣源寓宅

在山浜。源字观澜，婺源人。能诗，所居老屋三间，唱和满壁，以训蒙老。

【译文】 平民张源的住所，在山浜。张源字观澜，是婺源人。擅长写诗，所居住的三间老屋，唱和的诗贴满了墙壁，用来教育不识字的老人。

余文学萧客宅

在虎阜。钱泳《云岩杂志》云："萧客字仲林。少通经史，传惠氏之学，所著有《古经解钩沉》三十卷、《文选记闻》三十卷、《文选音义》八卷。国史馆有传。"

【译文】 文学余萧客的宅第，在虎丘。钱泳《云岩杂志》说："余萧客字仲林。年少时就精通经史，教授考据古代注疏的学问，所著有《古经解钩沉》三十卷、《文选记闻》三十卷、《文选音义》八卷。国史馆有关于他的传。"

江上舍藩宅

在山塘。钱泳《云岩杂志》云："藩字雨来，其先旌德人，家于虎丘。曾受业于仲林。著有《周易述补》、《考工戴氏车制图翼》、《仪礼补释》、《石经源流考》、《蝇须馆杂记五种》、《枪谱》、《叶格》、《茅亭茶话》、《缁流记》、《名优记》等书。"

【译文】 上舍江藩的宅第，在山塘。钱泳《云岩杂志》说："江藩字雨来，他的祖先是旌德人，家住在虎丘。曾经在余萧客门下学习。著有《周易述补》、《考工戴氏车制图翼》、《仪礼补释》、《石经源流考》、《蝇须馆杂记五种》、《枪谱》、《叶格》、《茅亭茶话》、《缁流记》、《名优记》等书。"

临水通船的庭院

吴观察绍浣宅

在塔影浜内。钱泳《云岩杂志》云："绍浣字杜村，歙人。乾隆戊戌进士，由翰林改中书。精于赏鉴，家藏甚富。尝爱虎丘之胜,买屋与短簿祠相对。后官至河南南汝光道,年七十有五卒于任。"

【译文】 观察吴绍浣的宅第,在塔影浜内。钱泳《云岩杂志》说:"吴绍浣字杜村,是歙县人。乾隆戊戌年考中进士,由翰林改任中书。精通鉴赏,家里收藏的书画非常多。曾因喜爱虎丘的美景,购买房屋住在短簿祠对面。后来官至河南南汝光道,七十五岁时死在任上。"

一榭园

在东山浜北,嘉庆三年任太守兆坰购薛文清公祠废址改筑,园中有亭翼然,负山面水,别饶幽致。先为僧房,后祀吕祖。十一年孙星衍得之,改名忆啸园,为沪渎侯庙,故吴周钤诗云:"清风一榭隔尘氛,槛外荷花漾水云。胜地佛仙难占得,又看香火奉将军。"中葺授书堂,后为其大母许氏节孝祠。许守节课孙,寿至百龄。又有宝顺斋、壶天小阁。斋壁嵌置《顺陵碑》,凡四十七石,阁壁嵌置薛氏旧摹《石鼓》全文凡七石,两刻星衍皆有跋。中有积书岩、东轩诸胜,为游屐所集。张问陶《宴集一榭园》诗云:"孙祠雄秀陆祠清,同借山堂隐姓名。笑我凭栏聊射鸭,与君赌酒又谈兵。莼鲈旧约真能践,花月闲缘最有情。流水半篙山一角,向来原不羡公卿。"

【译文】 一榭园,在东山浜的北侧,是嘉庆三年太守任兆坰购买了被废弃的薛文清祠堂,在其基址上改建的,园中有一座亭子,像鸟张开翅膀一样,背靠着山面对着水,格外富有幽情趣致。原先是僧人居住的房舍,后来用来祭祀吕祖。嘉庆十一年孙星衍得到一榭园,改名为忆啸园,作为沪渎侯庙,所以吴周钤诗说:"清风一榭隔尘氛,槛外荷花漾水云。胜地佛仙难占得,又看香火奉将军。"许星衍还在园中修建授书堂,后来成为他的祖母许氏节孝祠。许氏守节教孙子读书,活到一百岁。园中还有宝顺斋、壶天小阁。宝顺斋的墙壁上镶嵌着《顺陵碑》,总共四十七块刻石,壶天小阁的墙壁上镶着薛文清原来摹写的《石鼓》全文,总共七块刻石,这两种刻石孙星衍都有跋文。园中有积书岩、东轩等美景,成为游人聚集的地方。张问陶《宴集一榭园》诗说:"孙祠雄秀陆祠清,同借山堂隐姓名。笑我凭栏聊射鸭,与君赌酒又谈兵。莼鲈旧约真能践,花月闲缘最有情。流水半篙山一角,向来原不羡公卿。"

蒋学宗宅

在虎丘。钱泳《云岩杂志》:"学宗字可乘。嗜古力学,读书虎丘。著有《二山百咏》《月宫词》,脍炙人口。年二十有四卒。"

【译文】 蒋学宗的宅第,在虎丘。钱泳《云岩杂志》:"蒋学宗字可乘。他喜好古代文化,非常勤奋地学习,在虎丘读书。著有《二山百咏》《月宫词》,脍炙人口。二十四岁时死去。"

景贤阁

在野芳浜九贤祠内,为国学生蒋寅筑。寅工六法,兼善岐黄。临流一面,画舫笙歌,四时不绝。

【译文】 景贤阁，在野芳浜九贤祠内，是国学生蒋寅所修建。蒋寅精于绘画，同时擅长医学。景贤阁面对着河水的一面，画船上传来的乐曲声，一年四季不断。

三径小隐

在虎丘申家庄。为封君蒋棨筑，中多奇石，林木郁然。

【译文】 三径小隐，在虎丘申家庄。是贵族蒋棨所修建，其中有很多的奇石，树木郁郁葱葱。

藤溪草堂

在后山紫藤浜，为广州同知蒋耀宗筑，耀宗有《藤溪草堂图》，多名人题咏。

【译文】 藤溪草堂，在后山紫藤浜，为广州同知蒋耀宗所修建，蒋耀宗有《藤溪草堂图》，上面有很多名人题写的赞颂诗句。

得月楼

在野芳浜口，为盛苹洲太守所筑。张凤翼赠诗云："七里长堤列画屏，楼台隐约柳条青。山云入座参差见，水调行歌断续听。隔岸飞花游骑拥，到门沽酒客船停。我来常作山公醉，一卧垆头未肯醒。"

【译文】 得月楼，在野芳浜口，为盛苹洲太守所修建。张凤翼为之赠诗说："七里长堤列画屏，楼台隐约柳条青。山云入座参差见，水调行歌断续听。隔岸飞花游骑拥，到门沽酒客船停。我来常作山公醉，一卧垆头未肯醒。"

乐天天随邻屋

在普济桥下塘，为太守张问陶寓舍。问陶字船山，遂宁人，嘉庆壬申以东莱太守谢郡居此。其地右倚甫里祠，左距白傅祠甚迩，故名。有诗云："香山居士抽簪处，甫里先生斗鸭时。驿使无须打金弹，醉乡尤喜听杨枝。凭栏早醒繁华梦，点笔难删讽喻诗。且作生公台下石，掠波飞燕任差池。"

【译文】 乐天天随邻屋，在普济桥下塘，是太守张问陶的住所。张问陶字船山，是遂宁人，嘉庆壬申年从山东莱州太守任上辞官居住在这里。这个地方右边紧挨着甫里祠，左边距离白傅祠非常近，所以叫这个名字。有诗说："香山居士抽簪处，甫里先生斗鸭时。驿使无须打金弹，醉乡尤喜听杨枝。凭栏早醒繁华梦，点笔难删讽喻诗。且作生公台下石，掠波飞燕任差池。"

醉石山房

在绿水桥西，吴太守云宅。云字玉松，乾隆癸丑进士，由编修擢侍御，出知河南彰德府，因疾告归。子信中，字蔼人，嘉庆戊辰殿试第一，道光元年以翰林侍读学士陈情乞养，卜居于此。信中先云而卒，年五十六。云寿至九十有一。其所居有渔墅等处，联曰："白堤宦迹诗中遇，绿水人家画里看。"

【译文】 醉石山房，在绿水桥的西侧，是太守吴云的宅第。吴云字玉松，乾隆癸丑年考中进士，由翰林院编修提拔为侍御史，出任河南彰德知府，因为生病而辞官回家。他的儿子吴信中，字蔼人，嘉庆戊辰年殿试第一名，道光元年以翰林侍读学士的身份请求辞职回家奉养父母，选择居住在这里。吴信中在吴云之前就去世了，终年五十六岁。吴云活到九十一岁。他所居住的地方里有渔墅等几个地方，有楹联"白堤宦迹诗中遇，绿水人家画里看。"

苾游馆

在斟酌桥东，本为浙人王氏宅，查侍御元偶寓居于此。昔程也园农部亦曾寓于是。

【译文】 苾游馆，在斟酌桥的东侧，本来是姓王的浙江人的宅第，侍御史查元偶寄居在这里。过去程也园农部也曾居住在这里。

塔影山馆

俗呼"大旱船"，其旁落为"小旱船"，在塔影桥内，为皖人陈氏所筑。道光庚子，予以养疴侨居于是。其地与短簿祠宇相望，因忆渔洋有"一片青山短簿祠，夕阳花坞带茅茨"之句，摘书"夕阳花坞"四字以额其楣。联云："一堤风月，往来几个酒人，且共我浅斟低唱；七里莺花，供养历朝词客，犹容侬觅句裁笺。"又于隙地艺菊数百盎，扁曰"餐英"，盖节取《楚词》语，有行吟泽畔之意也。卜居未几，以梅雨陡涨，徙于东溪别业。

【译文】 塔影山馆，俗称"大旱船"，它的旁边是"小旱船"，在塔影桥内，是姓陈的安徽人修建的。道光庚子年，我因为养病寄居在这里。这个地方和短簿祠相望，我想起渔洋有"一片青山短簿祠，夕阳花坞带茅茨"的诗句，便摘取书中"夕阳花坞"四个字来题写匾额。楹联是："一堤风月，往来几个酒人，且共我浅斟低唱；七里莺花，供养历朝词客，犹容侬觅句裁笺。"又在空地上栽种数百盆菊花，题写匾额叫"餐英"，是节取《楚词》中的话，有行吟泽畔的意思。住在这里不久，因为梅雨季节水位突然上涨，就搬迁到东溪别墅。

抱绿渔庄

在东山浜，本瞿兆骙宅，为陈氏所购。予从塔影山馆移居于是，缮为东溪别业，挈蟾姬、鳌儿辈吟诗读画，消遣岁月。东北两面临流，为竞渡游船争集之区。扁曰"东溪一曲"，为程世勋题，陆绍景书。联曰："聆棹歌声，辨云树影，掬月波香，水绿山青，此地有出尘霞想；具著作才，兼书画癖，结泉石缘，酒狂花隐，其人真绝世风流。"为北郭散人林琛撰书。又，韦光黻赠联云："如此烟波，只应名士美人消受溪山清福；无边风月，好借琼楼玉宇勾留诗画因缘。"北楼有额曰"含飞阁"，王苣孙书。南曰"先秋得月

抱绿渔庄

楼"。楼下为"知非草庐",顾承书。又,联曰"倭国远求萧颖士,鉴湖高隐贺知章",钱塘孙元培撰书。又,联曰"塔影在波,山光接屋;画船人语,晓市花声",集明人文中语,为犹女德华书。予有《东溪别业前后记》,并《纪事诗》二十首,刻入《颐素堂诗文集》内。

【译文】 抱绿渔庄,在东山浜,本来是瞿兆骙的宅第,被姓陈的人购买。我从塔影山馆移居到这里,修建成东溪别墅,带着蟾姬、鳌儿等吟诗读画,消磨时间。别墅的东面和北面对着水流,是划龙船比赛时游船争相聚集的地方。匾额是"东溪一曲",由程世勋题撰,陆绍景书写。楹联是:"聆棹歌声,辨云树影,掬月波香,水绿山青,此地有出尘霞想;具著作才,兼书画癖,结泉石缘,酒狂花隐,其人真绝世风流。"由北郭散人林琛题写。又有韦光黻赠联说:"如此烟波,只应名士美人消受溪山清福;无边风月,好借琼楼玉宇勾留诗画因缘。"北楼有匾额"含飞阁",是王艺孙书写的。南楼有匾额"先秋得月楼"。楼下是"知非草庐",是顾承书写的。又有楹联"倭国远求萧颖士,鉴湖高隐贺知章",是钱塘孙元培题写的。又有楹联"塔影在波,山光接屋;画船人语,晓市花声",摘集明朝人文章中的词语,是我的侄女德华书写的。我有《东溪别业前后记》,以及《纪事诗》二十首,都刻入《颐素堂诗文集》内。

瑶碧山房

在东山浜,本为瞿氏宅,今为赠君陆敦诗别墅,其嗣观察森重葺,面东临流。春秋佳日,尝延文人学士啸咏其中。联曰:"塔影峦光楼阁上,花辰月午画图间",董国华书。又,盛朝钧赠联云"秋月春花名士酒,青山绿水美人箫。"上为涵影楼,凭栏遐瞩,烟波渺然。中有微波亭,亭前古桂数株,花时香霏垣外,施南金易其额曰"金粟影",联云:"延到秋光先得月,听残春雨不生波。"

【译文】 瑶碧山房,在东山浜,本来是瞿氏的宅第,现在是陆森的父亲陆敦诗的别墅,是陆敦诗的儿子、观察使陆森重新修建的,面向东,对着河水。春秋季节天气晴好的日子,陆氏父子曾经邀请文人学士在此歌咏。有楹联:"塔影峦光楼阁上,花辰月午画图间",是董国

华书写的。又有盛朝钧赠的楹联是"秋月春花名士酒,青山绿水美人箫。"上面是涵影楼,倚着栏杆向远处眺望,烟波浩渺。里面有微波亭,亭前立着几棵古桂树,开花时香气飘散到墙外,施南金为之更换匾额为"金粟影",楹联是:"延到秋光先得月,听残春雨不生波。"

戴园

在东山浜,为太守戴延介弟延礽

别业。本为庄园,略具林亭之胜,中有月玲珑馆,扁为孙星衍书。

【译文】　戴园,在东山浜,是太守戴延介的弟弟戴延礽的别墅。本来是座庄园,基本具备了园林亭榭各种景物之美,园中有月玲珑馆,匾额是孙星衍书写的。

话雨窗

在东山浜,即潘氏祠屋后,扁为董香光书。

【译文】　话雨窗,在东山浜,就在潘氏祠屋的后面,匾额是董香光书写的。

起月楼

在东山浜,即汪氏祠屋后,本杜开周宅,扁为王文治书。

【译文】　起月楼,在东山浜,就在汪氏祠屋的后面,本来是杜开周的宅第,匾额是王文治书写的。

吟啸楼

在青山桥西,朝议程秉义筑,为吟咏之地。扁曰"仙侣少留处",联曰"吟风啸月无双士,绿水青山第一楼",金昀善书。绿树缘堤,绮窗四辟,春秋佳日,画舫明灯皆出其下。秉义延客觞咏,积诗成帙。著有《红豆》《咏梨》两集。

【译文】　吟啸楼,在青山桥的西侧,是朝议程秉义修建的,是吟咏诗歌的地方。匾额是"仙侣少留处",楹联是"吟风啸月无双士,绿水青山第一楼",为金昀善书写。沿着河堤长满了绿树,四面都有雕刻精美的窗户,春秋季节天气晴好的日子,游船上点燃明亮的灯笼都在它之下来来往往。程秉义经常邀请客人饮酒咏诗,积累下来的诗歌编辑成了诗集。著有《红豆》《咏梨》两集。

苹香榭

在引善桥侧,明经吴志恭筑,为宴客之所。水楹三楹,颇堪遐瞩。石韫玉《饮苹香榭》诗云:"精舍三楹枕水涯,绿杨遥映画栏斜。最宜仙侣吟诗地,恰近中山卖酒家。百盏明灯真替月,一林小雨不妨花。主人爱客情无极,有约重来玩月华。"

【译文】　苹香榭,在引善桥的一侧,为明经吴志恭修建,是宴请客人的地方。苹香榭有三间水上的房屋,非常适合远眺。石韫玉《饮苹香榭》诗说:"精舍三楹枕水涯,绿杨遥映画栏斜。最宜仙侣吟诗地,恰近中山卖酒家。百盏明灯真替月,一林小雨不妨花。主人爱客情无极,有约重来玩月华。"

校词读画斋

在山塘星桥南,为双红词客戈载所葺。载字顺卿,吴县诸生,孝子戈宙襄之子。世居枫桥寒山寺浜,小圃亩许,中有半树斋、翠薇花馆诸胜。道光壬辰移居于是,韦光黻书额赠之,载有《移家虎丘山塘·且坐令》词,刻入《翠薇花馆词集》内。载父宙襄,字小莲,少孤,喜读书,事母纯孝,嗣居母丧,以哀毁卒,有司上闻,旌表。所著有《半树斋文集》十二卷、《诗集》四十卷、《词集》二卷、《方舆志略》、《十六国地理考》、《五代地理考》、《十国地理考》、《大儒传道录》、《名儒传经录》、《小人儒录》诸书。载承父志,亦工著述,擅丹青,精填词,自号双红词客。著有《翠薇花馆词集》二十七卷、《诗集》二十卷、《词林正韵》三卷、《七家词选》七卷、《六十名家词选》、《词律订》、《词律补》、《续绝妙好词》等书。又尝倩能画诸家绘《校词读画斋图》,当代名人皆有题咏。

【译文】 校词读画斋,在山塘星桥的南侧,是双红词客戈载修建的。戈载字顺卿,是吴县的诸生,是孝子戈宙襄的儿子。世代居住在枫桥寒山寺浜,家有小园子一亩多,其中有半树斋、翠薇花馆等美景。道光壬辰年移居到山塘这里,韦光黻书写匾额赠送给他,戈载写有《移家虎丘山塘·且坐令》词,刻入《翠薇花馆词集》内。戈载的父亲戈宙襄,字小莲,年少时其父就去世了。他喜欢读书,侍奉母亲非常孝顺,后来母亲去世,他悲伤过度而死,地方官员向朝廷上报了他的事迹,朝廷遂加以表彰。所著有《半树斋文集》十二卷、《诗集》四十卷、《词集》二卷、《方舆志略》、《十六国地理考》、《五代地理考》、《十国地理考》、《大儒传道录》、《名儒传经录》、《小人儒录》等书。戈载继承父亲的志趣,也善于著述,擅长绘画,精通填词,自号双红词客。著有《翠薇花馆词集》二十七卷、《诗集》二十卷、《词林正韵》三卷、《七家词选》七卷、《六十名家词选》、《词律订》、《词律补》、《续绝妙好词》等书。又曾经请求多位画家绘制《校词读画斋图》,当时的名人都有题诗。

贾氏别墅

在甫里先生祠西,为刺史贾庆安筑,其嗣别驾允谦重葺。门对塘河,层楼高敞,土人呼为"贾楼"。

【译文】 贾氏别墅,在甫里先生祠的西侧,是刺史贾庆安修建的,他的儿子别驾贾允谦重新修缮。门对着塘河,楼房高大宽敞,当地人称为"贾楼"。

忆雪楼

在塔影桥南,为茂才谢承和寓楼。承和字香岩,上海人。楼本为顾雪人校书所居,承和别葺瘦吟池馆在楼之旁。雪人殁后,承和移居于是,因名曰"忆雪",有《移居》诗,载《瘦吟续集》。

【译文】 忆雪楼,在塔影桥的南侧,是茂才谢承和所居住的楼房。谢承和字香岩,是上海人。这座楼本来是顾雪人校勘书籍时所居住的地方,谢承和在楼的旁边另外修建了瘦吟池馆。顾雪人死后,谢承和移居到他的故居,于是为此楼取名叫"忆雪",有《移居》诗,收录于《瘦吟续集》中。

恭让堂

在虎丘山南,为陈道修宅。道修既募建清节堂于丘南,即筑舍于旁居焉。

【译文】 恭让堂,在虎丘山的南侧,是陈道修的宅第。陈道修通过已经募捐在虎丘山的南侧修建清节堂之后,就在它的旁边修建了这座房屋供自己居住。

沈才女飞香宅

在绿水桥。《续虞初新志》:"飞香,苏州山塘绿水桥良家女。幼随父乡塾,长而知书,父亡,依兄母为活。尝作《竹枝词》,有'绿水桥头是妾居'之句。嗣以病瘵死。"

【译文】 才女沈飞香的宅第,在绿水桥。《续虞初新志》:"沈飞香,是苏州山塘绿水桥清白人家的女儿。年幼时跟随父亲在私塾里读书,长大后知书达理,父亲去世,依靠哥哥和母亲生活。曾经作《竹枝词》,有"绿水桥头是妾居"的句子。后来因为患瘵病而死。"

江才女珠宅

在金粟庵旁。按:珠字碧岑,自号小维摩,雨来上舍之妹。珠有《虎丘园居戏柬诸姊妹·满园花》词。又,张芬《柬虎丘江碧岑》诗云:"吟榭题襟契已深,秋光寂寞倦游心。他时若问维摩疾,应在生公台畔寻。"

【译文】 才女江珠的宅第,在金粟庵的旁边。据考证:江珠字碧岑,自号小维摩,上舍江雨来的妹妹。江珠写有《虎丘园居戏柬诸姊妹·满园花》词。另外,张芬写有《柬虎丘江碧岑》诗说:"吟榭题襟契已深,秋光寂寞倦游心。他时若问维摩疾,应在生公台畔寻。"

潘才女冷香寓舍

在虎丘下塘。任心斋《笔记》云:"冷香,乌程女子。其夫幕游,久客不归,冷香郁郁,惟以诗自遣。乾隆戊申来寓虎丘下塘,有《柳絮诗》四首,传诵吴中,一时名士皆有和作,载《撷芳集》。其一云:'辞却林塘空际漫,倦来飞雪一团团。应嫌仙蘀生衣桁,不见鲇鱼上钓竿。紫陌风喧春渐老,翠楼人静泪初弹。狂夫何事轻离别,输与缠绵绕画栏。'"

【译文】 才女潘冷香的住所,在虎丘下塘。任心斋《笔记》说:"潘冷香,是乌程县女子。她的丈夫离开家乡在他人帐下作幕僚,长年不回来,潘冷香心情郁闷,只能以作诗自我排遣。乾隆戊申年她来到虎丘下塘居住,写有《柳絮诗》四首,在吴中传诵,当时的名士都有和诗,这些诗收录于《撷芳集》。其中有一首诗说:'辞却林塘空际漫,倦来飞雪一团团。应嫌仙蘀生衣桁,不见鲇鱼上钓竿。紫陌风喧春渐老,翠楼人静泪初弹。狂夫何事轻离别,输与缠绵绕画栏。'"

张才女荣华宅

在白姆桥。按:荣华字浣芳,聪慧,能诗工词,适云间某。以夭死,有遗集若干卷。

【译文】 才女张荣华的宅第,在白姆桥。据考证:张荣华字浣芳,非常聪明,擅长写诗填词,嫁给松江府的一个什么人。年纪很轻就去世了,遗留下来诗集若干卷。

卷九 古 迹

佛菩萨罗汉像

吴道子画,文《志》云:"在虎丘寺。"

【译文】 佛菩萨罗汉像,是吴道子画的,文肇祉《虎丘山志》说:"在虎丘寺。"

观音画像

藏石观音殿僧房。湖州臧逵夜梦佛示行道相,觉而画。常开平来取张氏时,僧以画像并铜炉献王,不受,麾下士取画像去,后为常州范某得之,初不知为虎丘物,其母梦一女子曰:"送我还。"母问还何所,曰:"虎丘。"翌日,母视画像,有"虎丘"字,亟令送还。舟宿浒墅,忽为偷儿窃去,有购之者,亦梦女子曰:"我家虎丘,送我还。"其人复以还寺。说见《采风类记》。钱载有诗。采任《志》。

【译文】 观音画像,保存在石观音殿僧人所居住的房舍里。是湖州人臧逵夜晚梦见佛显现出修道的样子,醒来以后画的。开平王常遇春来捉拿张士诚时,僧人把画像和铜炉

建在古树上的庙宇

献给他,他不接受,他部下的人拿走了观音画像,这幅画像后来被常州人范某得到,起先他不知道那是来自虎丘的东西,他的母亲梦见一个女子说:"送我回去。"他的母亲问这个女子回到什么地方,这个女子说:"虎丘"。第二天,他的母亲看这幅画像,有"虎丘"二字,赶忙让他送回去。乘船前往的路上,他住在浒墅,这幅观音画像忽然被小偷儿偷去卖掉了,买到的人也梦见一个女子说:"我家在虎丘,送我回去。"那个人又把这幅画送还到寺里。这个传说见《采风类记》。钱载有关于这个故事的诗。选自任兆麟《虎阜志》。

血书华严经

在半塘寺毗卢阁,为比丘善继书,自一卷至八十一卷,历代有人序颂题跋。乾隆五十七年任兆麟辑《虎丘山志》时,与陆肇域请观于僧达仁,逐卷录出,纂入《山志》。

【译文】 血书《华严经》，在半塘寺毗卢阁，是和尚善继书写的，从第一卷到第八十一卷，历代都有人撰写序颂题跋。乾隆五十七年任兆麟辑《虎丘山志》时，和陆肇域请求僧人达仁给他们观看这套经书，逐卷誊录出来，编入《山志》。

三石佛

在小普陀寺内，宋嘉泰二年善士吴净心造。

【译文】 三石佛，在小普陀寺内，是南宋嘉泰二年由信佛的人吴净心所塑造。

石观音像

即应梦观音像。《吴中旧事》："熙宁间龙华寺僧妙应造。俗姓童，呼为'童和尚'，妙于刻石。"

【译文】 石观音像，就是应梦观音像。《吴中旧事》："是北宋熙宁年间龙华寺的僧人妙应所刻造。妙应俗姓童，被称为'童和尚'，善于刻石。"

石善财像

在剑池。见《虎丘诗集》。宋虚堂有《咏石善财》诗。

【译文】 石善财像，在剑池。有关情况可见《虎丘诗集》。宋虚堂写有《咏石善财》诗。

铜真武像、六天将像

俱在小武当真武殿。今武帝像别供祀于马牛王庙侧，而补奉高元帅像，樟木为之。

【译文】 铜真武像、六天将像，都在小武当真武殿。现在武帝像另外供祀在马牛王庙的边上，而后替补奉祀的高元帅像，是用樟木雕刻的。

三大士像

在五台上。二天王像，在二山门。俱为明刘总管塑。按文《志》云："刘总管，官三品，精于塑作，为世绝艺，三大士、二天王像皆其所塑。"

【译文】 三大士像，在五台上。二天王像，在二山门。都是明朝刘总管雕塑的。考查文肇祉《虎丘山志》说："刘总管，官居三品，精于雕塑，是世上最高超的手艺，三大士、二天王像都是他所雕塑的。"

石药师像

在东山浜三官堂内。

【译文】 石药师像，在东山浜三官堂内。

王黄州画像

在御书阁下。《中吴纪闻》："御书阁下有王黄州画像，东坡过苏日见之，自谓想其遗风余烈，愿为执鞭而不可得，因为之作赞。今犹书其上。"

【译文】 黄州知州王禹偁的画像，在御书阁的下面。《中吴纪闻》："御书阁的下面有黄州知州王禹偁的画像，苏东坡经过苏州的时候见过这个画像，说追思王禹偁遗传下来的风教业绩,十分倾慕,以至于希望给他执鞭驱车,却不能做到,于是为他的画像写下了一篇赞文。现在这篇文章还写在画像上。"

孝建竹简

藏蒋氏。按《吴中旧事》:"至和乐安公蒋堂守苏日,虎丘崖下水涌出竹简数十片,皆朱书,有孝建年号,盖宋武时纪年也。蒋颖叔自记于手稿,其孙世昌录收之。"

【译文】 孝建竹简,被蒋氏收藏。考查《吴中旧事》:"北宋至和年间乐安公蒋堂任苏州太守时,有一天从虎丘崖下的水中涌出几十片竹简,都是红色的字,有孝建这一年号,大概是南朝宋孝武帝的年号。蒋颖叔自己记在手稿中,他的孙子蒋世昌收录了它。"

圆悟禅师与佛智裕书、妙喜与瞎堂三书、瞎堂答妙喜送法衣书、五祖演赞

一圆悟作,一妙喜作,今皆存虎丘山寺中。见文《志》。

【译文】 圆悟禅师给佛智裕的书信、妙喜给瞎堂的三封书信、瞎堂答妙喜送法衣的书信、五祖演赞,一是圆悟所写,一是妙喜所写,现在都保存在虎丘山寺中。详细情况见文肇祉《虎丘山志》。

邹太守遣医馈药问蒹蓬昙书及昙答邹书

今存虎丘山寺中。见茹《志》。按:邹名应博,绍定中苏州郡守。

【译文】 邹太守派遣医生送药问候蒹蓬昙的书信和蒹蓬昙答邹太守的书信,现在都保存在虎丘山寺中。详细情况见茹昂《虎丘山志》。据考证:邹太守名字叫应博,南宋绍定年间任苏州郡守。

周王子吴鼎

在虎丘山寺。文《志》云:"虎丘山寺古铜香炉,镇山故物。国初为他人所有,多得异瑞,其人怪之,乃以施灵谷旧寺。长老雄海云知为虎丘寺物,命还之。后寺僧以质张厚礼钱四万,张复得怪异,其妻又以还寺。万历丁巳,寺僧复质于人,计部杨主政赎还寺。谚曰'再来神炉'。"任心斋《笔记》云:"神炉相传东晋时开山故物,投以檀降香末,烟气冉冉自生。炉形四周凸起云雷文。每三年,各僧院递掌,致祭后与本山券剂两箧谨藏之。"《采风类记》云:"常开平来取张氏时,寺僧曾以炉献王,王不受,故至今犹存。"乾隆二十八年四月,有三原员度汪始作一柜藏之。道光壬辰梁章钜抚吴时,索观于僧道伦,辨其为周王子吴鼎,绘图征诗纪事,一时和者甚众。公重为制柜作铭。鼎文详《云岩金石录》。尤兴诗《虎丘鼎》诗云:"海涌峰峦姹女丽,胡为熊光亘天际。累朝宝鼎一日呈,腹文卅一古奇字。其色苍黝质坚厚,谁运神工制庸器。岂徒法物姬周来,调燮盐梅早矢志。太乙雷公催下炉,横戈偃杰蟠光气。鱼肠神剑不终埋,白虎金精怒泄秘。山僧那解博古图,偶检髹厨洗沉滞。丈室萧然起瑞云,木鱼棕拂此间置。难得名山寿世人,远将金石源流汇。诸家断断论各持,有若分疆争画地。先生贯穿得其平,歘见吉金绚禅寺。六书欲证梅溪编,一序便抵欧阳记。

是物流传通艺文,平时学问归格致。帝青之钵寒山钟,远耀金阊晋唐继。拂拭古泽发光怪,怀古苍凉意高寄。想停驺从循墙行,松风韵入茶铛沸。诗成奇气压干将,欲向鼎文撷寒翠。一朝佳话喧苏台,莫憾前贤阙题识。神炉再来山作镇,若待赏奇古循吏。三千年后劫灰深,王子吴犹遇仿佛。扃闭长依岩壑幽,深藏但怕流光掣。休将显晦较后先,焦山鼎共万千岁。”

【译文】 周王子吴鼎,在虎丘山寺。文肇祉《虎丘山志》说:“虎丘山寺的古铜香炉,是前人留下的镇山之物。本朝初年被外人获取,由于出现过很多异常的吉兆,那个人觉得很奇怪,就把它送到灵谷旧寺。寺庙的长老雄海云知道它是虎丘寺的器物,就命令把这个铜香炉归还给虎丘寺。后来虎丘寺的僧人把它以四万钱抵押给张厚礼,张厚礼也发现了怪异的现象,他的妻子又把此物归还给虎丘寺。明朝万历丁巳年,虎丘寺的僧人再次把它抵押给别人,计部的杨主政赎回来归还给虎丘寺。俗称‘再来神炉’。”任心斋《笔记》说:“神炉相传是东晋时期创立寺院时的旧物,在神炉里放入檀降香的细末,点燃后烟气慢慢地升起来。香炉的四周是凸起的云雷纹装饰图案。每隔三年,各寺院轮流掌管,祭祀结束后和本山的契据凭证用两个箱子谨慎地收藏起来。”《采风类记》说:“开平王常遇春来捉拿张士诚时,寺庙的僧人曾经把这个香炉献给他,他不接受,所以到现在还保存在这里。”乾隆二十八年四月,三原人员度汪做作一个柜子用来贮藏它。道光壬辰年梁章钜任江苏巡抚时,向僧人道伦索要观赏,辨认出这个香炉是周王子吴鼎,于是画了一幅图,并征集诗歌来记录这件事,当时和诗的人非常多。梁章钜重新为这个香炉制作了一个柜子并刻上铭文。鼎上的铭文详见《云岩金石录》。尤兴诗《虎丘鼎》诗说:“海涌峰峦蛇女丽,胡为熊光亘天际。累朝宝鼎一日呈,腹文卅一古奇字。其色苍黝质坚厚,谁运神工制庸器。岂徒法物姬周来,调燮盐梅早矢志。太乙雷公催下炉,横戈偃杰蟠光气。鱼肠神剑不终埋,白虎金精怒泄秘。山僧那解博古图,偶检粲厨洗沉滞。丈室萧然起瑞云,木鱼棕拂此间置。难得名山寿世人,远将金石源流汇。诸家断断论各持,有若分疆争画地。先生贯穿得其平,欻见吉金绚禅寺。六书欲证梅溪编,一序便抵欧阳记。是物流传通艺文,平时学问归格致。帝青之钵寒山钟,远耀金阊晋唐继。拂拭古泽发光怪,怀古苍凉意高寄。想停骥从循墙行,松风韵入茶铛沸。诗成奇气压干将,欲向鼎文撷寒翠。一朝佳话喧苏台,莫憾前贤阙题识。神炉再来山作镇,若待赏奇古循吏。

吴地古城门

三千年后劫灰深，王子吴犹遇仿佛。扃闭长依岩壑幽，深藏但怕流光掣。休将显晦较后先，焦山鼎共万千岁。”

王珣琴台

王劭《记》：“虎丘山寺塔其地也。”《府志》云：“今佛殿浮屠七级，即琴台故址。”朱竹垞跋王仲光《虎丘诗集》云：“王珣琴台，释道宣载于《广弘明集》，而府、县《志》俱遗之。”

【译文】 王珣琴台，王劭《读书记》：“虎丘山寺塔就是王珣琴台这个地方。”《苏州府志》说：“现在佛殿的七层佛塔，就是琴台原来的基址。”朱竹垞为王仲光《虎丘诗集》作跋说：“王珣琴台，僧人道宣记载在《广弘明集》中，而府志、县志都遗漏了。”

张士诚筑城处

在今后山，故垒犹存。按茹《志》云：“士诚环山为城，山之东及前旧有溪，乃复开山后及西，相接为堑，而前则跨南北为桥，以通出入。士诚败后，撤桥而壅之。”朱竹垞《曝书亭集》谓，明初吴人王宾仲光《虎丘诗集》中载邾经仲谊诗云：“虎丘山前新筑城，虎丘寺里少人行。”吕敏志学诗云：“山上楼台山下城，朱旗夹道少人行。”曾朴彦鲁诗云：“阖闾冢上见新城，无复游人载酒行。”考其年月，在至正丁酉淮张用兵时也。董其役者为周南老正道，故其《督城役》诗云：“白发趋公役，驰驱上虎丘。”又云：“四垒新城绕涧隈，剑池池上碧崔巍。”而柳贯道传诗亦云：“半山青处作崇墉。”厥后志吴地者多未之及，由是虎丘筑城，人鲜有知之者矣。予尝步山后，见遗址尚在，特未悉山南何以为界，大都鹤涧以南即城外地也。又，《静志居诗话》有僧居中诗云：“公余连骑入山城，老衲追陪得数行。”周南老云：“奉檄趋公城虎丘。”又云：“百万城春落杵齐。”皆筑城明证也。

【译文】 张士诚修筑城墙的地方，在现在的后山，原来的城墙还在。考查茹昂《虎丘山志》说：“张士诚环绕着山修筑城墙，山的东侧和前面原来有河流，于是就又开凿山的后面和西侧，相互连接成为护城河，在山的前面横跨南北修建桥梁，以方便出入。张士诚兵败后，将桥拆毁并且堵塞了护城河。”朱竹垞《曝书亭集》说，明朝初年吴郡人王宾《虎丘诗集》中刊

道教诸神仙画

载邾经的诗："虎丘山前新筑城，虎丘寺里少人行。"吕敏诗说："山上楼台山下城，朱旗夹道少人行。"曾朴诗说："阊阖冢上见新城，无复游人载酒行。"考查修筑城墙的时间，在元朝至正丁酉年间张士诚用兵的时候。监督管理那些修筑城墙的人是周南老，所以他的《督城役》诗说："白发趋公役，驰驱上虎丘。"又说："四垒新城绕涧陾，剑池池上碧崔巍。"柳贯道也说："半山青处作崇墉。"此后为吴地写志的人大多没有提及修筑城墙这件事，从此虎丘筑城，就很少有人知道了。我曾经走到山后，看见城墙的遗址还存在，只是不了解山南以什么为界限，大致上鹤涧以南就是城外了。另外，《静志居诗话》有僧人居中的诗说："公余连骑入山城，老衲追陪得数行。"周南老说："奉檄趋公城虎丘。"又说："百万城春落杵齐。"都是筑城的明证。

郭仲威屯兵处

《姑苏志》云："建炎四年，周望为淮浙宣抚使，遣诸将各部所隶分护境内。时河内降贼郭仲威领众至自通州，屯虎丘山。"

【译文】 郭仲威驻扎军队的地方，《姑苏志》说："南宋建炎四年，周望任淮浙宣抚使，派遣部将们各自领兵保护自己所管辖的地方。当时黄河以北的降贼郭仲威率众从通州打到苏州，驻扎在虎丘山。"

常遇春屯兵处

在后山，今尚有冈垄环绕，识者知为开平王营垒也。国朝余盉有"当日风云应运起，君臣契合如鱼水。驻军此地困强吴，三载功成伪王死"之句。《姑苏志》云："明太祖兵集城下，常遇春屯兵虎丘。吴元年六月，张士诚突出阊门，冲遇春营，遇春分兵北濠截其后，乃合战。士诚引兵于山塘，遇春乘之，士诚兵大败，溺死沙盆潭者无数。"

【译文】 常遇春驻扎军队的地方，在后山，现在还有土埂环绕，有见识的人知道这是开平王常遇春军营外的防御堡垒。本朝余盉有"当日风云应运起，君臣契合如鱼水。驻军此地困强吴，三载功成伪王死"的诗句。《姑苏志》说："明太祖的军队聚集在城下，常遇春驻扎军队在虎丘。张士诚称吴王的元年六月，他率军冲出阊门，攻打常遇春的军营，常遇春派兵到北濠拦截张士诚的后军，于是双方交战。张士诚带领军队逃往山塘，常遇春趁机攻打他，张士诚的军队大败，淹死在沙盆潭的人无数。"

凤凰台

在野芳浜北，相传叶广明著《纳书楹曲谱》时，试曲于此。岸有二青石，凿凤凰形，为停舟试曲之地，名曰"凤凰台"。岁凡春秋佳日，浒墅关曲友与郡人，各雇沙飞船，张灯设宴，赌曲征歌，技之劣者，不敢与也。

【译文】 凤凰台，在野芳浜的北侧，相传叶广明著《纳书楹曲谱》时，在这里试曲。岸边有两块青石头，凿刻成凤凰的形状，是叶广明停船试曲的地方，名叫"凤凰台"。每年凡是春秋两季天气晴好的日子,浒墅关的曲友和郡人,各自雇佣沙飞船,点上灯笼摆好酒宴,比赛歌乐曲征招歌手,技艺差的人,不敢参与这类活动。

晋杉

《吴郡志》:"虎丘寺古杉在殿前,晋王珉所植,形状甚怪,不可图画。蒋堂诗:'冰霰雕古杉。'"宋时尚存。

【译文】 晋杉,《吴郡志》:"虎丘寺的古杉在大殿的前面,是晋朝王珉所种,形状非常奇怪,画不出来。蒋堂诗:'冰霰雕古杉。'"宋朝时这棵古杉还存在。

龙树

在半塘寺,即晋道生所植银杏树也。潘之恒《半塘小志》云:"在天王殿前,可泉上人房之侧。本五大围,藤绕修条,鳞次鬣张,俨如龙甲。当夏时,浓阴可比十乘,题曰'龙树'。明万历三十一年太仓王伯诩读书寺中,置阑循焉。"

【译文】 龙树,在半塘寺,就是晋朝僧人竺道生所种的银杏树。潘之恒《半塘小志》说:"在天王殿的前面,可泉上人房的一侧。树干有五个人合抱那么粗,藤蔓环绕着长长的树枝,树皮像鱼鳞那样依次排列,像马的鬃毛那样张开着,俨然像龙的鳞甲。在夏季,浓密的树阴可以遮盖并列的十辆车,题名为'龙树'。明朝万历三十一年太仓王伯诩在寺中读书,在龙树周围设置了栏杆。"

北宋玉兰

顾湄《志》云:"相传朱勔从闽移植,未及进御而汴梁已失,遂弃掷于此。明天启初为大风所摧,今孙枝复高三寻矣,花时烂漫如雪。"厉樊榭《集》云:"或谓是高僧所植。"赵翼《虎丘寺玉兰树歌》云:"苍山变作白头坐,讶许夜来春雪大。岂知中有逆风香,一树琪花开万个。槎枒古干老不死,幻出蛟虬半空卧。干霄欲斗星榆高,拔地应嘘洞松挫。千步长廊围不住,扰出檐头势掀簸。幸渠占天不占地,不然将塞古寺破。是时花光正烂漫,琼盏银盘炫奇货。似入蕊珠宫几重,宛移群玉峰一座。素华迥耀满山朗,落英堪饫万夫饿。根定千人石尽蟠,芬真七里塘俱播。翻疑列真此开社,玉屑霏成九天唾。十丈莲漫昌黎夸,千年桃柱方朔贺。噫嘻乎!世间纵有豫章材,多在深崖路坎坷。兹独生长人海中,万古能逃斧斤锉。得非身本紫玉魂,常有百灵为遮逻。阅尽游人珠翠妆,伴他老衲钟鱼课。我来摩挲特矜宠,扪笔题诗少人和。笑比岳阳老树精,可识回仙朗吟过。"又,吴慈鹤诗云:"古雪余寒照远波,石楼绀塔对嵯峨。东风台榭惊心早,南渡江山冷眼多。不死灵柯逃艮岳,写生新谱出宣和。吴娘那得知兴废,岁岁花开画舫过。"

【译文】 北宋时期的玉兰,顾湄《虎丘山志》说:"相传是朱勔从福建移植而来,还没来得及进献给皇帝而汴梁已经陷落,于是就丢弃在这里。明朝天启初年被大风吹断,现在再生出来的枝条又有两丈多高了,开花时烂漫如雪。"厉樊榭《集》说:"有人说是高僧所种。"赵翼《虎丘寺玉兰树歌》说:"苍山变作白头坐,讶许夜来春雪大。岂知中有逆风香,一树琪花开万个。槎枒古干老不死,幻出蛟虬半空卧。干霄欲斗星榆高,拔地应嗤涧松挫。千步长廊围不住,拟出檐头势掀簸。幸渠占天不占地,不然将塞古寺破。是时花光正烂漫,琼盖银盘炫奇货。似入慈珠宫几重,宛移群玉峰一座。素华迥耀满山朗,落英堪饫万夫饿。根定千人石尽蟠,芬真七里塘俱播。翻疑列真此开筵,玉屑霏成九天唾。十丈莲漫昌黎夸,千年桃柦方朔贺。噫嘻乎!世间纵有豫章材,多在深崖路坎坷。兹独生长人海中,万古能逃斧斤锉。得非身本紫玉魂,常有百灵为遮逻。阅尽游人珠翠妆,伴他老衲钟鱼课。我来摩挲特矜宠,扪笔题诗少人和。笑比岳阳老树精,可识回仙朗吟过。"又有吴慈鹤的诗说:"古雪余寒照远波,石楼绀塔对嵯峨。东风台榭惊心早,南渡江山冷眼多。不死灵柯逃艮岳,写生新谱出宣和。吴娘那得知兴废,岁岁花开画舫过。"

嵌石榆

顾汝玉有《咏虎丘山池嵌石古榆》诗:"见说仙家种白榆,年来嫩叶发枯株。生公石在剑光冷,短簿祠荒树影孤。隔水欲翔疑避虎,托根垂绝尚栖乌。如钱莫买长年驻,取醉何妨酒再沽。"

【译文】 嵌石榆,顾汝玉写有《咏虎丘山池嵌石古榆》诗:"见说仙家种白榆,年来嫩叶发枯株。生公石在剑光冷,短簿祠荒树影孤。隔水欲翔疑避虎,托根垂绝尚栖乌。如钱莫买长年驻,取醉何妨酒再沽。"

常将军柏

顾湄《志》云:"在中山门西北柏径,共六株,明开平王常遇春手植。"张大纯有《虎丘古柏》诗云:"三百年来事杳冥,生公台畔独青青。孝陵石马嘶风老,古柏犹余战血腥。"

【译文】 常将军柏,顾湄《虎丘山志》说:"在中山门西北柏径,一共六棵,是明朝开平王常遇春亲手所栽。"张大纯有《虎丘古柏》诗说:"三百年来事杳冥,生公台畔独青青。孝陵石马嘶风老,古柏犹余战血腥。"

白云茶

文《志》:"僧房皆植,名闻天下。谷雨前摘细芽焙而烹之,名曰'雨前茶'。其色如月下白,其味如豆花香。"《元和县志》云:"出虎丘金粟山房,叶微带黑,不甚苍翠,烹之色白如玉,而作豌豆香,宋人呼为'白云茶'。"卜万祺《松寮茗政》云:"色、味、香、韵,无可比拟,茶中王也。明时例,岁有司以此

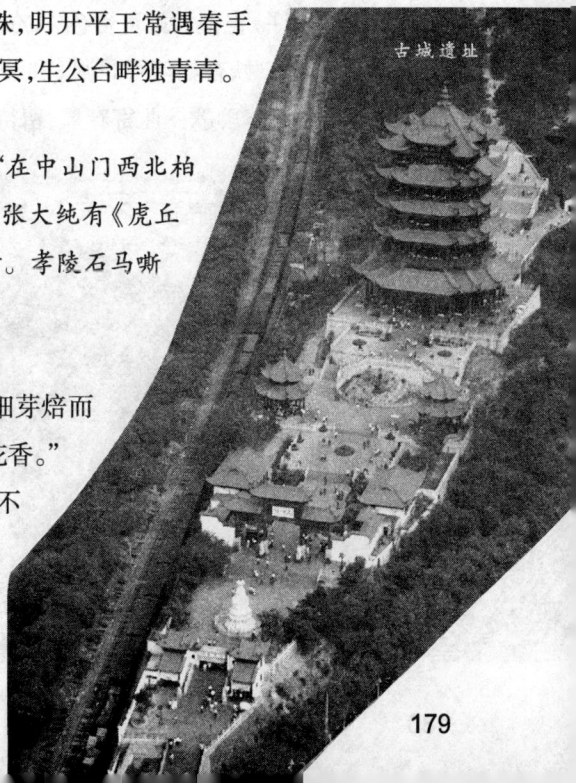

古城遗址

申馈大吏，诣山采制，胥皂骚扰，守僧不堪，薙除殆尽。文震孟曾作《薙茶说》，以伤之。后复植如故，有司计偿其值，采馈同前例。睢州汤公斌抚吴，严禁属员馈送，寺僧亦疲于艺植，此种遂萎。"陈鉴有《虎丘茶经注》。闻今尚有萌蘖茁山坳间。

【译文】 白云茶，文肇祉《虎丘山志》："僧人住的房舍都栽种这种茶，名闻天下。谷雨前采摘细芽用微火烘干而煮泡，名叫'雨前茶'。这种茶的颜色就像月下白菊花，气味就像豆花香。"《元和县志》说："这种茶产自虎丘金粟山房，叶子稍微带有黑色，不是非常绿，煮泡之后颜色白如玉，而且散发出豌豆的香气，宋朝人称它为'白云茶'。"卜万祺《松寮茗政》说："色、味、香、韵，没有可以比拟的，是茶中之王。明朝时的惯例，每年地方官府用白云茶馈赠大官，为此上山随意采摘炮制，小吏们妄如骚扰，使守护茶园的僧人不堪忍受，就把茶树全部铲除掉。文震孟曾经写作《薙茶说》，抒发对此事的愤恨。后来又重新栽种，官府照价付钱，采摘馈赠和以前的惯例相同。睢州人汤斌任吴郡巡抚时，严禁下属官员赠送白云茶，寺庙的僧人也疲于栽种料理茶树，这种茶的种植于是就逐渐萎缩消失了。"陈鉴有《虎丘茶经注》。听说这种茶树现在还有枝芽生长在山坳间。

东溪红梅

任《志》："虎丘东溪，明初栽梅极盛，一种红梅尤异。"明徐有贞《东溪红梅歌》云："夜来飞梦入罗浮，晓起寻春过虎丘。溪梅万树花总白，一枝独艳出林头。此时冰雪方严恶，李冻桃僵俱寂寞。东君何处送春来，故染胭脂着霜萼。随香逐影度溪东，踏尽寒云千万重。恍然一见心神动，似遇仙子琼台中。盈盈相对成宾主，香屑生春娇欲语。不是瑶池饮醉还，玉容那得红如许。岂但娉婷可怜色，重尔心肠如铁石。纷纷红紫避何所，莫敢当风与为敌。北人错认还堪笑，妖杏如何可同调。和靖当年欲见之，未应只赋白梅诗。我来倚玩情难尽，恨不移家与之近。聊歌一曲寄春风，留待诗人共题品。"

衙门

【译文】 东溪红梅，任兆麟《虎阜志》："在虎丘东溪，明朝初年栽种梅花极其兴盛，其中有一种红梅非常特殊。"明朝徐有贞《东溪红梅歌》说："夜来飞梦入罗浮，晓起寻春过虎丘。溪梅万树花总白，一枝独艳出林头。此时冰雪方严恶，李冻桃僵俱寂寞。东君何处送春来，故染胭脂着霜萼。

随香逐影度溪东,踏尽寒云千万重。恍然一见心神动,似遇仙子琼台中。盈盈相对成宾主,香匳生春娇欲语。不是瑶池饮醉还,玉容那得红如许。岂但娉婷可怜色,重尔心肠如铁石。纷纷红紫避何所,莫敢当风与为敌。北人错认还堪笑,妖杏如何可同调。和靖当年欲见之,未应只赋白梅诗。我来倚玩情难尽,恨不移家与之近。聊歌一曲寄春风,留待诗人共题品。"

玉蝶梅

在万岁楼前。高宗幸虎丘,楼前梅正作花,暗香袭人,上注目良久,以手抚之,依依不去,从臣因赋诗云:"万岁楼前玉蝶梅,一枝喜傍御颜开。江南无数琼瑶树,合请东君望幸来。"

【译文】 玉蝶梅,在万岁楼的前面。高宗皇帝游览虎丘时,楼前的梅树正开花,幽香扑面,皇帝仔观赏了很长时间,用手抚摸着梅树,舍不得离开,随从的大臣于是赋诗说:"万岁楼前玉蝶梅,一枝喜傍御颜开。江南无数琼瑶树,合请东君望幸来。"

御赐菩提树

在虎丘寺。《元和县志》云:"康熙五十八年赐植于此,叶如粟子,有两种,圆而大者为龙眼,细而长者为凤眼。"

【译文】 皇帝赏赐的菩提树,在虎丘寺。《元和县志》说:"康熙五十八年皇帝赏赐栽种在这里,叶子的形状像玉米籽粒,有两个品种,叶片圆而大的是龙眼,细而长的是凤眼。"

松林

《半塘小志》:"在千佛阁后,松林百株,风涛鼓之,如数部鼓吹,晴岚烟翠,映带阁间,如宋人图画。"文《志》:"旧有僧种松万株,人以'万松长老'称之。今松之极高大者尚有三四十株。"

【译文】 松林,《半塘小志》:"在千佛阁的后面,松林有上百棵,大风吹来,如同有好几个乐队一齐演奏鼓乐,晴天时山上有苍翠的云烟,像带子一样,环绕着千佛阁,像宋朝人画的风景画。"文肇祉《虎丘山志》:"以前有个僧人种植松树上万棵,人们以'万松长老'称呼他。现在这些松树中非常高大的还留有三四十棵。"

竹苑

《半塘小志》:"在大雄殿西北隅最盛。"今废。

【译文】 竹苑,《半塘小志》:"在大雄宝殿西北角长得最茂盛。"现在已经废弃。

翠幄

《半塘小志》:"在寺东,合抱树四五当门,游者衣皆染绿,而庭积美荫,如坐翠波中。"今废。

【译文】 翠幄,《半塘小志》:"在虎丘寺的东侧,有四五棵可以合抱那么粗的树对着门,游人的衣服都被树影染成了绿色,庭院里布满了树荫,令人同坐在绿波中。"现在已经荒废。

石经旁树

文《志》："千人石经旁有树，一本而三干，干云蔽日，嘉秀苍古。天顺间西域老姥见之，谓僧曰：'此树得山之秀。'寻于树穴，凿取如朽木而坚实者三尺有奇，试爇之，甚香。"

【译文】 石经旁树，文肇祉《虎丘山志》："千人石经旁有树，一个树根而生长出三个枝干，高入云霄遮天蔽日，美丽俊秀苍劲古朴。明朝天顺年间一个西域来的老太太看见了这棵树，对僧人说：'这棵树吸取了整座山的灵秀。'不久有人在树洞里凿取三尺多长看起来已经腐朽其实很坚硬的木头，试着点燃它，木头散发出非常浓郁的香气。"

石观音洞

在小武当山门内，俗呼"海潮观音"。

【译文】 石观音洞，在小武当山门内，俗称"海潮观音"。

龙虎石

在小武当。

【译文】 龙虎石，在小武当。

石檑子

在十八折墙上。

【译文】 石檑子，在十八折的墙上。

不老泉

旧在东岭，今同善堂火帝殿内泉井是也，味甚甘冽。僧真如梵为之铭曰："彼恒河水，无衰老相。非为水因，断尘观障。三观圆通，八德具足。具此胜法，无量寿福。泉源养正，终始一德。寿世寿人，永靡有忒。"

【译文】 不老泉，原来在东岭，现在同善堂火帝殿里的泉井就是，味道非常甜美清冽。僧人真如梵为不老泉刻写铭文说："彼恒河水，无衰老相。非为水因，断尘观障。三观圆通，八德具足。具此胜法，无量寿福。泉源养正，终始一德。寿世寿人，永靡有忒。"

过脉石

在虎丘后河。相传虎丘山脉直通虞山，后溪河底皆有坚石，乃过脉处也。

【译文】 过脉石，在虎丘山后的河里。相传虎丘山脉直通虞山，后溪河底都有坚硬的石头，就是山脉经过河道的地方。

卷十　市　廛

酒楼

以斟酌桥三山馆为最久,创于国初,壶觞有限,只一饭歇铺而已,旧名白堤老店。有往来过客道经虎丘者,设遇风雨,不及入城,即止宿于是。赵姓数世操是业,烹饪之技,为时所称,遂改置凉亭、暖阁,游者多聚饮于其家。乾隆某年,戴大伦于引善桥旁,即接驾楼遗址筑山景园酒楼,疏泉叠石,略具林亭之胜。亭曰"坐花醉月",堂曰"勺水卷石之堂"。上有飞阁,接翠流丹,额曰"留仙",联曰:"莺花几纲屐,虾菜一扁舟。"又,柱联曰:"竹外山影,花间水香。"皆吴云书。左楼三楹,扁曰"一楼山向酒人青",程振甲书,摘吴蔺次《饮虎丘酒楼》诗句也。右楼曰"涵翠"、"笔锋"、"白雪阳春阁"。冰盘牙箸,美酒精肴。客至则先飨以佳莼,此风实开吴市酒楼之先。金阊园馆,所在皆有。山景园、三山馆筑近丘南,址连塔影,点缀溪山景致,未始非润色太平之一助,且地当孔道,凡宴会祖饯,春秋览古,尤便驻足。嘉庆二年,任太守兆坰建白公祠于蒋氏塔影园故址,祠前筑塔影桥,于是桥畔有李姓者增设酒楼,名曰"李家馆",亦杰阁连甍,与山景园、三山馆鼎峙矣。今更名为"聚景",门停画舫,屋近名园,颇为海涌增色。三山馆四时不断烹庖,以山前后居民有婚丧宴会之事,多资于是,非若山景园、聚景园只招市会游屐。每岁清明前始开炉安锅,碧槛红栏,华灯璀璨。过十月朝节,席冷樽寒,围炉乏侣,青望乃收矣。是以昔人有"佳节待过十月朝,山塘寂静渐无聊"之句。所卖满汉大菜及汤炒小吃,则有烧小猪、哈儿巴肉、烧肉、烧鸭、烧鸡、烧肝、红炖肉、荑香肉、木犀肉、口蘑肉、金银肉、高丽肉、东坡肉、香菜肉、果子肉、麻酥肉、火夹肉、白切肉、白片肉、酒焖蹄、硝盐蹄、风鱼蹄、绉

宾至如归

183

纱踵、燺火踵、蜜炙火踵、葱椒火踵、酱踵、大肉圆、炸圆子、溜圆子、拌圆子、上三鲜、汤三鲜、炒三鲜、小炒、燺火腿、燺火爪、炸排骨、炸紫盖、炸八块、炸里脊、炸肠、烩肠、爆肚、汤爆肚、醋熘肚、芥辣肚、烩肚丝、片肝、十丝大菜、鱼翅三丝、汤三丝、拌三丝、黄芽三丝、清炖鸡、黄焖鸡、麻酥鸡、口蘑鸡、溜渗鸡、片火鸡、火夹鸡、海参鸡、芥辣鸡、白片鸡、手撕鸡、风鱼鸡、滑鸡片、鸡尾搨、炖鸭、火夹鸭、海参鸭、八宝鸭、黄焖鸭、风鱼鸭、口蘑鸭、香菜鸭、京冬菜鸭、胡葱鸭、鸭羹、汤野鸭、酱汁野鸭、炒野鸡、醋熘鱼、爆参鱼、参糟鱼、煎糟鱼、豆豉鱼、炒鱼片、炖江鲚、煎江鲚、炖鲋鱼、汤鲋鱼、剥皮黄鱼、汤黄鱼、煎黄鱼、汤着甲、黄焖着甲、斑鱼汤、蟹粉汤、炒蟹斑、汤蟹斑、鱼翅蟹粉、鱼翅肉丝、清汤鱼翅、烩鱼翅、黄焖鱼翅、拌鱼翅、炒鱼翅、烩鱼肚、烩海参、十景海参、蝴蝶海参、炒海参、拌海参、烩鸭掌、拌鸭掌、炒腰子、炒虾仁、炒虾腰、拆炖、炖吊子、黄菜、溜卜蛋、芙蓉蛋、金银蛋、蛋膏、烩口蘑、炒口蘑、蘑菇汤、烩带丝、炒笋、芙肉、汤素、炒素、鸭腐、鸡粥、什锦豆腐、杏酪豆腐、炒胹干、炸胹干、烂焐脚鱼、出骨脚鱼、生爆脚鱼、炸面筋、拌胡菜、口蘑细汤。点心则有八宝饭、水饺子、烧卖、馒头、包子、清汤面、卤子面、清油饼、夹油饼、合子饼、葱花饼、馅儿饼、家常饼、荷叶饼、荷叶卷蒸、薄饼、片儿汤、饽饽、拉糕、扁豆糕、蜜橙糕、米丰糕、寿桃、韭合、春卷、油饺等，不可胜纪。盆碟则十二、十六之分，统谓之"围仙"，言其围于八仙桌上，故有是名也。其菜则有八盆四菜、四大八小、五菜、四荤八拆，以及五簋、六菜、八菜、十大碗之别。每席必七折钱一两起至十余两码不等。沈朝初《忆江南》词云："苏州好，酒肆半朱楼。迟日芳樽开槛畔，月明灯火照街头。雅坐列珍馐。"又，吴绮《饮虎丘酒楼》诗云："新晴春色满渔汀，小憩黄垆画桨停。七里水环花市绿，一楼山向酒人青。绮罗堆里神仙剑，箫鼓声中老客星。一曲高歌情不浅，吴姬莫惜倒银瓶。"又，赵翼《山塘酒楼》诗云："清簟疏帘软水舟，老人无事爱清游。承平光景风流地，灯火山塘旧酒楼。"又，顾我乐绝句云："斟酌桥边旧酒楼，昔年曾此数觥筹。重来已觉风情减，忍见飞花逐水流。"又，吴周钤《饮虎丘山景园》诗云："树未雕霜水叠鳞，秋来泛棹记初巡。为呼绿酒凭高阁，恰对青山似故人。弦管渐随华月减，园林催斗晚香新。眼前风景堪留醉，且喜偷闲半日身。"

【译文】 酒楼，以斟酌桥的三山馆历史最久，开创于清朝初年，酒器数量有限，只是一个吃饭歇息的店铺而已，原来名字叫白堤老店。有途经虎丘的往来过客，假如遇到风雨，来不及进入城里，就在这里住宿。有一个姓赵的家族几代人经营这个酒楼，烹饪的技艺被当时人所称道，于是这家人修建了凉亭、暖阁，游人大多聚集在他们家饮酒。乾隆某年，戴大伦在引善桥旁边接驾楼的遗址上修建山景园酒楼，疏引泉水垒叠石块，几乎完备了园林亭榭所应有的优美景色。亭子叫"坐花醉月"，厅堂叫"勺水卷石之堂"。上面有架空修建的阁楼，朱红翠绿的彩绘像在空中飞舞一般，匾额是"留仙"，楹联是："莺花几纲履，虾菜一扁舟。"又有柱联："竹外山影，花间水香。"都是吴云书写的。左面的楼三间，匾额是"一

楼山向酒人青",是程振甲书写的,摘自吴
蔺次《饮虎丘酒楼》中的诗句。右面的楼
叫"涵翠""笔锋""白雪阳春阁"。酒楼
有洁白的盘子象牙筷子,还有美酒佳肴。
客人到来就先用好茶招待,这种风气实开
吴市酒楼的先河。金阊的园、馆,到处都
有。山景园、三山馆靠近虎丘的南侧,地
基连着塔影,点缀着溪水青山的风景,这
种繁华的风貌,增益了当地的太平景象,

苏州街上的酒楼

而且这里地处交通要道,凡是宴会饯行,春秋游览古迹,尤其便于停留。嘉庆二年,太守
任兆坰在蒋氏塔影园原来的地方修建白公祠,祠前修筑塔影桥,于是桥畔有姓李的人开
了一家酒楼,名字叫"李家馆",也是高阁相连,和山景园、三山馆形成鼎立之势。现在更
名为"聚景",门前停泊着漂亮的游船,房屋靠近名园,颇为虎丘增光添彩。三山馆一年四
季炊事不断,这是因为山前山后的居民如果有婚丧宴会之事,大多在这里消费,不像山景
园、聚景园只招待游船节日的游客。每年清明节之前各大酒店就开炉安锅,碧槛红栏,华
灯璀璨,非常整洁美观。过了十月初一,天气转冷,座席酒杯都难以保暖,人们都失去了邀
伴饮酒围炉而坐的兴致,酒旗于是就收起来了。因此从前的人有"佳节待过十月朝,山塘
寂静渐无聊"的诗句。山塘里所卖的满汉大菜和汤炒小吃,则有烧小猪、哈儿巴肉、烧肉、
烧鸭、烧鸡、烧肝、红炖肉、莫香肉、木犀肉、口蘑肉、金银肉、高丽肉、东坡肉、香菜肉、果子
肉、麻酥肉、火夹肉,白切肉、白片肉、酒焖蹄、硝盐蹄、风鱼蹄、绉纱蹄、爩火蹄、蜜炙火蹄、
葱椒火蹄、酱蹄、大肉圆、煤圆子、溜圆子、拌圆子、上三鲜、汤三鲜、炒三鲜、小炒、爩火腿、
爩火爪、炸排骨、炸紫盖、炸八块、炸里脊、炸肠、烩肠、爆肚、汤爆肚、醋熘肚、芥辣肚、烩肚
丝、片肝、十丝大菜、鱼翅三丝、汤三丝、拌三丝、黄芽三丝、清炖鸡、黄焖鸡、麻酥鸡、口蘑
鸡、溜渗鸡、片火鸡、火夹鸡、海参鸡、芥辣鸡、白片鸡、手撕鸡、风鱼鸡、滑鸡片、鸡尾搞、炖
鸭、火夹鸭、海参鸭、八宝鸭、黄焖鸭、风鱼鸭、口蘑鸭、香菜鸭、京冬菜鸭、胡葱鸭、鸭羹、汤
野鸭、酱汁野鸭、炒野鸡、醋熘鱼、爆参鱼、参糟鱼、煎糟鱼、豆豉鱼、炒鱼片、炖江鲟、煎江
鲟、炖鲥鱼、汤鲥鱼、剥皮黄鱼、汤黄鱼、煎黄鱼、汤着甲、黄焖着甲、斑鱼汤、蟹粉汤、炒蟹
斑、汤蟹斑、鱼翅蟹粉、鱼翅肉丝、清汤鱼翅、烩鱼翅、黄焖鱼翅、拌鱼翅、炒鱼翅、烩鱼肚、
烩海参、十景海参、蝴蝶海参、炒海参、拌海参、烩鸭掌、拌鸭掌、炒腰子、炒虾仁、炒虾腰、
拆炖、炖吊子、黄菜、溜卞蛋、芙蓉蛋、金银蛋、蛋膏、烩口蘑、炒口蘑、蘑菇汤、烩带丝、炒
笋、莫肉、汤素、炒素、鸭腐、鸡粥、什锦豆腐、杏酪豆腐、炒肫干、炸肫干、烂焙脚鱼、出骨脚
鱼、生爆脚鱼、炸面筋、拌胡菜、口蘑细汤。点心则有八宝饭、水饺子、烧卖、馒头、包子、清

汤面、卤子面、清油饼、夹油饼、合子饼、葱花饼、馅儿饼、家常饼、荷叶饼、荷叶卷蒸、薄饼、片儿汤、馇馇、拉糕、扁豆糕、蜜橙糕、米丰糕、寿桃、韭合、春卷、油饺等，种类太多不能全部记下来。盆碟则有十二个、十六个的区别，统称之"围仙"，指的是这些盆碟是围放在八仙桌上的，所以有这个名字。那些菜则有八盆四菜、四大八小、五菜、四荤八折，以及五簋、六菜、八菜、十大碗的区别。每桌酒席必须一两七钱银子到十余两银子不同的价格。沈朝初《忆江南》词说："苏州好，酒肆半朱楼。迟日芳樽开槛畔，月明灯火照街头。雅坐列珍馐。"又有吴绮《饮虎丘酒楼》诗说："新晴春色满渔汀，小憩黄垆画桨停。七里水环花市绿，一楼山向酒人青。绮罗堆里神仙剑，箫鼓声中老客星。一曲高歌情不浅，吴姬莫惜倒银瓶。"又有赵翼《山塘酒楼》诗说："清簟疏帘软水舟，老人无事爱清游。承平光景风流地，灯火山塘旧酒楼。"还有顾我乐绝句说："斟酌桥边旧酒楼，昔年曾此数觥筹。重来已觉风情减，忍见飞花逐水流。"再有吴周铃《饮虎丘山景园》诗说："树未雕霜水叠鳞，秋来泛棹记初巡。为呼绿酒凭高阁，恰对青山似故人。弦管渐随华月减，园林催斗晚香新。眼前风景堪留醉，且喜偷闲半日身。"

虎丘茶坊

多门临塘河，不下十余处，皆筑危楼杰阁，妆点书画，以迎游客，而以斟酌桥东情园为最。春秋花市及竞渡市，裙屐争集，湖光山色，逐人眉宇。木樨开时，香满楼中，尤令人流连不置。又虎丘山寺碑亭后一同馆，虽不甚修葺，而轩窗爽垲，凭栏远眺，吴城烟树，历历在目。费参诗云："过尽回栏即讲堂，老僧前揖话兴亡。行行小幔邀人坐，依旧茶坊共酒坊。"

【译文】虎丘的茶坊，大多门对着塘河，不少于十多处，都是高楼，装饰着书画，开门接待各方游客，其中以斟酌桥东情园为第一。春秋花市与端午龙舟赛会时，男男女女争相聚集在这里，湖光山色，都映照在人的脸上。桂花开时，香气充满楼中，尤其令人不忍离去。虎丘山寺碑亭后面有一同馆，虽然未经修整，但门窗明亮清爽，依靠着栏杆向远处望去，姑苏城内的如烟绿树，都看得清清楚楚。费参有诗说："过尽回栏即讲堂，老僧前揖话兴亡。行行小幔邀人坐，依旧茶坊共酒坊。"

花露

以沙甑蒸者为贵，吴市多以锡甑。虎丘仰苏楼、静月轩，多释氏制卖，驰名四远，开瓶香洌，为当世所艳称。其所卖诸露，治肝、胃气，则有玫瑰花露；疏肝、牙痛，早桂花露；痢疾、香肌，茉莉花露；祛惊豁痰，野蔷薇露；宽中噎膈，鲜佛手露；气胀心痛，木香花露；固精补虚，白莲须露；

散结消瘰,夏枯草露;霍乱、辟邪,佩兰叶露;悦颜利发,芙蓉花露;惊风鼻衄,马兰根露;通鼻利窍,玉兰花露;补阴凉血,侧柏叶露;稀痘解毒,绿萼梅花露;专消诸毒,金银花露;清心止血,白荷花露;消痰止嗽,枇杷叶露;骨蒸内热,地骨皮露;头眩眼昏,杭菊花露;清肝明目,霜桑叶露;发散风寒,苏蒲荷露;搜风透骨,稀莶草露;解闷除黄,海棠花露;行瘀利血,益母草露;吐衄烦渴,白茅根露;顺气消痰,广橘红露;清心降火,栀子花露;痰嗽劳热,十大功劳露;饱胀散闷,香橼露;和中养胃,糯谷露;鱼毒漆疮,橄榄露;霍乱吐泻,藿香露;凉血泻火,生地黄露;解湿热,鲜生地露;胸闷不舒,鲜金柑露;盗汗久疟,青蒿露;乳患、肺痈,橘叶露;祛风头症,荷叶露;和脾舒筋,木瓜露;生津和胃,建兰叶露;润肺生津,麦门冬露。施位《虎丘竹枝词》云:"韦苏州后白苏州,侥幸香山占虎丘。四面红窗怀杜阁,一瓶花露仰苏楼。"又,郭麟《虎丘五乐府》有《咏花露·天香》词云:"炊玉成烟,揉春作水,落红满地如扫。百末香浓,三宵夜冷,无数花魂招到。仙人掌上,迸铅水铜盘多少。空惹蜂王惆怅,未输蜜脾风调。谢娘理妆趁晓。面初匀,粉光融了。试手劈笺,重盥蔷薇尤好。欲笑文园病渴,似饮露秋蝉便能饱。待斗新茶,听汤未老。"尤维熊和词云:"候火安炉,量沙布甑,蒸成芳液盈盈。凉沁荷筒,冷淘槐叶,输与山僧佳制。瓶罌分饷,倾一滴便消残醉。却笑辛勤蜂酿,只供蜜殊留嗜。试调井华新水。面才匀,扫眉还未。惯共粉奁脂篚,上伊纤指。向晚妆台一饷,又融入犀梳枊双鬓。梦醒余香,绿鬟犹腻。"

【译文】 把花瓣放入甑中蒸成的液汁,以用沙甑蒸的为好,吴市大多用锡甑。虎丘仰苏楼、静月轩的花露,大多是僧人制作出售、名扬四方,打开瓶子便能闻到芳香清冽的气味,被当时的人所称赞。他们所卖的各种花露,治肝、胃气的,则有玫瑰花露;疏肝、牙痛的,则有早桂花露;治疗痢疾、香肌的,则有茉莉花露;祛惊豁痰,则有野蔷薇露;宽中噎膈的,则有鲜佛手露;治疗气胀心痛的,则有木香花露;固精补虚的,则有白莲须露;散结消瘰的,则有夏枯草露;治疗霍乱、避邪的,则有佩兰叶露;悦颜利发的,则有芙蓉花露;治疗惊风鼻衄的,则有马兰根露;通鼻利窍的,则有玉兰花露;补阴凉血的,则有侧柏叶露;稀痘解毒的,则有绿萼梅花露;专消各种病毒的,则有金银花露;清心止血的,则有白荷花露;消痰止嗽的,则有枇杷叶露;治疗骨蒸内热的,则有地骨皮露;治疗头眩眼昏的,则有杭菊花露;清肝明目的,则有霜桑叶露;发散风寒的,则有苏蒲荷露;搜风透骨的,则有稀莶草露;解闷除黄的,则有海棠花露;行瘀利血的,则有益母草露;治疗吐衄烦渴的,则有白茅根露;顺气消痰的,则有广橘红露;清心降火的,则有栀子花露;治疗痰嗽劳热的,则有十大功劳露;治疗饱胀散闷的,则有香橼露;和中养胃的,则有糯谷露;治疗鱼毒漆疮的,则有橄榄露;治疗霍乱吐泻的,则有藿香露;凉血泻火的,则有生地黄露;解湿热的,则有鲜生地露;治疗胸闷不舒的,则有鲜金柑露;治疗盗汗久疟的,则有青蒿露;治疗乳患、肺痈的,则有橘叶露;祛风头症的,则有荷叶露;和脾舒筋的,则有木瓜露;生津和胃的,则有建兰叶露;润肺生津的,则有麦门冬露。施位《虎丘竹枝词》说:"韦苏州后白苏州,侥幸香山占虎丘。四面红窗怀杜阁,一瓶花露仰苏楼。"又有郭麟《虎丘五乐府》中《咏花露·天香》词说:"炊玉成烟,揉春作水,落红满地如扫。百末香浓,三宵夜冷,无数花魂招到。仙人掌上,递铅水铜盘多少。空惹蜂王惆怅,未输蜜脾风调。谢娘理妆趁晓。面初匀,粉光融了。试手劈笺,重盥蔷薇尤好。欲笑文园病渴,似饮露秋蝉便能饱。待斗新茶,听汤未老。"尤维熊的和词说:"候火安炉,量沙布甄,蒸成芳液盈盈。凉沁荷筒,冷淘槐叶,输与山僧佳制。瓶罂分饷,倾一滴便消残醉。却笑辛勤蜂酿,只供蜜殊留嗜。试调井华新水。面才匀,扫眉还未。惯共粉查脂簋,上伊纤指。向晚妆台一饷,又融入犀梳栊双髻。梦醒余香,绿鬟犹腻。"

陈皮

以虎丘宋公祠为著名。先止山塘宋文杰公祠制卖,今忠烈公祠及文恪公祠皆有陈皮、半夏招牌,制法既同,价亦无异。朱昆玉《咏吴中食物》诗云:"酸甜滋味自分明,橘瓣刚来新会城。等是韩康笼内物,戈家半夏许齐名。(吴郡戈氏秘制半夏,为时所尚。")

【译文】 陈皮,以虎丘宋公祠的最著名。开始只有山塘宋文杰公祠制作出售,现在忠烈公祠和文恪公祠都有出售陈皮、半夏的招牌,制作方法相同,价格也没有差别。朱昆玉《咏吴中食物》诗说:"酸甜滋味自分明,橘瓣刚来新会城。等是韩康笼内物,戈家半夏许齐名。"(吴郡戈氏人家以秘方所制的半夏,是当时十分流行的药食。)

葵扇

俗呼"芭蕉扇",山塘扇肆,多贩于粤东之客,其叶产粤之新会城,乃葵叶,非蕉叶也。上等之葵叶,都贮诸箱箧来吴,故谓之箱叶,粗者谓之包叶。以细白嫩叶无夹缝者为上选。时尚黄绿白纱衬金滚边,柄以影漆及紫绿色雕刻书画,中嵌泥金者为盛行。若翻黄竹及玳瑁、沙鱼皮柄,已间一用者矣。团扇,有绢有罗,淡描浓绣,多行于他省及居民新嫁女郎送夏之用。有等漆边漆柄,红绿紫黑俱纯色者,有形似满月或六角八角宫扇式者,两面皆糊耿绢,书画精雅,阴面以两色锦为贴边。入掌轻摇,风生习习。山塘操是业者不下数十家,凡聚行定价,皆集于东西两山庙。予嫌其未当,拟于僧弥祠旁建团扇夫人庙为扇肆会饮之地,及阅舒铁云《瓶水斋集》,知王仲瞿当时赁庑吴会,曾有于小令祠畔穿径砐石奉夫人香火之议,此真先得我心者矣。因录铁云赠篇于右,其词云:"渡江桃叶春潮绿,肠断青团扇子曲。秋风吹鬓又双飞,明月人怀才一握。谁家蝴蝶过墙东,衔出飞花一面红。滴来天上氤氲使,留得人间憔悴容。樱桃树下相思路,一扑流萤有人妒。只因花里送郎归,胡为泥中逢彼怒。团扇团扇凄以秋,不遮离恨只遮羞。纵然老婢声能咏,还问小郎围解否。嫂不为炊有时有,叔亦不痴女无偶。未闻姐己赐周公,险把参军配新妇。此事分明宝月圆,此情惆怅绿云端。阮家人种追无马,秦女衣裳画有鸾。班姬才调明妃色,却扇千金倾一国。

梦向乌衣巷里游，歌从白苎词中得。琅琊才子旧情痴，曳雪牵云有所思。浮家恰傍真娘墓，画壁先题后土祠。十万鸳鸯两团扇，婢学夫人君不见。愿取朱陈村里人，化为王谢堂前燕。石城艇子虎山桥，劝酒琵琶乞食箫。题成列女图三丈，谱入神弦曲一条。"又，尤维熊《虎丘新竹枝》云："生绡糊就月儿圆，擎出天边白玉盘。知否吴中添近事，家家团扇画乘鸾。"又，郭麟《虎丘五乐府》有《咏蕉扇·桂枝香》词云："谁裁花骨，怕新裂齐纨，无此圆洁。想见黄昏雨足，绿天云割。怜他不入人怀袖，却生成也无圆阙。紫蕉衫底，白荷花下，晚风香辣。话昔日山塘土物。同莼席湘筼，一样清绝。七宝修成，不是旧时明月。旧时旧事何人记，有冷萤空阶明灭。最难忘处，罗帏双笑，一灯初杀。"又，尤雄熊和词云："裁云满把，忆小院绿天，密雨初洒。谁仿谢家新制，市头论价。红墙一抹刚遮映，握春黄晚妆才卸。庭轩露坐，乍停还拂，流萤将下。记女伴穿针闲话。有花骨欹斜，密字偷写。便肯从人方便，也休轻借。轻容不放秋蚊入，向旧帱深处低挂。桃笙如水，暂教闲却，嫩凉今夜。"

【译文】 葵扇，俗称"芭蕉扇"，山塘卖扇子的店铺，大多是从粤东的客商手中进货的，做扇子用的叶子产自广东的新会城，就是葵叶，不是芭蕉叶。上等的葵叶，都装箱运到吴地来，所以又称之为箱叶，较为粗劣的称之为包叶。以细白嫩叶没有夹缝的为上品。当时流行用黄色绿色白色绢纱衬上金线镶成花边，扇柄用影漆和紫绿色雕刻书画，中间镶嵌有泥金彩绘的最为盛行。像翻黄竹和玳瑁、沙鱼皮柄那样的。偶尔有人会用团扇，有丝绢的也有绫罗的，扇上的图案浓艳淡雅不一而足，大多是外省和城里人为新出嫁的女儿"送夏"时用的。有相同的漆边漆柄，红绿紫黑都是纯色，有形似满月或六角八角宫扇式的，两面都糊上丝绸，书画都精美雅致，背面用两色的有花纹的丝织品为贴边。握在手中轻轻摇动，就产生徐徐的微风。山塘从事这种职业的不下几十家，凡是同行相聚商定价格，都集中在东西两山庙。我嫌这种形式不妥当，打算在僧弥祠旁修建一座团扇夫人庙作为卖扇的店铺聚会宴饮的地方，等到阅读舒铁云《瓶水斋集》，知道王仲瞿当时在绍兴租赁房屋，曾经有在小令祠畔穿径砡石供奉团扇夫人香火的打算，这真是最先懂得我心的人了。于是摘录舒铁云赠篇在下面，其词说："渡江桃叶春潮绿，肠断青团扇子曲。秋风吹翼又双飞，明月入怀才一握。谁家蝴蝶过墙东，衔出飞花一面红。谪来天上氤氲使，留得人间憔悴容。樱桃树下相思路，一扑流萤有人妒。只因花里送郎归，胡为泥中逢彼怒。团扇团扇凄以秋，不遮离恨只遮羞。纵然老婢声能咏，还问小郎围解否。嫂不为炊有时有，叔亦不痴女无偶。未闻妲己赐周公，险把参军配新妇。此事分明宝月圆，此情惆怅绿云端。阮

家人种追无马，秦女衣裳画有鸾。班姬才调明妃色，却扇千金倾一国。梦向乌衣巷里游，歌从白苎词中得。琅琊才子旧情痴，曳雪牵云有所思。浮家恰傍真娘墓，画壁先题后土祠。十万鸳鸯两团扇，婢学夫人君不见。愿取朱陈村里人，化为王谢堂前燕。石城艇子虎山桥，劝酒琵琶乞食箫。题成列女图三丈，谱入神弦曲一条。"又有尤维熊《虎丘新竹枝》说："生绡糊就月儿圆，擎出天边白玉盘。知否吴中添近事，家家团扇画乘鸾。"还有郭麟《虎丘五乐府》中有《咏蕉扇·桂枝香》词说："谁裁花骨，怕新裂齐纨，无此圆洁。想见黄昏雨足，绿天云割。怜他不入人怀袖，却生成也无圆阙。紫蕉衫底，白荷花下，晚风香辣。话昔日山塘土物。同茁席湘筠，一样清绝。七宝修成，不是旧时明月。旧时旧事何人记，有冷萤空阶明灭。最难忘处，罗帏双笑，一灯初杀。"再有尤雄熊的和词说："裁云满把，忆小院绿天，密雨初洒。谁仿谢家新制，市头论价。红墙一抹刚遮映，握春葱晚妆才卸。庭轩露坐，乍停还拂，流萤将下。记女伴穿针闲话。有花骨欹斜，密字偷写。便肯从人方便，也休轻借。轻容不放秋蚊入，向旧帏深处低挂。桃笙如水，暂教闲却，嫩凉今夜。"

琉璃灯

始则来自粤东，有绿白两色。今郡人能以碎玻璃捣如米屑，淘洗极净，入炉重熔，一气呵成。其市亦集于山塘，所鬻则有各种挂灯、台灯，大小不齐。灯盘、灯架以铜锡为之，反面以五彩黝描凤穿牡丹之类。其素者则有供佛之长明灯与金鱼缸，可安置几上，游鳞跳跃，视小为大。铁马，乃琉璃脆片也，上有四字，曰"玉马风声"，或"玉龙"二字，皆制时熔成者，用铜铁线色绒扎成宝盖形，复以十余脆片穿之，悬于檐际，雨风之夕，音声酸楚，令人不堪卒听。梅霜崖《铁马》诗云："炉冶谁施锻炼功，熔成腰衰步难工。章台侧畔惊闺梦，画阁前头骤晓风。照日一围争蹑影，巡檐百转漫行空。如何不向昭陵去，只旁虚堂眄塞翁。"又，郭麟《咏铁马·钗头凤》词云："屏山曲，春眠足，丁冬惊起鸳鸯宿。重帘静，重栏凭，月明如水，梨花无影。认，认，认。珍珠箔，鞦韆索，玎玎揽碎檐前玉。呼人问，春来信。鹦歌报道，东风犹紧。听，听，听。"

灯店

【译文】琉璃灯，最初来自广东，有绿白两种颜色。现在吴郡人能把碎玻璃捣像碎米般细小，淘洗得非常干净，放入炉火中重新熔炼，一气呵成。卖琉璃灯的集市也集中在山塘，所卖的则有各种挂灯、台灯，大小不一。灯盘、灯架用铜锡制作而成，背面用五彩釉描绘凤穿牡丹之类。

还有素色的,如供佛的长明灯和金鱼缸,可以安放在几案上,鱼儿游动跳跃,其形还是被放大了。铁马,就是琉璃脆片,上面有四个字,叫"玉马凤声",或者"玉龙"两个字,都是制作时铸炼成的,用铜铁线和色绒扎成宝盖形,再穿上十多块脆片,悬挂在屋檐的前端,下雨刮风的傍晚,风吹琉璃脆片发出酸楚的声音,令人不忍辛听。梅霜崖《铁马》诗说:"炉冶谁施锻炼功,熔成腰褭步难工。章台侧畔惊闺梦,画阁前头骤晓风。照日一围争蹀影,巡檐百转漫行空。如何不向昭陵去,只旁虚堂眵塞翁。"又有郭麟《咏铁马·钗头凤》词说:"屏山曲,春眠足,丁冬惊起鸳鸯宿。重帘静,重栏凭。月明如水,梨花无影。认,认,认。珍珠箔,鞦韆索,玲玲揽碎檐前玉。呼人问,春来信。鹦歌报道,东风犹紧。听,听,听。"

线带店

昔只席场衖一二家,近来塘岸不下十余店。席场衖内,家户搓线织带为业。有等乡间妇女,筐筐携至渡僧桥、月城内一带,拦地叫卖者,其蚕丝俱鬻于湖客,皆织绉绸绫吐弃之丝杂苎为之,其糙不堪,俗呼为"糙丝线"。

【译文】 线带店,过去只是席场衖有一二家,近来塘岸不少于十多个店。席场衖内,家家户户以搓线织带为职业。有些乡间妇女,把线带装在竹筐里带到渡僧桥、月城内一带,放在地上叫卖,那些蚕丝都是卖给湖州客人的,皆是用纺织绉绸绫废弃的丝掺杂上苎麻纺织而成,粗糙不堪,俗称为"糙丝线"。

自走洋人

机轴如自鸣钟,不过一发条为关键,其店俱在山塘。腹中铜轴,皆附近乡人为之,转售于店者。有寿星骑鹿、三换面、老跎少、僧尼会、昭君出塞、刘海洒金钱、长亭分别、麒麟送子、骑马鞑子之属。其眼舌盘旋时,皆能自动。其直走者,只肖京师之后挡车,一人坐车中,一人跨辕,不过数步即止,不耐久行也。又有《童子拜观音》《嫦娥游月宫》《絮阁》《闹海》诸戏名,外饰方匣,中施沙斗,能使龙女击钵、善才折腰、玉兔捣药,工巧绝伦。翟继昌《自走洋人》诗云:"盘旋直走一般同,机轴天然制造工。便到中华遵法度,饶伊疾足亦环中。"

【译文】 自走洋人,机器的轴就像自鸣钟,不过一根发条是关键,卖自走洋人的店铺都在山塘。自走洋人肚子中的铜轴,都是附近乡下人制作的,然后转卖给店铺。有寿星骑鹿、三换面、老驼少、僧尼会、昭君出塞、刘海洒金钱、长亭分别、麒麟送子、骑马鞑子之类。它眼睛舌头旋转时,都能自己动。那种直着走的,就像京城的后挡车,一个人坐在车中,一个人跨在车辕上,不过几步就停止,不能长时间行走。又有《童子拜观音》《嫦娥游月宫》《絮阁》《闹海》各种戏名,外面是装饰好的方形的匣子,里面安放沙斗,能让龙女击钵、善才折腰、玉兔捣药,精巧绝伦。翟继昌《自走洋人》诗说:"盘旋直走一般同,机轴天然制造工。便到中华遵法度,饶伊疾足亦环中。"

绢人

多为仕女之形,以五色缯绫为饰,眉目姣好,或立或坐。游客至虎丘者,每市以归,互相馈贻。吴绮《绢美人》诗云:"刀尺何人斗丽华,妆成金屋彩云遮。体分苏氏机中素,命薄隋宫树上花。小字红绡原有意,前身捣素问谁家。莫嫌尽日无言语,越女伤心出浣纱。"

【译文】 绢人,大多做成贵族女子的形貌,用五色的丝织品作为装饰,容貌美丽,有的站立有的坐着。到虎丘的游客,经常买一些回去赠送给亲友。吴绮《绢美人》诗说:"刀尺何人斗丽华,妆成金屋彩云遮。体分苏氏机中素,命薄隋宫树上花。小字红绡原有意,前身捣素问谁家。莫嫌尽日无言语,越女伤心出浣纱。"

山塘画铺

异于城内之桃花坞、北寺前等处,大幅小帧俱以笔描,非若桃坞、寺前之多用印板也,惟工笔、粗笔各有师承。山塘画铺以沙氏为最著,谓之"沙相",所绘则有天官、三星、人物故事,以及山水、花草、翎毛,而画美人为尤工耳。鬻者多外来游客与公馆行台,以及酒肆茶坊,盖价廉工省,买即悬之,乐其便也。吴绮《画美人》诗云:"一幅生绡本自如,谁人亲见洛川姝。却将京兆朝回笔,写出崔徽别后图。""翠黛乍低浑似语,玉纤如动竟难扶。凭君为问毛延寿,多少黄金买得无。"又,尤维熊《虎丘新竹枝》云:"李娟张态是耶非,映水花枝妓打围。别有多情嵇叔夜,只摹粉本画崔徽。"又,郭麟《咏画仕女·唐多令》词云:"深院玉梅天,春风锦瑟年。似惊鸿留影翩然。手擘薛涛笺一幅,怕遗墨,淡如烟。一枕小游仙,三生好比肩。有扬州旧梦谁圆,问是梦中曾见么。笑已是,十年前。"

【译文】 山塘的画铺,和城内的桃花坞、北寺前等处的不同,无论是大幅的还是小幅的,都是以笔描画出来的,不像桃花坞、北寺前的大多是用雕版印刷的,只是工笔画、粗笔画各有师承。山塘画铺以沙氏最为有名,称为"沙相",所描绘的内容则有天官、三星、人物故事,以及山水、花草、翎毛,而画美人尤为精巧。买家大多是外来的游客和公馆旅店,以及酒店茶坊,大概是价钱低廉而又省事,买来就悬挂上,乐得方便。吴绮《画美人》诗说:"一幅生绡本自如,谁人亲见洛川姝。却将京兆朝回笔,写出崔徽别后图。""翠黛乍低浑似语,玉纤如动竟难扶。凭君为问毛延寿,多少黄金买得无。"又有尤维熊《虎丘新竹枝》说:"李娟张态是耶非,映水花枝妓打围。别有多情嵇叔夜,只摹粉本画崔徽。"再有郭麟《咏画仕女·唐多令》词说:"深院玉梅天,春风锦瑟年。似惊鸿留影翩然。手擘薛涛笺一幅,怕遗墨,淡如烟。一枕小游仙,三生好比肩。有扬州旧梦谁圆,问是梦中曾见么。笑已是,十年前。"

卷十一 工 作

像生绒花

山塘亦一聚处。其店不下十余家,拈花作叶,各有专工,散在虎丘附近一带并城中北寺、桃坞等处。多女红为之,专做夹瓣、旋绒、衰绒、刮绒等对花并通草、蜡花。千筐百筥,悉售于外府州县,尤多浙、闽及江西诸省之客,郡人间有过而问者。舒位《像生花》诗云:"剪彩作花花欲语,女红疑是司花女。有时兰叶蚀青虫,或爱梅花作翠羽。""花能相对叶相当,宛然春色偷东皇。定知有梦迷蝴蝶,不为无香恨海棠。""谁家着钏牵衫早,个镜相宜倚花扫。水晶帘卷十分妆,翡翠斜簪一枝好。""吴侬作事殊等闲,不独时花弃两鬟。都将旧曲翻新曲,抛却真山看假山。""那知相率趋为伪,金错钱刀买憔悴。一丛花当十户赋,几朵云收数乡税。""可怜名字满头花,花开花落委泥沙。若为拈向灵山会,且莫携来吏部家。"

【译文】 模仿真花制作绒花的行业,山塘也是一个聚集的地方。这种店铺不下十几家,用手捏花制作叶子等不同的工序,各自有专门的工人负责,这些店铺分散在虎丘及周边地区和城中北寺、桃坞等地。从业者大多是妇女,专门做夹瓣、旋绒、衰绒、刮绒等对花和通草、蜡花。成百上千筐的成品,都卖到外府州县,其中浙江、福建和江西各省的客商特别多,本郡人只是偶尔有来打听的。舒位《像生花》诗说:"剪彩作花花欲语,女红疑是司花女。有时兰叶蚀青虫,或爱梅花作翠羽。""花能相对叶相当,宛然春色偷东皇。定知有梦迷蝴蝶,不为无香恨海棠。""谁家着钏牵衫早,个镜相宜倚花扫。水晶帘卷十分妆,翡翠斜簪一枝好。""吴侬作事殊等闲,不独时花弃两鬟。都将旧曲翻新曲,抛却真山看假山。""那知相率趋为伪,金错钱刀买憔悴。一丛花当十户赋,几朵云收数乡税。""可怜名字满头花,花开花

绣花

落委泥沙。若为拈向灵山会,且莫携来吏部家。"

棕榈蝇拂作

在虎丘山塘及山门口,并有以棕线结作花篮、火焰扇、浆刷帚、蜡帚、道冠之属,厥制甚繁。或有以甘省溅色马尾鬃为挥麈、花篮及葫芦球形者,中亦可安茉莉、夜来香。有结成枕样或骨牌式、佛手式者,中实花椒,佩衣襟间,可辟道路秽气,俗呼"花椒枕头"。钱清履《棕榈蝇拂》诗云:"横空火伞天炎曦,青蝇附热营营飞。麾之使去欲借白羽力,棕榈为拂拂拂尤称奇。蓬头乱发溽暑祛,凤尾摇曳香清微。披蓁直可资谈柄,良朋玉屑聆霏霏。吾闻龙须狮尾重豪贵,奇珍不世购者稀。秦嘉牦尾制堪陋,驱尘除垢毋乃高人讥。何如纤罗萦缕翠不绝,朴毋伤雅青松枝。因知薄物亦足重,何来遽集频频挥。会须风流捉麈慕王谢,短章老杜长歌韦。"

【译文】 制作棕榈拂尘的作坊,在虎丘山塘和山门口,同时也用棕线编结制作花篮、火焰扇、浆刷帚、蜡帚、道冠之类,所制作的种类非常多。有用甘肃省出产的颜色斑驳的马尾鬃制作拂尘、花篮和葫芦球形的,中间也可以安放茉莉、夜来香。有编结成枕头的样子或骨牌、佛手样式的,中间装入花椒,佩戴在衣襟间,可以辟除道路上的秽气,俗称"花椒枕头"。钱清履《棕榈蝇拂》诗说:"横空火伞天炎曦,青蝇附热营营飞。麾之使去欲借白羽力,棕榈为拂拂拂尤称奇。蓬头乱发溽暑祛,凤尾摇曳香清微。披蓁直可资谈柄,良朋玉屑聆霏霏。吾闻龙须狮尾重豪贵,奇珍不世购者稀。秦嘉牦尾制堪陋,驱尘除垢毋乃高人讥。何如纤罗萦缕翠不绝,朴毋伤雅青松枝。因知薄物亦足重,何来遽集频频挥。会须风流捉麈慕王谢,短章老杜长歌韦。"

紫竹器

竹之真者,色紫而纯,出浙之富阳及皖省泾县、滁州一带。伪者以白竹用火熏黑,色黯而无泽,不入选也。凡几榻、桌椅、厨杌及小儿坐车、摇床、床栏、熏笼、桌面,俱轻便可爱,其肆多在半塘普济桥一带。沈朝初《忆江南》词云:"苏州好,竹器半塘精。卍字栏杆麋竹榻,月弯香几石棋枰。斗室置宜轻。"又,何炯《半塘竹器》诗云:"觅得深林带叶枝,漫将斤斧共推移。十年劲节终难改,一段虚心苦自支。取向竹楼应更韵,携来茅屋总相宜。山家供具须如此,不是幽人未许知。"又,钱明霁《竹榻》诗云:"何来巧匠琢琅玕,金镂牙镶总未安。似此林间堪坦腹,胜他翠袖倚天寒。"黄莘田《虎丘熏笼》诗云:"斑竹熏笼有旧恩,湘妃节节长情根。吴娘酷爱衣香好,个个将钱买泪痕。"

【译文】 紫竹器,真正是用紫竹制作的,颜色为纯正的紫色,出产于浙江的富阳和安徽省泾县、滁州一带。假的是把白竹用火熏黑,颜色黯淡而无光泽,不可选购。紫竹器,无论几榻、桌椅、厨杌和小孩坐车、摇床、床栏、熏笼、桌面,都轻便可爱,售卖的店铺大多在半塘普济桥一带。沈朝初《忆江南》词说:"苏州好,竹器半塘精。卍字栏杆麋竹榻,月弯香几石棋枰。斗室置宜轻。"又有何炯《半塘竹器》诗说："觅得深林带叶枝，漫将斤斧共推移。十年劲节终难改，一段虚心苦自支。取向竹楼应更韵，携来茅屋总相宜。山家供具须如此，不是幽人未许知。"又有钱明霁《竹榻》诗说："何来巧匠琢琅玕，金镂牙镶总未安。似此林间堪坦腹，胜他翠袖倚天寒。"黄莘田《虎丘熏笼》诗说："斑竹熏笼有旧恩，湘妃节节长情根。吴娘酷爱衣香好，个个将钱买泪痕。"

卖竹枕

竹刻

顾诒禄《志》云："从嘉定转徙于山塘，凡笔筒、棋楂、界方、墨床之属，为文房雅玩，多以铁笔雕刻书画。有以竹里为之者，名曰'翻黄'。"《柳南随笔》云："嘉定竹刻，为他处所无。始于明朱鹤，三世操其业。"潘士淳《虎丘竹刻》诗云："笔筒界尺制精幽，竹玩而今满虎丘。削简遗风知未替，几人鸟迹细雕锼。"

【译文】 竹刻，顾诒禄《虎丘山志》说："从嘉定转运到山塘，凡是笔筒、棋盒、纸镇、墨架之类，是文房中高雅的器物，大多是用铁笔雕刻书画而成。有在竹子里面雕刻的，名字叫'翻黄'。"《柳南随笔》说："嘉定的竹刻，是别的地方所没有的。创始于明朝的朱鹤，其家三代从事竹刻这个职业。"潘士淳《虎丘竹刻》诗说："笔筒界尺制精幽，竹玩而今满虎丘。削简遗风知未替，几人鸟迹细雕锼。"

塑真

俗呼"捏相"，其法创于唐时杨惠之，前明王氏竹林亦工于塑作。今虎丘习此艺者不止一家，而山门内项春江称能手。虎丘有一处泥土最滋润，俗称"滋泥"。凡为上细泥人、大小绢人塑头，必此处之泥，谓之"虎丘头"，塑真尤必用此泥。然工之劣者亦如传神之拙手，不能颊上添毫也。肢体以香樟木为之，手足皆活动，谓之"落膝骱"，冬夏衣服，可以随时更换。位置之区谓之"相堂"，多以红木紫檀镶嵌玻璃，其中或添设家人妇子，或美婢侍童，其榻椅几杌以及杯茗陈设，大小悉称。韩尅有《赠捏相项春江》诗云："傅岩访梦弼，麟阁图勋臣。顾张不可作，阿堵半失真。我本山泽癯，颊角撑嶙峋。几经画工手，动觉非其人。因思绘画事，不敌塑作能。绘只一面取，塑乃全体亲。百骸与九窍，一一赅而存。顾惟七尺躯，肮脏羞倚门。生前忽作俑，毋乃儿曹惊。所宜就收束，无取夸彭亨。何妨竿木场，着此傀儡身。虎丘有项伯，家与生公邻。世传惠之艺，巧思等绝伦。熟视若无睹，谈笑忘所营。岂知掌握中，云梦八九吞。取材片埴足，妙用两指生。始焉胚胎立，继配骨肉匀。按捺增损间，不使差毫分。秾纤彩色傅，上下须眉承。五官既毕具，最后点其睛。呼之遂欲动，对镜笑不胜。自怜饭颗瘦，忽讶瓜皮青。周旋我与我，何者为形神。乃谋置几榻，且复携儿孙。居然壶公壶，盎如一家春。伟哉造物者，本以大块称。我亦块中块，万物土生成。今以块还块，总不离本根。他年归宿处，仍此藏精魂。固宜相印合，不假炉锤烦。情知皆幻质，撒手鸿毛轻。要念此天授，惟圣乃践形。奈何逐物化，周蝶空纷纭。且宝径寸珠，任转万劫轮。"又，《青溪风雨录》载歌伎双姬《虎丘竹枝词》云："技艺山塘妙莫过，香泥捏像肖偏多。一身自恨同瘤赘，添个愁人做甚么。"

【译文】 塑真，俗称"捏相"，制作方法始创于唐朝时的杨惠之，明朝王竹林也善于泥塑。现在虎丘熟悉雕塑技术的不止一家，而山门内的项春江被称为塑真能手。虎丘有一处泥土最滋润，俗称"滋泥"。凡是给最精细的泥人、大小绢人塑作脑袋，一定要用这个地方的泥，称之为"虎丘头"，雕塑更是一定要用这里的泥。捏泥塑技术差的也如同画人像笨拙的人，做不到在脸颊上添毫毛这样细致逼真。泥人的肢体用香樟木制作，手脚都能活动，称之为"落膝骺"，冬季夏季的衣服，可以随着时节变化而更换。泥人所处的场景叫做"相堂"，大多用红木紫檀镶嵌玻璃，其中或者增设家人妇女儿童，或者增设美丽的婢女和供人使唤的儿童，那些床椅几凳以及杯茶的陈设，大小都与泥人相称。韩崶写有《赠捏相项春江》诗说："傅岩访梦弼，麟阁图勋臣。顾张不可作，阿堵半失真。我本山泽癯，颓角撑嶙峋。几经画工手，动觉非其人。因思绘画事，不敌塑作能。绘只一面取，塑乃全体亲。百骸与九窍，一一赅而存。顾惟七尺躯，肮脏羞倚门。生前忽作俑，毋乃儿曹惊。所宜就收束，无取夸彭亨。何妨竿木场，着此傀儡身。虎丘有项伯，家与生公邻。世传惠之艺，巧思等绝伦。熟视若无睹，谈笑忘所营。岂知掌握中，云梦八九吞。取材片埴足，妙用两指生。始焉胚胎立，继配骨肉匀。按捺增损间，不使差毫分。秾纤彩色傅，上下须眉承。五官既毕具，最后点其睛。呼之遂欲动，对镜笑不胜。自怜饭颗瘦，忽讶瓜皮青。周旋我与我，何者为形神。乃谋置几榻，且复携儿孙。居然壶公壶，盎如一家春。伟哉造物者，本以大块称。我亦块中块，万物土生成。今以块还块，总不离本根。他年归宿处，仍此藏精魂。固宜相印合，不假炉锤烦。情知皆幻质，撒手鸿毛轻。要念此天授，惟圣乃践形。奈何逐物化，周蝶空纷纭。且宝径寸珠，任转万劫轮。"又有《青溪风雨录》收录歌女双姬《虎丘竹枝词》说："技艺山塘妙莫过，香泥捏像肖偏多。一身自恨同瘤赘，添个愁人做甚么。"

虎丘耍货

虽俱为孩童玩物，然纸泥竹木治之皆成形质，盖手艺之巧有迁地不能为良者。外省州县多贩鬻于是，又游人之来虎丘者，亦必买之归悦儿曹，谓之"土宜"，真名称其实矣。头等泥货在山门以内，其法始于宋时袁遇昌，专做泥美人、泥婴孩及人物故事，以十六出为一堂，高只三五寸，彩画鲜妍，备居人供神攒盆之用，即顾竹峤诗所云"明知不是真脂粉，也费游山荡子钱"是也。他如泥神、泥佛、泥仙、泥鬼、泥花、泥树、泥果、泥禽、泥兽、泥虫、泥鳞、泥介、皮老虎、堆罗汉、荡鞦韆、游水童,精粗不等。纸货则有蓝弗倒、跟斗童子、拖鼓童、纺纱女、倒沙孩儿、坐车孩儿、牧牛童、摸渔翁、猫捉老鼠、壁猫、痴官、撮戏法、猢狲撮把戏、凤阳婆、化缘和尚、琵琶筶子、三星、钟馗、葫芦酒仙、再来花甲、聚宝盆、象生百果及颠头马、虎、狮、象、麒麟、豹、鹿、牛、狗之属。出彩则有一本万利、双鱼吉庆、平升三级,皆取吉祥语。竹木之玩则有腰篮、响鱼、花筒、马桶、脚盆,缩至径寸。又有摇鼗鼓、马鞭子、转盘锤、花棒槌、宝塔、木鱼、琵琶、胡琴、洋琴、弦子、笙、笛、皮鼓、诸般兵器,皆具体而微。有以两铜皮制为钹形者,圆如眼镜大,小儿自击为戏,俗呼"津津谷",盖有声无词也。无名氏《耍货》诗云:"红红白白摆玲珑,打鼓孩儿放牧童。拣得几丛思底事,梦回阿妾索熏笼。"又,华鼎奎《泥美人》诗云:"绰约何曾解笑颦,一般工饰粉脂匀。若为抟作康成婢,屈膝泥中认后身。"

【译文】　虎丘耍货,虽然都是儿童的玩物,然而纸泥竹木等制作出来的东西都形状逼真,如果在别的地方大概没有这么好的手艺。外省州县客商大多到这里来贩货,而且来虎丘的游人,也一定买些耍货回去使孩子们高兴,称之为"土宜",真是名实相符。最好的泥货在山门以内,制作方法始于宋朝时的袁遇昌,这个人专做泥美人、泥婴儿以及人物故事,以十六出为一堂,高度只有三五寸,色彩鲜艳,供城里人用于供神时的攒盆,就是顾竹峤诗中所说的"明知不是真脂粉,也费游山荡子钱"这样。其他的如泥神、泥佛、泥仙、泥鬼、泥花、泥树、泥果、泥禽、泥兽、泥虫、泥鳞、泥介、皮老虎、堆罗汉、荡鞦韆、游水童,有的精美,有的粗劣,各不相同。纸货则有蓝弗倒、跟斗童子、拖鼓童、纺纱女、倒沙孩儿、坐车孩儿、牧牛童、摸鱼翁、猫捉老鼠、壁猫、痴官、撮戏法、猢狲撮把戏、凤阳婆、化缘和尚、琵琶筶子、三星、钟馗、葫芦酒仙、再来花甲、聚宝盆、象生百果以及颠头马、虎、狮、象、麒麟、豹、鹿、牛、狗之类。顾客购买这些泥货时,口中呼喊着"出彩语",竞价博买,商家视出彩的情形决定价钱和数量,这些"出彩语"有一本万利、双鱼吉庆、平升三级,都取自吉祥语。竹木玩具则有腰篮、响鱼、花筒、马桶、脚盆,可以缩小到直径只有一寸。又有摇鼗鼓、马鞭子、转盘锤、花棒槌、宝塔、木鱼、琵琶、胡琴、洋琴、弦子、笙、笛、皮鼓、各种兵器,都是具备了完整形体,而比较微小。有的用两个铜皮制成钹形的,圆形像眼镜那么大,小孩儿们自己敲击作游戏,俗称"津津谷",大概是象声而没有可以写出来的字词。无名氏《耍货》诗说:"红红白白摆玲珑,打鼓孩儿放牧童。拣得几丛思底事,梦回阿妾索

卖儿童玩具

熏笼。"又有华鼎奎《泥美人》诗说："绰约何曾解笑颦，一般工饰粉脂匀。若为拈作康成婢，屈膝泥中认后身。"

影戏洋画

其法皆传自西洋欧逻巴诸国，今虎丘人皆能为之。灯影之戏，则用高方纸木匣，背后有门，腹贮油灯，燃炷七八茎，其火焰适对正面之孔，其孔与匣突出寸许，作六角式，须用摄光镜重叠为之，乃通灵耳。匣之正面近孔处，有耳缝寸许长，左右交通，另以木板长六七寸许、宽寸许，匀作三圈，中嵌玻璃，反绘戏文，俟腹中火焰正明，以木板倒入耳缝之中，从左移右，从右移左，挨次更换，其所绘戏文，适与六角孔相印，将影摄入粉壁，匣愈远而光愈大。惟室中须尽灭灯火，其影始得分明也。洋画，亦用纸木匣，尖头平底，中安升箩，底洋法界画宫殿故事画张，上置四方高盖，内以摆锡镜，倒悬匣顶，外开圆孔，蒙以显微镜，一目窥之，能化小为大，障浅为深。余如万花筒、六角西洋镜、天目镜，皆其遗法。昔虎丘孙云球以西洋镜制扩昏眼、近光、童光等镜，为七十二种，又有远镜、火镜、端容镜、摄光镜、夕阳镜、显微镜、万花镜各种，著《镜史》行世，详载《府志》。兹之影戏，殆即摄光镜之遗法，洋画乃显微镜也。彭希郑《影戏》诗云："疑有疑无睇粉墙，重重人影露微茫。英雄儿女知多少，留住寰中戏一场。"又，《洋画》诗云："世间只说佛来西，何物烟云障眼低。毕竟人情皆厌故，又从纸上判华夷。"

【译文】 影戏洋画，制作方法都是从西方欧洲各国传来的，现在虎丘人都能制作。制作灯影戏，则用高方纸木匣，后面有门，木匣中放置油灯，点燃七八根灯芯，那些火苗正好对着正面的孔洞，那些孔洞和匣子突出一寸多，呈六角形，必须用摄光镜重叠作成，才能产生效果。匣子的正面靠近孔洞的地方，两侧有耳缝一寸多长，左右连接，另外用木板长六七寸多、宽一寸多，均匀地作成三圈，中间镶嵌上玻璃，反面绘画上戏文，等到匣子中的火焰正明亮的时候，把木板倒着放入耳缝之中，从左侧移到右侧，再从右侧移到左侧，按照次序更换，其所绘画的戏文，正好和六角孔相对，把影相摄入粉壁上，距离匣子越远而光影越大。只是室内必须全部熄灭灯火，戏文的影子才能够清楚。洋画，也是用纸木匣，尖头平底，中间安放升箩，底部以西洋式的界尺引线上色画

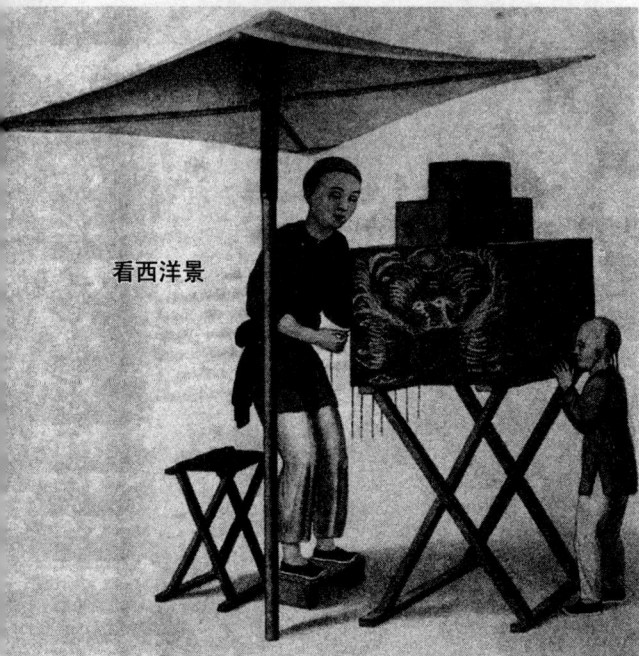

看西洋景

法画出宫殿故事画幅,上面放置四方形的高盖儿,里面用来摆放锡镜,倒挂在匣子的顶部,外面开凿圆孔,把显微镜罩在上面,用一只眼睛看,能够把小的图像变成大的图像,把近处的图像变为远处的图像。其他像万花筒、六角西洋镜、天目镜,都是这种影戏流传下来的方法。过去虎丘的孙云球用西洋镜制作扩昏眼、近光、童光等镜片,一共制作七十二种,又有远镜、火镜、端容镜、摄光镜、夕阳镜、显微镜、万花镜等各种镜片,著《镜史》流行于世,详细情况记载在《苏州府志》中。现在的影戏,大概就是摄光镜的流变,洋画用的则是显微镜。彭希郑《影戏》诗说:"疑有疑无睇粉墙,重重人影露微茫。英雄儿女知多少,留住寰中戏一场。"又有《洋画》诗说:"世间只说佛来西,何物烟云障眼低。毕竟人情皆厌故,又从纸上判华夷。"

洋琴

虎丘只半塘吕殿扬一家制造。琴作□形,桐面中空,以细铜花丝四十二条,两头用铜铁八角小桩夹钉,架于竹马之上。宫商既调,始以两小软竹槌击之,其声淫靡,易动俗耳。顾元熙《洋琴》诗云:"绝异丝声与竹声,裁桐一样作琴形。只因误受夷人号,遗恨中郎爨下听。"

【译文】 洋琴,虎丘只有半塘吕殿扬一家制造。琴作□形,洋琴表面用梧桐木做成,中间是空的,用细铜花丝四十二条,两头用铜铁八角形小桩夹钉,架在竹马之上。音调已经调好,用两只小软竹槌敲打琴弦,乐声极其轻柔,容易打动世俗人的耳朵。顾元熙《洋琴》诗说:"绝异丝声与竹声,裁桐一样作琴形。只因误受夷人号,遗恨中郎爨下听。"

牙筹

即酒筹也,亦有以骨为之者,可以乱真。摘《西厢》词句镌于上,有张生访莺莺之戏,又有三藏取经、许宣寻妇等名色。筹置筒中,团坐分掣,照筹上所刻仪注而行,乃饮中济胜之具。有以天地人和为筹,长短不齐,俗呼"筹码",此为博局纪胜负之物。竹牌,出于北寺骆驼桥,虎丘人加琢磨之功,而后售于人,其值遂昂,谓之"水磨牌"。今塘岸山街有十余店,兼卖各色骨牙簪、骨牙饰及消息、耳挖、骨牙杖、骨牙骰、骨牙牌、竹煤筒之属。蒋赓塿《酒筹》诗云:"谁见西厢识面来,取经访妇更疑猜。酒人灯下团圞坐,笑当花枝斗几回。"朱棆《牌戏》诗云:"角逐文场念已休,群居终日竹林游。用心无所原堪惜,博局消磨到白头。"

【译文】 牙筹,就是酒筹,也有用骨头制作的,看起来和象牙非常相似,几乎可以乱真。有的摘录《西厢记》的词句镌刻在上面,其中有张生拜访崔莺莺的戏文,又有唐僧取经、许宣寻妇等名目。酒筹放在竹筒中,人们围坐在一起分别从竹筒中抽出酒筹,按照酒筹上所刻内容的要求去做,这是饮酒时助兴的器具。有以天地人和作筹,长短不齐,俗称"筹码",这是赌博时用来记胜负的器具。竹牌,出产于北寺骆驼桥,虎丘人对其加以雕刻和磨制,而后再卖出去,它的价格就变高了,称之为"水磨牌"。现在塘岸山街有十多家店铺,同时出售各种骨牙簪、骨牙饰和发动机械装置的机关、耳挖、骨牙杖、骨牙骰、骨牙牌、竹煤筒之类的器物。蒋赓壎《酒筹》诗说:"谁见西厢识面来,取经访妇更疑猜。酒人灯下团圞坐,笑当花枝斗几回。"朱枪《牌戏》诗说:"角逐文场念已休,群居终日竹林游。用心无所原堪惜,博局消磨到白头。"

杖

俗呼"拐杖",山塘亦无专店,只附售于烟筒铺中。大抵琢取山中椰栗楂树老干为之,亦有以方竹、剡藤为之者,光润可喜。袁枚《咏杖》诗云:"剡水双藤健绝伦,偏于足下最殷勤。年来孤往常无路,海内相扶尚有君。小拄心知深浅雪,横拖身逐往来云。邓林岂少狂奔者,可奈虞渊日易曛。"

【译文】 杖,俗称"拐杖",山塘也没有专卖拐杖的店铺,只是附带着在烟筒铺中出售。大都用山中椰树、栗树、山楂树的老树干雕琢而成,也有用方竹、剡藤制作的,光亮润滑,令人喜爱。袁枚《咏杖》诗说:"剡水双藤健绝伦,偏于足下最殷勤。年来孤往常无路,海内相扶尚有君。小拄心知深浅雪,横拖身逐往来云。邓林岂少狂奔者,可奈虞渊日易曛。"

席

出虎丘者为佳,见《姑苏志》。山塘只一二店而已,别有蒲席、篾席两种。昔年环山居民多种茈草,织席为业,四方称"虎须席",极为工致,他处所不及也。今种茈草织席者,浒关为甚,然虎丘地名尚有号席场衔者。

【译文】 席子,出产于虎丘的为好,见《姑苏志》。山塘只有一两个店铺出售席子,分为蒲席、篾席两种。往年环绕着虎丘山四周的居民大多种植茈草,以编织席子为职业,各地的人称"虎须席",非常精致,是别的地方的席子所比不上的。现在种植茈草编织席子的,浒关这个地方最多,然而虎丘还有叫做席场衔的地方。

编篮筐

竹藤篮

四方称"虎丘篮",见郭《志》。山塘篮作不过三四家,余则多附售于耍货铺。小儿摇篮俗呼"儿篮",上有紫竹架,可施蚊厨,为盛夏安卧初生婴儿之便。

【译文】 竹藤篮,各地的人都把它称为"虎丘篮",见郭《志》。山塘出售竹藤篮的店铺不过三四家,其余则大多附带着在耍货铺出售。小孩儿的摇篮俗称"儿篮",上面有紫竹架,可以挂蚊帐,盛夏时初生婴儿可以在里面安稳地睡觉。

竹夫人

亦虎丘人为之，有藤、竹两种。董大伦《竹夫人》词云："彼美其谁似此君，相偎竹肉竟难分。终宵抱梦西帘下，犹作潇湘一段云。""玲珑骨相自天然，好向圆通证昔缘。应是前身琐子骨，要人参透老婆禅。""也曾潇洒绿窗前，为倚身名爱稳便。不似丫鬟柳枝性，日中三起又三眠。""竹郎相伴已无因，长作人间尹与邢。林下风标谁貌取，人间刚有管夫人。""清绝梅妃较若何，泠然姑射不争多。笑他拥背温柔好，堪与涪翁赛脚婆。（即汤婆。）""漳兰盆恰并床前，茉莉球还拢枕边。最忆纱厨凉梦醒，浑身肉影大如钱。""七里山塘旧聘将，空空妙手凿乎强。个中稚子分明见，欲祝孪生倩李娘。""桐花开了定来期，柿叶翻残欻去时。来去相随有团扇，当伊小婢谢芳姿。"

【译文】 竹夫人，也是虎丘人制作的，有藤、竹两种。董大伦《竹夫人》词说："彼美其谁似此君，相偎竹肉竟难分。终宵抱梦西帘下，犹作潇湘一段云。""玲珑骨相自天然，好向圆通证昔缘。应是前身琐子骨，要人参透老婆禅。""也曾潇洒绿窗前，为倚身名爱稳便。不似丫鬟柳枝性，日中三起又三眠。""竹郎相伴已无因，长作人间尹与邢。林下风标谁貌取，人间刚有管夫人。""清绝梅妃较若何，泠然姑射不争多。笑他拥背温柔好，堪与涪翁赛脚婆（即灌热水用来暖足的"汤婆子"）。""漳兰盆恰并床前，茉莉球还拢枕边。最忆纱厨凉梦醒，浑身肉影大如钱。""七里山塘旧聘将，空空妙手凿乎强。个中稚子分明见，欲祝孪生倩李娘。""桐花开了定来期，柿叶翻残欻去时。来去相随有团扇，当伊小婢谢芳姿。"

葫芦

为笼虫之玩，从初结时在枝上即扶令端正，待其长大，然后剪下，以线绳系之，悬风中候干，雕为万眼罗及花卉之属，中剜一窍，四旁或作四穴，各嵌象牙、骨、角、玻璃为门。喜蓄秋虫之人笼虫于内，置怀间珍玩，俗呼"叫哥哥笼"。其摘颈之大者可截盖作酒樋，小瓠为湘帘之轧头而已。顾纯《葫芦虫笼》诗云："秋风采采绿藤牵，掩口争将骨角镌。好向壶中藏世界，吟怀别自有虫天。"

【译文】 葫芦，是用来装鸣虫的器具，从刚开始结葫芦时就在枝蔓上护持着使它长得端正，等到葫芦长大了，然后剪下来，用线绳系上它，悬挂在风中等待它干了，雕刻上万眼罗和花卉之类，中间挖一个窟窿，有的四边再挖四个孔，各镶嵌象牙、骨、角、玻璃为门。喜欢蓄养蝈蝈之类的人把蝈蝈装在笼子里，放在怀里珍惜把玩，俗称"叫哥哥笼"。摘取葫芦颈粗大的可以截去盖儿作盛酒的器具，小瓠可制作成湘帘的轧头。顾纯《葫芦虫笼》诗说："秋风采采绿藤牵，掩口争将骨角镌。好向壶中藏世界，吟怀别自有虫天。"

卷十二　舟楫　园圃　市荡　药产　田畴

舟　楫

沙飞船

多停泊野芳浜及普济桥上下岸，郡人宴会与估客之在吴贸易者，辄赁沙飞船会饮于是。船制甚宽，重檐走舻，行动揿舵撑篙，即昔之荡湖船，以扬郡沙氏变造，故又名"沙飞船"。今虽有卷艄、开艄两种，其船制犹相仿佛也。艄舱有灶，酒茗肴馔，任客所指。舱中以蠡壳嵌玻璃为窗寮，桌椅都雅，香鼎瓶花，位置务精。船之大者可容三席，小者亦可容两筵。凡治具招携，必先期折柬，上书"水窗候光，舟泊某处，舟子某人"。相沿成俗，浸以

沙飞船

为礼。逛客于城，则别雇小舟。入夜羊灯照春，凫壶劝客，行令猜枚，欢笑之声达于两岸，迨至酒阑人散，剩有一堤烟月而已。沈朝初《忆江南》词云："苏州好，载酒卷艄船。几上博山香篆细，筵前冰碗五侯鲜。稳坐到山前。"盖承平光景，今不殊于昔也。

【译文】 沙飞船，大多停泊在野芳浜和普济桥的上下岸边，吴郡人举行宴会和在吴郡做买卖的商人，总是租赁沙飞船在这里聚会宴饮。船做得非常宽大，有多重屋檐和走动的船头，行船时拨转船舵撑篙，就是过去的荡湖船，因为是扬州郡沙氏所改造的，所以又叫"沙飞船"。现在虽然有卷艄、开艄两种，但是船的形制还是基本相同的。船尾的舱里有灶台，酒茶饭菜，任凭游客选择。舱中用蠡壳镶嵌玻璃作为窗户，桌椅都非常精美，香鼎瓶花，摆设得非常精心。大船可以容纳三桌酒席，小船也可以

容纳两桌酒席。凡举办宴席邀请同行，一定要事先裁纸写信，上面书写"水窗候光，舟泊某处，舟子某人"。这种做法沿袭成俗，逐渐被当做固定的礼仪。到城里迎接客人，则另外雇佣小舟。到了夜晚灯光明亮，执壶劝酒，猜拳行令，欢笑的声音河两岸都能听见，等到酒宴散去，只剩下一堤烟月而已。沈朝初《忆江南》词说："苏州好，载酒卷艄船。几上博山香篆细，筵前冰碗五侯鲜。稳坐到山前。"太平盛世的景象，现在和过去都是一样的。

郡城灯船

日新月异，大小有三十余舟。每岁四月中旬，始搭灯架，名曰"试灯"。过木犀市，谓之"落灯"。多于老棚上竖楣枋椽柱为檠，有镙有镦。灯以明角朱须为贵，一船连缀百余。上覆布幔，下舒锦帐，舱中绮幕绣帘，以鲜艳夺目较胜。近时船身之宽而长几倍于昔。有以中排门扇锢，别开两窦于旁，如戏场门然。中舱卧炕之旁，又有小衖可达于尾。舱顶间有启一穴作阳台式者，穹以蠡窗，日色照临，纤细可烛。炕侧必安置一小榻，与栏楯桌椅，竞尚大理石，以紫檀红木镶嵌。门窗又多雕刻黑漆粉地书画。陈设则有自鸣钟、镜屏、瓶花。茗碗、吐壶以及杯箸肴馔，靡不精洁。值客必以垂髫女郎烹烟递茶，其人半买自外城，间有船娘已出者，大致因伺佳丽之登舟者而设也。佳丽来自院中，与长年相表里，有主人携至佐酒者，有所招之客挈至自娱者。酒酣席散，无论主宾与侑觞之伎，各以番钱相饷，有幺三、幺四之目，幺则给与值舱之舟女，三、四则给与榜人，俗呼"酒钱"。良辰令节，狎侣招游，谓之"下虎丘"。必先小泊东溪，日晡，与诸色游船齐放中流，篙橹相应，回环水中，俗呼"水斟头"。少选，红灯一道，联尾出斟酌桥，迤逦至野芳浜，亦必盘旋数匝，谓之"打招"，与月辉波光相激射。传餐有声，睹爵无算，茉莉珠兰，浓香入鼻，能令观者醉心。设有不欲明灯者，亦任客所指。其头中尾舱，必燃灯二一十盏，以自别于快船。予时驾小艇，尽灭灯火，往来其间，或匿身高阁与树林深处，远而望之，不啻近斗牛而观列宿也。吴周钤《灯船歌》云："水嬉吴下盛，绝丽推灯船。操船十七户，多住白堤边。兰桡桂楫芳塘路，曾与龙舟夸竞渡。待到秋来月上弦，正宜秉烛晚凉天。盘螭舞凤翻新样，费出豪门不计钱。宾携幸舍骄珠履，妓选倾城耀翠钿。玉树歌声传夜半，银河星采即筵前。夜夜银河恣欢乐，舟师便是填桥鹊。买笑金多尽许分，黄头气焰铜山托。争睹当场热戏豪，哪知转盼惊波作。呵禁朝来下急符，威行赤棒敢支吾。星桥火树俱消歇，剩有湖心片月孤。莫讶官司如束湿，由来薪突防宜急。金穴何堪逐水流，昆冈也虑飞灰及。寄语乌衣白面郎，欢场弹指易炎凉。秋风破屋人多少，宵烛何妨赐末光。"

快船之大者即灯船之亚，亦以双橹驾摇，行运甚速，故名曰"快船"，俗呼"摇杀船"，有方棚圆棚之别。户之绮，幕之丽，帘窗之琼绣，金碧千色，㠋眼晃面，与灯船相仿佛，但不设架张灯耳。有等舟身甚小，位置精洁，只可容三四客者，谓之"小快船"，行动更疾如驶，即舒铁云诗所谓"吴儿驶船如驶马"是也。泊船之处，各占一所，俗呼"船涡"。捧轴理棹者多妇女,故顾日新有"理楫吴娘年二九,玉立人前花不偶。步摇两朵压香云,跳脱一双垂素手"之句。

有本船自蓄歌姬以待客者,近亦葺歌院,可以登岸追欢。其船多散泊于山塘桥、杨安浜、方基口、头摆渡等处。运动故作迟缓之势,似舟行逆水中,俗呼"逆水船"。其人间有负一时盛名者,分眉写黛,量鬓安花,虽未能真个销魂,直欲真个销金,盖亦色界之仙航、柔乡之宝筏也。船中弦索侑酒,又必置鬌发雏姬,女扮男装,多方取悦于客,俗呼"鼻烟壶",言其幼小未解风情,只堪一嗅而已。舒铁云诗"不男不女船中娘",正谓此也。闺秀席蕙文《虎丘竹枝词》云:"画舫珠帘竞丽华,玻璃巧代碧窗纱。吴歙宛转香喉滑,小调新翻剪靛花。"林焕《画舫雏姬词》云:"阳春二三月,杨柳垂堤边。柔波戛鸣橹,划破桐桥烟。豪贵扣舷坐,宾从何联翩。娇痴十龄女,短发垂双肩。岂知梦云乐,故作眉语传。一吹引凤箫,再拨鹍鸡弦。新歌翻子夜,博取黄金千。黄金有时尽,白璧终难坚。安得大海波,净洗出水莲。"

虎丘游船,有市有会。清明、七月半、十月朝为三节会,春为牡丹市,秋为木犀市,夏为乘凉市。一岁之中,惟龙船市妇女出游为最盛,船价亦增数倍。小户妇女,多雇小快船,自备肴馔,载以俱往。豪民富室率赁灯船,罗袂藻水,脂香涨川,女从如云,语言嘈杂。灯船停泊之处,散在上津桥、接官亭、杨安浜、通贵桥、八房河头一带。城河狭窄,路通而不能入,以是女眷出游,每肩舆至阊门马头或接官亭、钓桥登舟。夜归则仆从候久,弃水登旱,舆帘下垂,花香徐拂,道旁行客知人家眷属归也。李福《虎丘游船词》云:"秋罗衫子艳于霞,雅鬓争簪茉莉花。偷眼何人在篷底,东船西舫本无遮。""忽然归棹又相逢,人影灯残花气浓。上得香舆如驶去,静听街鼓响冬冬。"

有等小本经纪之人,专在山塘河中卖水果为生。每值市会,操小划子船,载时新百果,往来画舫之间,日可得数百钱,俗呼"水果船"。

杂耍之技,来自江北,以软硬工夫、十锦戏法、象声、间壁戏、小曲、连相、灯下跳狮、烟火等艺擅长。每岁竞渡市,合伙驾栏杆驳船,往来于山浜及野芳浜等处,冀售其技。每至一舟,则必葛袍缨帽,手递戏目,鞠躬声喏于前舱。搬演一出,索值一二百文不等。又有一名堂者,乃嘉兴人,能以一人打十番锣鼓,并为昆腔、摊簧诸戏,手动足踹,音节悉合,亦日坐小艇,来往游船之际,以技觅食,过十五日,弃之他往。有等游民,呼朋引侣,自雇小舟,敲动粗细锣鼓,并为盘杠、盘叉、舞火把诸戏,自得其乐。闺秀徐映玉诗云:"戎戎山市翳烟萝,斟酌桥西柳荫多。春昼画船相次泊,甌甌小部拂云和。"

虎丘每逢市会,有等老妪或乡间之人,操疲舟,驾朽橹,泊山浜、野芳浜,于灯船杂沓之际,渡人至上下塘买物或游玩乐便,每人只乞二一文,谓之"摆渡船"。然乘危履险,识者有覆溺之虑,宁行纤道,不敢赛褰也。

人有于虎丘、浒关等处或入城勾当者，多雇乘小艇，往来代步，其值甚廉。艇制短小而窄，创于浒关之税厅，一篙一橹，行勤捷如飞凫，俗呼"关快"，亦名"七里疌"。泊处有九：一在小普陀，一在花园衖口，一在快呍场，一在桐桥，一在缸甏河头，一在白姆桥，一在新桥，一在通贵桥，一在山塘桥。操舟者皆西郭桥八都、九都之乡人，不务农桑，专在水面日觅升合之供。犁旦已鼓枻而出，迫暮仍欸乃而还，虽寒暑晴雨无间也。

【译文】郡城灯船，日新月异，大小灯船有三十多条。每年四月中旬，开始搭建灯架，名字叫"试灯"。过了秋天，称之为"落灯"。大多在原来的棚子上竖立起楣枋椽柱作为灯架，有镨有镦。灯以明角朱须为高贵，一条船连缀一百多盏。上面覆盖着用布制作的幔帐，下面舒展开用丝绸制作的帷幕，船舱中挂着美丽的幕帐和刺绣的帘子，以鲜艳夺目比美。最近一个时期船身的宽和长是过去的几倍。有的把中间的门关闭，另外在两旁开两个小门，像剧场的门一样。中间船舱卧炕的两旁，又有小巷可以到达船尾。船舱顶部偶有打开一个孔穴作成阳台式的，用瓠瓢作窗户使它隆起来，太阳光照进来，纤细的东西都可以照得很清楚。炕的侧面一定安放一张小床，和栏杆楹柱桌子椅子，争相崇尚大理石，用紫檀红木镶嵌。门窗又大多雕刻黑漆粉地的书画。陈设的器物则有自鸣钟、镜屏、瓶花。茶碗、吐壶以及杯子筷子饭菜，没有不精美洁净的。招待客人一定用幼女敬烟递茶，这些幼女一半是从外城买来的，其中也有船娘自己生的，大概是为了伺候登船的美丽的女子而设的。这些美丽的女子来自妓院中，和年长的人相互依存，有的是主人带来为酒席助兴的，有的是客人带来给自己找乐的。酒喝得高兴时或酒席结束时，无论是主人宾客和劝酒助兴的女子，各自以番钱赠送船家，有幺三、幺四的名目，幺则送给值守船舱的舟女，三、四则送给船夫，俗称"酒钱"。美好的时间和节日，亲密的同伴招呼一起游玩，称之为"下虎丘"。一定先短暂地把船停在东溪，等到傍晚时，各种游船一齐进入河中，竹篙船橹相呼应，在水面上形成一条环形的船链，俗称"水銮头"。一会儿功夫，一道红灯亮起，船只首尾相连划出斟酌桥，连绵不绝到野芳浜，也一定盘旋几周，称之为"打招"，船灯和月光波光相互映照。传递菜肴的呼喊声此起彼伏，无数酒杯在眼前闪现不休，茉莉珠兰，浓香入鼻，能使观赏的人心醉。假如有不愿意点灯的，也听任客人的要求。其中头舱中舱尾舱，一定点燃一二十盏灯，以此来区别于快船。我当时驾驶小船，全部灭掉灯火，在这些船中间往来，有时隐藏在高楼和树林深处，远远地望去，就像在星空中接近斗牛而观看二十八宿。吴周铃《灯船歌》说："水嬉吴下盛，绝丽推灯船。操船十七户，多住白堤边。兰桡桂楫芳塘路，曾与龙舟夸竞渡。待到秋来月上弦，正宜秉烛晚凉天。盘螭舞凤翻新

客船

样，费出豪门不计钱。宾携幸舍骄珠履，妓选倾城耀翠钿。玉树歌声传夜半，银河星采即
筵前。夜夜银河恣欢乐，舟师便是填桥鹊。买笑金多尽许分，黄头气焰铜山托。争睹当场
热戏豪，哪知转盼惊波作。呵禁朝来下急符，威行赤棒敢支吾。星桥火树俱消歇，剩有湖
心片月孤。莫讶官司如来湿，由来薪突防宜急。金穴何堪逐水流，昆冈也虑飞灰及。寄语
乌衣白面郎，欢场弹指易炎凉。秋风破屋人多少，宵烛何妨赐末光。"

　　大的快船仅次于灯船，也是用摇动双橹来驾驶，行走的速度非常快，所以名叫"快
船"，俗称"摇杀船"，有方棚圆棚的区别。门户的美丽，帷幕的漂亮，帘窗刺绣的美好，装
饰华美，色彩艳丽，高大耀眼，和灯船差不多，只是不设置灯架不点灯而已。有一种船体特
别小，座位精致洁净，只能容纳三四个人的船，称之为"小快船"，行走起来像马奔跑一样
迅速，就是舒铁云诗所说的"吴儿驶船如驶马"这种情况。泊船的地方，每条船占据一个
位置，俗称"船涡"。划船的大多是妇女，所以顾日新有"理楫吴娘年二九，玉立人前花不
偶。步摇两朵压香云，跳脱一双垂素手"的诗句。

　　有本船自己供养歌女来接待游客的，船停泊的码头附近也修建有歌伎院，可以登岸
继续寻欢作乐。这种船大多零散地停泊在山塘桥、杨安浜、方基口、头摆渡等地方。船行
走起来故意表现出缓慢的样子，好像船在逆水中行进，俗称"逆水船"。那些船上的歌女
中有在当时名气很大的，她们青黛描眉，珠花插髻，虽然未必真能使人"销魂"，却是真能
使人"销金"，这大概也就是色欲之界的神船、温柔之乡的宝筏。在船中唱曲饮酒时，又
一定另外安排把头发编结成辫子的雏伎，女扮男装，用各种方法取悦于游客，俗称"鼻烟
壶"，意思是她们年纪幼小不解风情，只能嗅一嗅而已。舒铁云诗"不男不女船中娘"，正
是说的她们。名门淑女席蕙文《虎丘竹枝词》说："画舫珠帘竞丽华，玻璃巧代碧窗纱。
吴歈宛转香喉滑，小调新翻剪靛花。"林焕《画舫雏姬词》说："阳春二三月，杨柳垂堤边。
柔波戛鸣橹，划破桐桥烟。豪贵扣舷坐，宾从何联翩。娇痴十龄女，短发垂双肩。岂知梦
云乐，故作眉语传。一吹引凤箫，再拨鹍鸡弦。新歌翻子夜，博取黄金千。黄金有时尽，白
璧终难坚。安得大海波，净洗出水莲。"

　　虎丘的游船，有市有会。清明、七月十五、十月初一为三节会，春天有牡丹市，秋天有
木犀市，夏天有乘凉市。一年之中，龙船市时妇女出游人数最多，船价也增长几倍。小户人家的妇女，大多雇佣小快船，自己准备饭菜，装在船上和家人一起前往。有钱有权的富贵人家大都租赁灯船，漂亮的罗衫将水面装点得非常多彩，脂粉的香气充满

快船

了河水,侍女众多,人声嘈杂。灯船停泊的地方,分散在上津桥、接官亭、杨安浜、通贵桥、八房河头一带。城中的河道狭窄,道路是通的,但是大船不能进去,因此女眷出游,经常坐轿到阊门马头或接官亭、钓桥然后上船。夜晚回来时则仆从等候已久,从船上下来到河岸边,轿上的帘子垂下来,花香轻轻地吹拂,道路两旁的行人就知道这是某大户人家的女眷回去了。李福《虎丘游船词》说:"秋罗衫子艳于霞,雅髻争簪茉莉花。偷眼何人在篷底,东船西舫本无遮。""忽然归棹又相逢,人影灯残花气浓。上得香舆如驶去,静听街鼓响冬冬。"

有这样一些小本经营的人,专门以在山塘河中以卖水果为生。每逢市会,就划着小船,装载上时新的各种水果,往来于游船之间,每天可以赚几百钱,俗称"水果船"。

杂耍这种技艺,来自长江以北,以软硬工夫、十锦戏法、象声、间壁戏、小曲、连相、灯下跳狮、烟火等技艺擅长。每年举行竞渡市会时,艺人们合伙驾驶着有栏杆的驳船,往来于山浜和野芳浜等地,希望能够推销他们的技艺。每到一艘船,则一定穿着葛袍戴着缨帽,亲手递上戏单,在前舱鞠躬作揖大声致谢。表演一出,得钱一二百文不等。还有一种表演方式,是嘉兴人,能用一个人打十番锣鼓,同时唱昆腔、演摊簧等各种戏,手动脚踹,音节全部合拍,也是每天坐在小船上,来往于游船之间,凭技艺吃饭,过了十五天,离开这里再到别的地方。还有这样的游民,招呼朋友带着同伴,自己雇佣小船,敲打着粗细锣鼓,同时表演盘杠、盘叉、舞火把等各种游戏,自得其乐。名门淑女徐映玉有诗说:"戎戎山市霭烟萝,斟酌桥西柳荫多。春昼画船相次泊,氍毹小部拂云和。"

虎丘每逢市会,就有这样一些老妇人或者乡村的人,划着破旧的船,摇着朽坏的船橹,停泊在山浜、野芳浜,在灯船纷杂繁多的地方,运送游人到上下塘买东西或游玩寻乐方便,每人只要一二文钱,称之为"摆渡船"。然而乘坐这种危险的船走这种危险的路,知道的人担心翻船溺水,宁可绕路行走,也不敢撩起衣服从河上渡过去。

有在虎丘、浒关等处或进入城里办事的人,大多雇佣小船代步往来,价钱非常低。船的形状短小而且狭窄,制造于浒关的税厅,配有一只竹篙一只船橹,行进敏捷像野鸭子,俗称"关快",也叫"七里乱"。停船的地方有九处:一在小普陀,一在花园街口,一在快哇场,一在桐桥,一在缸甏河头,一在白姆桥,一在新桥,一在通贵桥,一在山塘桥。划船的人都是西郭桥八都、九都的乡下人,不从事农业和桑蚕业,不干农活,每天专门在水上寻找机会赚点小钱。黎明时已经划船而出,傍晚时才摇橹而回,无论是严寒酷暑晴天下雨都不间断。

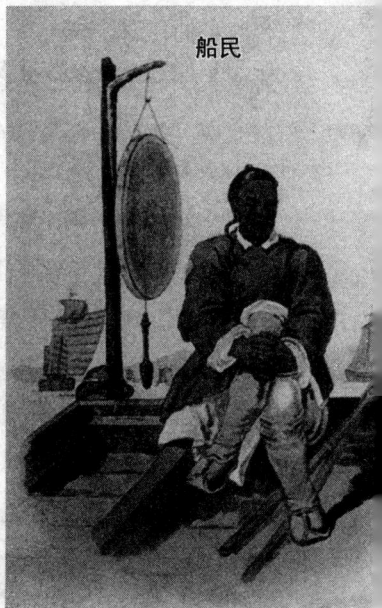

船民

园 圃

花树店

自桐桥迤西,凡十有余家,皆有园圃数亩,为养花之地,谓之园场。种植之人俗呼"花园子",营工于圃,月受其值,以接萼、寄枝、剪缚、扦插为能,或有于白石长方盆叠碎浙石,以油灰胶作小山形,种花草于上为玩者,优劣不侔。盆景则蓄短松、矮柏、古桧、榆椿、黄杨、洋枫、冬青、洋松,并有所谓"疙瘩梅"者,咸以错节盘根、苍劲古致为胜。菖蒲以细叶菁葱圆齐为贵,虎刺、雀梅以精小为上。花卉则有梅、杏、李、桃、草兰、蕙兰、玉兰、辛夷、迎春、寿李、海棠、紫荆、牡丹、芍药、玫瑰、蔷薇、木香、棣棠、银藤、朱藤、洋茶、洋鹃、山茶、山鹃、丁香、睡香、金雀、金凤、酴醾、绣球、长春、蝴蝶、山矾、莺粟、月季、雪蕉、白海棠、十姊妹、真珠梅、虞美人、线穿牡丹、石竹、玉竹、洛阳石榴、佛桑、薇花、紫萼、栀子、凤仙、鸡冠、蜀葵、锦葵、秋葵、楝花、玉簪、高良姜、麻叶海棠、金钱、玉簪、泽兰、瓯兰、渥丹、木槿、合欢、百合、萱花、荷花、金银花、老少年、美人蕉、西河柳、秋海棠、柳穿鱼、夹竹桃、六月雪、铁线莲、西番莲、旱金莲、醉仙桃、剪春纱、剪秋罗、象牙红、滴滴金、晚香玉、夜来香、茉莉、珠兰、牵牛、蓝菊、木犀、诸色菊花、芙蓉、三醉、茶梅、水仙、蜡梅,不可枚举。草木则有翠云草、醒头草、阶沿草、吉祥草、怕羞草、洋千年蒀。树则有铁树、棕榈、芭蕉、仙人掌、寿星竹、白竹、方竹、紫竹。结实则有天竹、佛手、香橼、葡萄、蜜罗、木瓜、子里桃、枸杞、柑橘、樱桃、吉庆、千年蒀、桃叶山红、水珊瑚、林禽、枇杷、天茄、葫芦、无花果、锦荔枝、小西瓜之属。大抵产于虎丘本山及郡西支硎、光福、洞庭诸山者居半。其有来自南路者,多售于北客,有来自北省者,多售于南人。惟必经虎丘花农一番培植,而后捆载往来,凡出入俱由店主。若春夏兰蕙、台湾水仙,另有专店。店主人俱如牙户之居间,十抽其一而已,谓之"用钱",即翁征君照所谓"更怜一种闲花草,但到山塘便值钱"是也。举器以买者,无论千盎百盂,有十浴缸、五浴缸、大尺八、中尺八、小尺八缸,以及灶缸、大扦、小扦之别。严冬则置窖室,谓之开窖,昼夜炉火不断,专烘碧桃、玉兰、水仙、兰蕙、迎春、郁李、五色牡丹,备士商衙署迎年之玩,俗呼"窑花"。始于乾隆庚子,郡人陈维秀仿燕京窨窖熏花法为之。安置畏寒花树则有暖室,窗缝糊纸,风不漏泄,谓之"花房"。春分后百卉出房,必覆以芦帘,以避风日。盆以江西碗砂为上,次之矾石,若端石盆,花圃中不易购求也。又次则宜兴之紫砂、黄砂与丁、蜀两山之五色浇釉窑器,有大套、中套、小套之分。尤劣者粗砂钵盂,每值三四文而已。沈朝初《忆江南》词云:"苏州好,小树种山塘。半寸青松虬干古,一拳文石藓苔苍。盆里画潇湘。"石韫玉《山塘种花人歌》云:"江南三月花如烟,艺花人家花里眠。翠竹织篱门一扇,红裙入市花双鬟。山家筑舍环山市,一角青山藏市里。试剑陂前石发青,谈经台下岩花紫。花田种花号花农,春兰秋菊罗千丛。黄磁斗中砂的砾,白石盆里山玲珑。山农购花尚奇种,奇种奇花盛簏笼。贝多罗树传天竺，优钵昙花出蛮洞。司花有女卖花郎，千钱一花花价昂。锡花乞得先生册，医花世传不死方。双双夫妇花房宿，修成花史花阴读。松下新泥种菊秧，月中艳服栽莺粟。花下老人号花隐，爱花直以花为命。谱药年年改旧名，艺兰月月颁新令。桃花水暖泛晴波，载花之舟轻如梭。山日未上张青盖，湖雨欲来披绿蓑。城中富人好游冶，年年载酒行花下。青衫白祫少年郎，看花不是种花者。"又，尤维熊《虎丘新竹枝》云："花市人家学种兰，春兰未发蜡梅残。试灯风里唐花早，烘出一丛红牡丹。"又，蒋承志诗云："蘼芜香径唱斜曛，姹紫嫣红艳十分。只有梨花寒不语，乱吹香雪洒人坟。"

【译文】　花树店，从桐桥绵延向西一带，一共有十多家，都有园圃几亩，作为养花的地方，称之为园场。种植的人俗称"花园子"，在花园里做工，工钱月结，都以接萼、寄枝、剪缚、扦插为能事，有的人在用白色的石头制作成的长方形盆里一层一层地堆小块儿的浙石，用油灰粘成小山形，在上面种植花草供人玩赏，质量优劣不等。盆景则种植短松、矮柏、古桧、榆椿、黄杨、洋枫、冬青、洋松，还有叫做"疙瘩梅"的，都以树根盘曲枝节交错、苍劲有力古朴雅致为美。菖蒲以细叶绿色圆齐为贵，虎刺、雀梅以精小为上品。花卉则有梅、杏、李、桃、草兰、蕙兰、玉兰、辛夷、迎春、寿李、海棠、紫荆、牡丹、芍药、玫瑰、蔷薇、木香、棣棠、银藤、朱藤、洋茶、洋鹃、山茶、山鹃、丁香、睡香、金雀、金凤、酴醾、绣球、长春、蝴蝶、山矾、莺粟、月季、雪蕉、白海棠、十姊妹、真珠梅、虞美人、线穿牡丹、石竹、玉竹、洛阳石榴、佛桑、薇花、紫蓼、栀子、凤仙、鸡冠、蜀葵、锦葵、秋葵、楝花、玉簪、高良姜、麻叶海棠、金钱、玉簪、泽兰、瓯兰、渥丹、木槿、合欢、百合、萱花、荷花、金银花、老少年、美人蕉、西河柳、秋海棠、柳穿鱼、夹竹桃、六月雪、铁线莲、西番莲、旱金莲、醉仙桃、剪春纱、剪秋罗、象牙红、滴滴金、晚香玉、夜来香、茉莉、珠兰、牵牛、蓝菊、木犀、诸色菊花、芙蓉、三醉、茶梅、水仙、蜡梅，不能一一列举。草木则有翠云草、醒头草、阶沿草、吉祥草、怕羞草、洋千年蒀。树则有铁树、棕榈、芭蕉、仙人掌、寿星竹、白竹、方竹、紫竹。结果实的则有天竹、佛手、香橼、葡萄、蜜罗、木瓜、子里桃、枸杞、柑橘、樱桃、吉庆、千年蒀、桃叶山红、水珊瑚、林禽、枇杷、天茄、葫芦、无花果、锦荔枝、小西瓜之类。大致产于虎丘本山和吴郡西支硎、光福、洞庭各山的占一半。那些产自南方的，大多卖给了北方的游客；那些产自北方的，大多卖给了南方的游客。只是一定需要经过虎丘的花农一

番培植，然后捆起来装车运输，买入卖出都由店主经手。至于春夏兰蕙、台湾水仙，另外有专门的店铺出售。店铺的主人的角色就是处在买卖双方中间商定价钱以抽取佣金的人，所抽取的是总价的十分之一，称之为"用钱"，这就是翁照所说的"更怜一种闲花草，但到山塘便值钱"那样。拿着器皿来买的人，买千百盆也不止，有十浴缸，五浴缸，大尺八、中尺八、小尺八缸，以及灶缸、大扦、小扦等不同的数量等级。严冬时花树店把花放到地窖里，称之为开窖，白天晚上炉火不断，专门为碧桃、玉兰、水仙、兰蕙、迎春、郁李、五色牡丹等花加热，为士人商贩和官署迎接新年时的赏花之乐做准备，俗称"窖花"。这种方法始于清朝乾隆庚子年，吴郡人陈维秀效仿北京在地窖里燃火给花加温的方法来种植。安放那些怕冷的花树则有暖室，把窗户缝糊上纸，密不漏风，称之为"花房"。春分之后各种花卉移出暖房，一定用芦帘覆盖上，以此来避开风吹日晒。花盆以江西出产的碗砂为上品，次一等的是矾石盆，至于端石盆，在花圃中不容易购买到。再次一等则是宜兴的紫砂、黄砂和丁、蜀两山的五色浇釉窑器，有大套、中套、小套的区别。质量最差的是粗砂钵盂，每个值三四文钱而已。沈朝初《忆江南》词说："苏州好，小树种山塘。半寸青松虬干古，一拳文石藓苔苍。盆里画潇湘。"石韫玉《山塘种花人歌》说："江南三月花如烟，艺花人家花里眠。翠竹织篱门一扇，红裙入市花双鬟。山家筑舍环山市，一角青山藏市里。试剑陂前石发青，谈经台下岩花紫。花田种花号花农，春兰秋菊罗千丛。黄磁斗中砂的皪，白石盆里山玲珑。山农购花尚奇异，奇种奇花盛篾笼。贝多罗树传天竺，优钵昙花出蛮洞。司花有女卖花郎，千钱一花花价昂。锡花乞得先生册，医花世传不死方。双双夫妇花房宿，修成花史花阴读。松下新泥种菊秧，月中艳服栽罂粟。花下老人号花隐，爱花直以花为命。谱药年年改旧名，艺兰月月颁新令。桃花水暖泛晴波，载花之舟轻如梭。山日未上张青盖，湖雨欲来披绿蓑。城中富人好游冶，年年载酒行花下。青衫白袷少年郎，看花不是种花者。"再有尤维熊《虎丘新竹枝》说："花市人家学种兰，春兰未发蜡梅残。试灯风里唐花早，烘出一丛红牡丹。"还有蒋承志诗说："蘼芜香径唱斜曛，姹紫嫣红艳十分。只有梨花寒不语，乱吹香雪洒人坟。"

花场

在花园衖及马营衖口。每晨晓鸦未啼，乡间花农各以其所艺花果，肩挑筐负而出，垄集于场。先有贩儿以及花树店人择其佳种，鬻之以求善价，余则花园子人自担于城，半皆遗红剩绿，即郑板桥所谓"如何滥贱从人卖，十字街头论担挑"是也。按《元和县志》云："郡中人家欲栽种花果，编葺竹屏枳篱者，非虎丘人不工。相传宋朱勔以花石纲误国，子孙屏斥，不列四民，因业种花，今其遗风。"顾文铉《虎丘竹枝词》云："苔痕新绿上阶来，红紫偏教隙地栽。四面青山耕织少，一年衣食在花开。"

【译文】 花场，在花园衖和马营衖口。每天早晨乌鸦还没有叫，乡下的花农就各自将所种植的花果，用肩挑用筐背地搬运出来，聚集到花场。首先有花贩子以及花树店铺的人挑选其中的好品种,这些花可以卖个好价钱,剩余的则由种花的人自己担到城里,一半的花都已经是花朵掉落只剩下叶子,就是郑板桥所说的"如何滥贱从人卖,十字街头论担挑"的情形。考查《元和县志》说:"吴郡人想要栽种花果,编结用竹子做的屏风用枳做的篱笆,不是虎丘的人不擅长。相传北宋朱勔因为搜求奇花异石进献皇帝而贻误败坏了国家大事,子孙被从士农工商这四种正经职业中除名,于是只好种花为生,现在的种花业就是他的家族遗留下来的。"顾文铉《虎丘竹枝词》说:"苔痕新绿上阶来,红紫偏教隙地栽。四面青山耕织少,一年衣食在花开。"

鬓边香

俗呼"戴花"。春则有红绿白梅、草兰、蕙兰、碧桃、寿李、蔷薇、玫瑰、棣棠、木香、野木香、杜鹃、藤花,夏则有梧桐花、玉堂春、金雀、珠兰、石榴、栀子、茉莉、水木犀、金丝桃、夜来香、醒头草、五月菊、蓝菊、紫萼,秋则有凤仙、建兰、木犀球、菊花、橘花,冬则有山茶、蜡梅、芙蓉、桔梗花,皆以朵衡值。惟玫瑰、茉莉、珠兰市在花园衖口场上,余在半塘花市。贩儿鬻之,先在场左右茶肆啜茗,细细扦插,而后成群入市,拦门吟卖,紫韵红腔,宛转堪听。吴城大家小户妇女,多喜簪花,特歌伎船娘尤一日不可缺耳。有等日供于门,以为晓妆之助者,计月论值,俗呼"包花"。舒位《虎丘竹枝词》云:"抹丽花开蝴蝶飞,湖船儿女买花归。北人不识簪花格,丫髻山前雪一围。"席振起《簪花》词云:"鬓边香比粉香深,白似银装黄似金。若使梅花真峭洁,也应羞与美人簪。"

供花皆折枝,便人插胆瓶盂钵之玩。市在半塘怡贤寺一带,日出即散。贩鬻之徒多集阊门渡僧桥、钓桥及玄妙观门首,寄人庑下求售。往往以堕果残花伪蠹枝干之上,买者不知,辄受其欺。无名氏诗云:"怡贤古寺晓钟催,柳暗桐桥户未开。独有卖花人早起,浓香和露入城来。"

茉莉花篮,总名也,如木香、玫瑰、山茶、蜡梅、梅花、桃花,皆可扦之,但茉莉花为盛行耳。篮有两种,一为草棕结成,一以秦嘉州溅色牦尾为之。篮腹实以磁盂及琉璃杯,可养鱼、花,大者腹可燃灯,俗呼"灯花篮",花朵何止六七层,小者亦有四五层。每层花农以铜线为花骨,复为络索之状,摇摇下垂,或有用粗细麻骨,以铜丝扎成三足蟾蜍、蝴蝶双飞、元宝、鞭、剑、匾额之形,簪花于上,皆由花农臆造,无定格也。豪民富贾,楚馆秦楼，多争买之，晨悬斗室，昏绉罗帏，梦醒花放，尤繁华中之色香世界也。每值市会，花农又多携篮蝶之属，夕阳将坠，操小艇至山浜或野芳浜画船停泊之处，拦舱挂买，一篮一蝶，动索千钱。闺秀席蕙文《虎丘竹枝词》云："平波如镜漾晴烟，正是山塘薄暮天。竞把花篮簪茉莉，隔船抛与卖花钱。"又，吴锡麒《咏茉莉花篮·瑶花》词云："浓香解媚，清艳含娇，簇盈盈凉露。金丝细绾，讶琼壶冷浸水如许。玲珑四映，问怎得相思盛住。已赢他织翠裁筠，消受美人怜取。几回荡着轻舠，听吴语呼时，争傍篷户。拎来素手，爱袖底，犹带采香风趣。斜阳渐晚，看挂向粉舆归去。到夜阑，斗帐横陈，梦醒蝶魂无据。"

【译文】鬓边香，俗称"戴花"。春天有红绿白梅、草兰、蕙兰、碧桃、寿李、蔷薇、玫瑰、棣棠、木香、野木香、杜鹃、藤花，夏天有梧桐花、玉堂春、金雀、珠兰、石榴、栀子、茉莉、水木犀、金丝桃、夜来香、醒头草、五月菊、蓝菊、紫茎，秋天有凤仙、建兰、木犀球、菊花、橘花，冬天有山茶、蜡梅、芙蓉、桔梗花，都以朵定价。只有玫瑰、茉莉、珠兰市在花园街口场上，其余都在半塘花市。贩子卖花，先在花场两边的茶店喝茶，仔细地把花束扦插好，然后成群进入花市，拦在门口唱着小调出售，这种卖花小调圆润柔媚，悠扬婉转，颇值得一听。吴城大家小户的妇女，大多喜欢在头上插花，特别是歌女船娘更是一天都不能缺少鲜花。有等待每天送货上门，用来早晨梳妆打扮的人，按月计价，俗称"包花"。舒位《虎丘竹枝词》说："抹丽花开蝴蝶飞，湖船儿女买花归。北人不识簪花格，丫髻山前雪一围。"席振起《簪花》词说："鬓边香比粉香深，白似银装黄似金。若使梅花真峭洁，也应羞与美人簪。"

供摆设的花都连枝折下，为了方便人们把花插在胆瓶盆钵之类的器皿里。卖花的地方在半塘怡贤寺一带，太阳一出人们就散去了。二道花贩大多聚集在阊门渡僧桥、钓桥和玄妙观门口，寄身在别人的屋檐下寻求销路。他们常常把坠落的果实残败的花朵伪装直立在枝干之上，买花的人不知道，总是受到他们的欺骗。无名氏的诗说："怡贤古寺晓钟催，柳暗桐桥户未开。独有卖花人早起，浓香和露入城来。"

茉莉花篮，是一个总名，如木香、玫瑰、山茶、蜡梅、梅花、桃花，都可以扦插成花篮，茉莉花是最盛行的。花篮有两种，一种是用草棕编结而成，一种是用秦嘉州出产的颜色斑驳的牦牛尾编结而成。花篮的腹部装上瓷盆和琉璃杯，可以养鱼、养花，大的花篮腹部可以点灯，俗称"灯花篮"，大花篮插花不止六七层，小花蓝也有四五层。花农在每层花朵中都用铜线做骨架，再做成索链的样子，垂吊下来摇摇晃晃，有的人用或粗或细的麻秆，取铜丝扎成三足蟾蜍、蝴蝶双飞、元宝、鞭、剑、匾额的形状，把花插在上面，这些都由花农随意想象制作，没有固定的形式。有钱有势的人，青楼妓院，大多争购花篮，早晨悬挂在小房间里，晚上悬挂在床帷里，梦醒时花已开放，特别让人体味到繁华之中的色香世界。每到市会，花农多携带着花篮、蝴蝶之类的货品，趁着太阳将要落山时，划着小船到山浜或野芳浜画船停泊的地方,拦住船硬把花卖给人家,一只花篮或一蝶花,动不动就索要上千文钱。名门淑女席蕙文《虎丘竹枝词》说:"平波如镜漾晴烟,正是山塘薄暮天。竞把花篮簪茉莉,隔船抛与卖花钱。"又有吴锡麒《咏茉莉花篮·瑶花》词说:"浓香解媚,清艳含娇,簇盈盈凉露。金丝细绾,讶琼壶冷浸水如许。玲珑四映,问怎得相思盛住。已赢他织翠裁筠,消受美人怜取。几回荡着轻舠,听吴语呼时,争傍篷户。拎来素手,爱袖底,犹带采香风趣。斜阳渐晚,看挂向粉舆归去。到夜阑,斗帐横陈,梦醒蝶魂无据。"

市　荡

鱼市

亦谓之"鱼摊",日过午,集于虎丘山门之大马头、二马头,谓之"晚鲜"。其人皆生长于桐桥内及长荡一带。每出操小舟,以丝结网,截流而渔,俗称"丝网船"。大率多鲤鱼、鲂鱼之属。长荡南北又多蓄鱼池,每岁寒冬起荡,如青鱼、鲢鱼、鲩鱼等,亦艇载而出,坌集于市,名曰"起荡鱼"。施闰章《虎丘杂诗》云:"虎丘茶试蓑衣饼,雀舫人争馄饨菱。欲待秋风问鲈鲙,五湖烟月弄渔罾。"今虎丘白云茶已萎,而山上蓑衣面饼亦如广陵散,绝响久矣。《元和县志》:"虾亦长荡者为美,身长而味鲜。"

【译文】　鱼市,也叫做"鱼摊",太阳过了中午,会聚在虎丘山门的大马头、二马头,称之为"晚鲜"。那些卖鱼的人都生长在桐桥内和长荡一带。每次出来打鱼,都是划着小船,用丝绳编结的渔网截住水流捕捞河鱼,俗称"丝网船"。捕到的鱼大多数是鲤鱼、鲂鱼之类。长荡的南北又有很多养鱼池,每年寒冬收网,打捞上来的青鱼、鲢鱼、鲩鱼等,也装在船上运出来,集中到市场上售卖,名字叫"起荡鱼"。施闰章《虎丘杂诗》说:"虎丘茶试蓑衣饼,雀舫人争馄饨菱。欲待秋风问鲈鲙,五湖烟月弄渔罾。"现在虎丘的白云茶树已经枯萎,而吴山上的蓑衣面饼也像《广陵散》琴曲一样,已经失传很久了。《元和县志》:"虾也是产于长荡的为好,个头大而且味道鲜美。"

菱荡

在虎丘后山浜与西郭桥一带。菱有青、红两种,青色而大者名馄饨菱,小者名小白菱。然馄饨菱本荡不多得,小白菱为多,又小者名沙角菱。七八月间,菱船往来山塘河中叫卖,其整艇采买者散于各处水果

行,鬻于贩客。今虎丘地名尚有称"菱行河头"者。沈朝初《忆江南》词云:"苏州好,湖面半菱窠。绿蒂戈窑长荡美,中秋沙角虎丘多。滋味赛苹婆。"又,顾文铉《虎丘竹枝词》云:"阖闾霸业夕阳边,七里花香带碧烟。忽讶棹歌沿绿水,柳荫深处卖菱船。"又,闺秀席蕙文诗云:"楼台照水影层层,隔岸波光午夜灯。小艇一声歌欸乃,半湖明月采红菱。"有种水禽,名曰鱼虎子,红翎翠羽,专在鱼池菱窠啄食,即翡翠鸟也,亦本山所产,皮日休诗:"高下不惊红翡翠"。

【译文】 菱荡,在虎丘后山浜和西郭桥一带。菱有青、红两种,青色而大的名字叫馄饨菱,小的名字叫小白菱。然而馄饨菱本荡数量不多,小白菱数量较多,更小的名字叫沙角菱。七八月间,菱船往来于山塘的河中叫卖,那些整船采买的人将菱角分散到各处水果行,卖给商贩。现在虎丘的地名还有叫"菱行河头"的。沈朝初《忆江南》词说:"苏州好,湖面半菱窠。绿蒂戈窑长荡美,中秋沙角虎丘多。滋味赛苹婆。"又有顾文铉《虎丘竹枝词》说:"阖闾霸业夕阳边,七里花香带碧烟。忽讶棹歌沿绿水,柳荫深处卖菱船。"名门淑女席蕙文的诗说:"楼台照水影层层,隔岸波光午夜灯。小艇一声歌欸乃,半湖明月采红菱。"有一种水鸟,名字叫鱼虎子,红翎绿羽,专门在鱼池菱窠中啄食,就是翡翠鸟,也是虎丘山所产,皮日休诗:"高下不惊红翡翠"。

药 产

虎丘本山所产草木可备药品者,文《志》云:"草部则有半夏、香薷、百部、葶苈、豨莶、野葛、益母、车前、夏枯、镜面、天茄之属,木部则有茯苓、枸杞、楮实、辛夷、皂荚、棕榈、蔓荆子、五加皮、槐实、枫叶脂、桑寄生、梧桐泪之类。"又云:"芝草多生后山。"茹《志》:"蜡生虎丘冬青树上,人割取之。"归圣脉《长洲县志》云:"甘草出虎丘花园子,因不生雀瓮。"或云:"虎丘延袤七里,独无蚤,有甘草生其地,蚤畏之也。"

【译文】 虎丘这座山所出产的草木可以作为药品的,文肇祉《虎丘山志》说:"属于草类的则有半夏、香薷、百部、葶苈、豨莶、野葛、益母、车前、夏枯、镜面、天茄之类,属于木类的则有茯苓、枸杞、楮实、辛夷、皂荚、棕榈、蔓荆子、五加

皮、槐实、枫叶脂、桑寄生、梧桐泪之类。"又说:"芝草大多生长在后山。"茹昂《虎丘山志》:"蜡生在虎丘的冬青树上,为人们所割取。"归圣脉《长洲县志》说:"甘草出产于虎丘花园子,于是不生雀瓮(有毒毛虫的茧)。"有人说:"虎丘绵延七里,唯独没有蝎子,是因为这里生长着甘草,蝎子害怕甘草。"

田 畴

　　虎丘田畴在山之四周,高下不等,艺稻莳蔬,山人咸能自食其力。文《志》云:"山下四周皆民畴,其稻之美非一,有种占城稻,即早稻。香珠,俗呼'香粳稻'。"《姑苏志》云:"红莲稻,芒红粒大,有早晚二种。范成大《虎丘》诗:'觉来饱吃红莲饭,正是塘东稻熟天'是也。余如夏菘、冬菁、瓜、豆、菰、茄之属,供人居家日用馔箸者,四时不绝。"《元和县志》云:"西瓜出虎丘者,名'徐家青',味甘里松,种最佳。"然今亦无人栽种,多买食他产者矣。

　　【译文】 虎丘的农田在山的四周,地势高低不等,用来种植水稻栽种蔬菜,住在山区的人都能自食其力。文肇祉《虎丘山志》说:"山下四周都是农田,那些好的稻子不止一种,有种植占城稻的,就是早稻。香珠,俗称'香粳稻'。"《姑苏志》说:"红莲稻,稻穗的尖部是红色的稻粒大,有早稻晚稻两种。范成大《虎丘》诗'觉来饱吃红莲饭,正是塘东稻熟天。'说的就是这种稻子。其他像夏菘、冬菁、瓜、豆、菰、茄之类,供人们在家中日常做饭做菜用,四季不断。"《元和县志》说:"出产于虎丘的西瓜,名字叫'徐家青',味道甜美瓜瓤松脆,是最好的品种。"然而现在已没有人栽种,人们吃的大多是其他地方出产的西瓜了。

附　顾颉刚题识三则

顾铁卿《清嘉录》有日本翻刻本,有《啸园丛书》本,求索易得,而其原刻本已不易睹。《桐桥倚棹录》则无有知其名者,盖刻版十余年后即遭兵燹,流传至寡也。一九五三年,来青阁主人杨寿祺得之,送至江苏文物管理会,以索价奢,会中不能购。越一年,以沈爕元君之介,乃归于予,时已整装将北去矣。

此书最佳部分为市廛、工作、园圃诸部,足见当时苏州商业、手工业及园艺业之情况,以前修志者所未措意者也。

此书刊于道光廿二年,即公元一八四二。越八年,金田起义,书版在战事中当焚毁,故印行不多。沉霾百年,至今乃知于世,亦异事也。

顾颉刚记